DESCONSIDERAÇÃO DA PERSONALIDADE JURÍDICA
UMA ANÁLISE INTERDISCIPLINAR

Maria Helena Diniz

Mestre e Doutora em Teoria Geral do Direito e Filosofia do Direito pela Pontifícia Universidade Católica de São Paulo – PUCSP. Livre Docente e Titular de Direito Civil da PUCSP, por concurso de títulos e provas. Professora de Direito Civil no curso de graduação da PUCSP. Professora de Filosofia do Direito, de Teoria Geral do Direito e de Direito Civil Comparado nos cursos de pós-graduação (mestrado e doutorado) em Direito da PUCSP. Coordenadora do Núcleo de Pesquisa em Direito Civil Comparado nos cursos de pós-graduação em Direito da PUCSP. Professora emérita da Faculdade de Direito de Itu. Membro benemérito do Instituto Silvio Meira. Sócia honorária do IBDFAM. Membro da Academia Paulista de Direito (cadeira 62 – patrono Oswaldo Aranha Bandeira de Mello), da Academia Notarial Brasileira (cadeira 16 – patrono Francisco Cavalcanti Pontes de Miranda), do Instituto dos Advogados de São Paulo e do Instituto de Direito Comparado Luso-Brasileiro. Membro honorário da Federação dos Advogados de Língua Portuguesa (FALP). Presidente do Instituto Internacional de Direito.

Mariana Ribeiro Santiago

Pós-Doutorado em Direito Civil pela Justus-Liebig-Universität Giessen. Doutorado e Mestrado em Direito das Relações Sociais pela Pontifícia Universidade Católica de São Paulo – PUCSP. Especialização em Contratos pela PUCSP. Bacharelado em Direito pela Universidade Federal da Bahia – UFBA. Professora do Programa de Pós-Graduação em Direito da Universidade de Marília – Unimar. Editora-Chefe da Revista *Argumentum*. Advogada.

DESCONSIDERAÇÃO DA PERSONALIDADE JURÍDICA
UMA ANÁLISE INTERDISCIPLINAR

2025

- As autoras deste livro e a editora empenharam seus melhores esforços para assegurar que as informações e os procedimentos apresentados no texto estejam em acordo com os padrões aceitos à época da publicação, *e todos os dados foram atualizados pelas autoras até a data da entrega dos originais à editora.* Entretanto, tendo em conta a evolução das ciências, as atualizações legislativas, as mudanças regulamentares governamentais e o constante fluxo de novas informações sobre os temas que constam do livro, recomendamos enfaticamente que os leitores consultem sempre outras fontes fidedignas, de modo a se certificarem de que as informações contidas no texto estão corretas e de que não houve alterações nas recomendações ou na legislação regulamentadora.

- Data do fechamento do livro: 09/10/2024

- As autoras e a editora se empenharam para citar adequadamente e dar o devido crédito a todos os detentores de direitos autorais de qualquer material utilizado neste livro, dispondo-se a possíveis acertos posteriores caso, inadvertida e involuntariamente, a identificação de algum deles tenha sido omitida.

- Direitos exclusivos para a língua portuguesa
  Copyright ©2025 by
  Saraiva Jur, um selo da SRV Editora Ltda.
  Uma editora integrante do GEN | Grupo Editorial Nacional
  Travessa do Ouvidor, 11
  Rio de Janeiro – RJ – 20040-040

- **Atendimento ao cliente: https://www.editoradodireito.com.br/contato**

- Reservados todos os direitos. É proibida a duplicação ou reprodução deste volume, no todo ou em parte, em quaisquer formas ou por quaisquer meios (eletrônico, mecânico, gravação, fotocópia, distribuição pela Internet ou outros), sem permissão, por escrito, da **SRV Editora Ltda.**

- Capa: Lais Soriano
  Diagramação: Mônica Landi

- **DADOS INTERNACIONAIS DE CATALOGAÇÃO NA PUBLICAÇÃO (CIP)
  ODILIO HILARIO MOREIRA JUNIOR – CRB-8/9949**

D972d   Diniz, Maria Helena

Desconsideração da personalidade jurídica: uma análise interdisciplinar / Maria Helena Diniz, Mariana Ribeiro Santiago. – São Paulo: Saraiva Jur, 2025.

240 p.
ISBN: 978-85-5362-633-5

1. Direito civil. 2. Código civil. 3. Pessoa jurídica de direito privado. 4. Sociedade simples. 5. Sociedade empresária. 6. Responsabilidade civil. 7. Desconsideração da personalidade jurídica. I. Santiago, Mariana Ribeiro. II. Título.

2024-3224	CDD 347
	CDU 347

Índices para catálogo sistemático:
1. Direito civil   347
2. Direito civil   347

A todos os civilistas brasileiros com a minha admiração.
Maria Helena Diniz

Aos meus alunos, por me ajudarem a me descobrir professora.
Mariana Ribeiro Santiago

Índice

Prefácio XI

Capítulo 1
PESSOA JURÍDICA DE DIREITO PRIVADO 1

1.1 Conceito de pessoa jurídica 1

1.2 Natureza jurídica 2

1.3 Classificação 3

1.4 Início da existência legal da pessoa jurídica de direito privado 19

1.5 Registro da sociedade simples 30

1.6 Registro da sociedade empresária 35

    1.6.1 Obrigatoriedade e importância do registro 35

    1.6.2 Efeitos negativos da falta de registro 37

    1.6.3 Órgãos registrários 38

    1.6.4 Atos e regimes de execução do Registro Público de Empresas mercantis 42

    1.6.5 Requerimento do registro de empresa 48

    1.6.6 Verificação da regularidade das publicações 49

    1.6.7 Deveres da autoridade registrária 51

    1.6.8 Oposição a terceiros 53

    1.6.9 Registros públicos especiais 53

1.7 Capacidade da pessoa jurídica 54

1.8 Responsabilidade civil 57

1.9 Domicílio das pessoas jurídicas de direito privado 59

Capítulo 2
DESCONSIDERAÇÃO DA PERSONALIDADE JURÍDICA 61

2.1 Antecedentes históricos e delimitação conceitual da desconsideração da personalidade jurídica 61

2.2 Função social da empresa e desconsideração da personalidade jurídica	71
2.3 Regulamentação da desconsideração da personalidade jurídica no Código Civil	80
2.4 Desconsideração da personalidade jurídica e institutos afins	95
2.5 Desconsideração da personalidade nas sociedades limitadas unipessoais	107
2.6 Questão da responsabilidade do sócio minoritário pela desconsideração da personalidade jurídica	110

Capítulo 3

FORMA PROCEDIMENTAL DA DESCONSIDERAÇÃO DA PERSONALIDADE JURÍDICA 115

3.1 Natureza jurídica	115
3.2 Requerimento e processamento da desconsideração da personalidade jurídica	121
3.3 Possibilidade de concessão da tutela provisória	133
3.4 Polêmica da aplicação do incidente de desconsideração da personalidade jurídica nos juizados especiais	138
3.5 Impacto da Lei n. 14.230/2021 na desconsideração da personalidade jurídica	144

Capítulo 4

DESCONSIDERAÇÃO DA PERSONALIDADE JURÍDICA EM OUTRAS ESFERAS JURÍDICAS 149

4.1 Desconsideração da personalidade jurídica no Código de Defesa do Consumidor	149
4.2 Peculiaridades da desconsideração da personalidade jurídica no direito do trabalho	162
4.3 Desconsideração da personalidade jurídica e ressarcimento a dano ao meio ambiente	170
4.4 Especificidades da desconsideração da personalidade jurídica no direito falimentar	181
4.5 Direito tributário e desconsideração da personalidade jurídica....	193

Capítulo 5
QUESTÃO DA COMPETÊNCIA DO TRIBUNAL DE CONTAS DA UNIÃO
PARA DESCONSIDERAR PERSONALIDADE JURÍDICA............................ 205

CONCLUSÃO 209

Bibliografia... 213

Prefácio

A existência da pessoa jurídica, enquanto sujeito de direito, dotada de personalidade e patrimônio independentes de seus sócios (CC, art. 49-A e parágrafo único), é um avanço da técnica jurídica, a qual permite que uma ficção seja reconhecida e movimente o mundo jurídico, por demandas de ordem econômica e social, participando ativamente do desenvolvimento nacional.

O exercício de qualquer empresa obedece aos princípios gerais da livre iniciativa e da livre concorrência, visando a obtenção do lucro que é legítimo no sistema capitalista, devendo, contudo, obedecer ao limite imposto pela sua função social, ou seja, não se utilizar do biombo da proteção patrimonial para lesar a coletividade.

Ocorre que a blindagem patrimonial que é garantida por lei às pessoas jurídicas por vezes sofre grandes desvios, quando é utilizada para fraudar credores ou obtenção de vantagens ilícitas, o que demanda a superação da personalidade jurídica em determinadas situações para se alcançar os bens particulares de sócios e administradores.

A presente obra, assim, visa a investigar os contornos da desconsideração da personalidade jurídica nos diversos diplomas jurídicos em que está prevista, como Código Civil, Código de Processo Civil, Lei de Recuperação Judicial, Extrajudicial e Falência, Código de Defesa do Consumidor, Lei de Crimes Ambientais, Código Tributário Nacional, verificando suas peculiaridades e a relação entre essas regulamentações.

A escolha do tema se justifica pelo fato de a desconsideração, ao longo de sua história, ter gerado muitas controvérsias, pela importância e pela complexidade que a empresa assume atualmente para o desenvolvimento da economia e do ambiente social, potencializando a demanda por mais segurança na definição das hipóteses em que a blindagem patrimonial poderá ser superada para alcançar os bens particulares de sócios e administradores.

Para tanto, de início se abordam as noções gerais do instituto da pessoa jurídica, bem como as mudanças promovidas no Código Civil na desconsideração da personalidade jurídica, inclusive pelo impacto da Lei de

Liberdade Econômica (Lei n. 13.874/2019), com destaque para o caso da sociedade limitada unipessoal e a possibilidade da desconsideração inversa. Após isso, analisa-se a forma procedimental da desconsideração da personalidade jurídica, diante das alterações sobre a matéria trazidas pelo Código de Processo Civil. Mais adiante, o foco do trabalho se volta para o tratamento da desconsideração da personalidade jurídica em diversas searas do direito, como o Direito do Trabalho, o Direito do Consumidor, o Direito Ambiental, no âmbito das recuperações judiciais, extrajudiciais e falências, bem como no Direito Tributário.

Com base no tridimensionalismo jurídico de Miguel Reale é utilizado na análise da temática o método lógico-dialético, buscando uma dialética da implicação e da polaridade entre norma, fato e valor (categorias ontológicas e gnoseológicas). Como ferramentas de estudo do tema, além de pesquisa bibliográfica nacional e estrangeira, mediante a leitura de obras especializadas, lançou-se mão da pesquisa documental, com estudo de jurisprudência.

Sob uma feição sintética buscou-se analisar os problemas jurídicos engendrados pela temática, numa visão interdisciplinar, salientando a função da desconsideração da personalidade jurídica na seara juscivilística e em outros campos do direito.

Este ensaio tem por objetivo uma coisa só: criar uma mentalidade jurídica voltada para o estudo interdisciplinar do tema, tomando consciência de sua importância para o mundo jurídico, visto que busca erguer o "véu" da pessoa jurídica, para responsabilizar seus sócios, protegidos pelos limites da responsabilidade empresarial, superando-os, judicialmente, desde que haja desvio de finalidade ou confusão patrimonial decorrente de abuso da personalidade jurídica.

Maria Helena Diniz
Mariana Ribeiro Santiago

Capítulo 1
PESSOA JURÍDICA DE DIREITO PRIVADO

1.1 CONCEITO DE PESSOA JURÍDICA

Sendo o ser humano eminentemente social, para que possa atingir seus fins e objetivos, une-se a outros homens formando agrupamentos. Ante a necessidade de personalizar tais grupos para que participem da vida jurídica, com certa individualidade e em nome próprio, a própria norma de direito lhes confere personalidade e capacidade jurídica, tornando-os sujeitos de direitos e obrigações.

Surgem assim as chamadas *pessoas jurídicas*, designadas como *pessoas morais* (no direito francês), como *pessoas coletivas* (no direito português), como *pessoas civis, místicas, fictícias, abstratas, intelectuais, de existência ideal, universais, compostas, universidades* de pessoas e de bens. *Pessoa jurídica* é a denominação dada pelo nosso Código Civil, pelos Códigos alemão (arts. 21 a 89), italiano (art. 11) e espanhol (art. 35). Sem ser perfeita, essa designação indica como vivem e agem essas agremiações, acentuando o ambiente jurídico que possibilita sua existência como sujeitos de direito, tornando-se, por estas razões, tradicional[1].

---

[1] DINIZ, Maria Helena. *Curso de direito civil brasileiro*. 41. ed. São Paulo: Saraiva, v. 1, 2024. p. 267-358; PEREIRA, Caio Mário da Silva. *Instituições de direito civil*: introdução ao direito civil. 20. ed. Rio de Janeiro: Forense, v. I, 2004; MONTEIRO, Washington de Barros. *Curso de direito civil*: parte geral. 39. ed. rev. e atual. São Paulo: Saraiva, v. 1, 2003; SALEILES, Raymond. *De la personalité juridique*. S/l: La Mémoire du droit, 1910; HEDEMANN, J. W. *Tratado de derecho civil*: parte general. Trad. José Luis Diez Pastor e Manuel Gonzalez Enriquez. Madri: Revista de Derecho Privado, v. I, 1956; CATALANO, Pierangelo. As raízes do problema da pessoa jurídica, *RDC, 73*:38; TEJERA, Norberto J. García. *Persona jurídica*: tratamiento en los tipos civil y comercial, 1998; FERRARA, Francesco. *Le persone giuridiche*, 1958; CLEMENS, Rene. *Personnalité morale et personnalité juridique*, 1935; GANGI, Calogero. *Persone fisiche e persone giuridiche*, 1948; CASTRO Y BRAVO, Federico. *La persona jurídica*, 1981; MEIRA, Silvio. *Instituições de direito romano*. São Paulo: IASP, 2017. p. 151-167. *Vide*: TJSP, Enunciados n. 31, 47, 49 e 51; GOMES, Orlando. *Introdução ao Direito Civil*. 13. ed. Rio de Janeiro: Forense, 1998.

Assim, a *pessoa jurídica* é a unidade de pessoas naturais ou de patrimônios, que visa à consecução de certos fins, reconhecida pela ordem jurídica como sujeito de direitos e obrigações.

Três são os seus requisitos: organização de pessoas ou de bens; liceidade de propósitos ou fins; e capacidade jurídica reconhecida por norma.

1.2 NATUREZA JURÍDICA

Quanto à *natureza jurídica* da pessoa jurídica, várias teorias foram elaboradas, no intento de justificar e esclarecer a sua existência e a razão de sua capacidade de direito. Apesar de não haver um consenso entre a grande variedade de doutrinas, é possível agrupá-las em quatro categorias: 1) teoria da ficção legal e da doutrina; 2) teoria da equiparação; 3) teoria orgânica; e 4) teoria da realidade das instituições jurídicas.

A *teoria da ficção legal*, de Savigny[2], ao entender que só o homem é capaz de ser sujeito de direito, concluiu que a pessoa jurídica é uma ficção legal, ou seja, uma criação artificial da lei para exercer direitos patrimoniais e facilitar a função de certas entidades. Vareilles-Sommières varia um pouco esse entendimento ao afirmar que a pessoa jurídica apenas tem existência na inteligência dos juristas, apresentando-se como mera *ficção criada pela doutrina*[3].

Não se pode aceitar esta concepção, que, por ser abstrata, não corresponde à realidade, pois se o Estado é uma pessoa jurídica, e se se concluir que ele é ficção legal ou doutrinária, o direito que dele emana também o será.

A *teoria da equiparação*, defendida por Windscheid e Brinz, entende que a pessoa jurídica é um patrimônio equiparado no seu tratamento jurídico às pessoas naturais[4]. É inaceitável porque eleva os bens à categoria de sujeito de direitos e obrigações, confundindo pessoas com coisas.

Pela *teoria da realidade objetiva ou orgânica*, de Gierke e Zitelmann, há junto às pessoas naturais, que são organismos físicos, organismos sociais

---

[2] SAVIGNY, Friedrich Carl Von. *Traité de droit romain*, § 85. Adeptos dessa corrente são: AUBRY e RAU. *Cours de droit civil français*. 4. ed. Paris, v. 1, § 54; LAURENT. *Principes de droit civil*. Bruxelas, v. 1, n. 288; MOURLON. *Répétitions écrites du Code de Napoléon*. 8. ed. Paris, t. 1, n. 97.

[3] VAREILLES-SOMMIÈRES. *Les personnes morales*. Paris, 1902. p. 147 e 428.

[4] WINDSCHEID. *Pandette*, v. 1, § 40.

Capítulo 1 • Pessoa jurídica de direito privado   3

constituídos pelas pessoas jurídicas, que têm existência e vontade própria, distinta da de seus membros, tendo por finalidade realizar um objetivo social. Entretanto, essa concepção recai na ficção quando afirma que a pessoa jurídica tem vontade própria, porque o fenômeno volitivo é peculiar ao ser humano e não ao ente coletivo.

A *teoria da realidade das instituições jurídicas*, de Hauriou[5], admite que há um pouco de verdade em cada uma dessas concepções. Como a personalidade humana deriva do direito (tanto que este já privou seres humanos de personalidade – os escravos, por exemplo), da mesma forma ele pode concedê-la a agrupamentos de pessoas ou de bens que tenham por escopo a realização de interesses humanos. A personalidade jurídica é um atributo que a ordem jurídica estatal outorga a entes que o merecerem. Logo, essa teoria é a que melhor atende à essência da pessoa jurídica, por estabelecer, com propriedade, que a mesma é uma realidade jurídica[6].

A pessoa jurídica não se confunde com os seus sócios, associados, instituidores ou administradores. A autonomia patrimonial das pessoas jurídicas é um instrumento lícito de alocação e segregação de riscos estabelecidos pela lei com o objetivo de estimular empreendimentos, para a geração de empregos, tributo, renda e inovação em benefício de todos (art. 49-A, parágrafo único do Código Civil, acrescentado pela Lei n. 13.874/2019).

Pelo princípio da autonomia patrimonial (CPC, art. 795), os bens particulares dos sócios não respondem pelas obrigações e débitos da pessoa jurídica.

1.3 CLASSIFICAÇÃO

Poder-se-á classificar a pessoa jurídica de direito privado[7]:

---

[5] HAURIOU. *Précis de droit constitutionnel*. 2. ed. S/l: s/e, 1929.

[6] Sobre essas teorias, *vide*: RODRIGUES, Silvio. *Direito Civil*: parte geral. 32. ed. atual. São Paulo: Saraiva, v. 1, 2002; MONTEIRO, Washington de Barros. *Curso de direito civil*: parte geral. 39. ed. rev. e atual. São Paulo: Saraiva, v. 1, 2003; DEL VECCHIO. *Lições de filosofia do direito*, v. 2; TORRENTE. *Manuale di diritto privato*; CÁNOVAS. *Manual de derecho civil*, v. 1; PEREIRA, Caio Mário da Silva. *Instituições de direito civil*: introdução ao direito civil. 20. ed. Rio de Janeiro: Forense, v. I, 2004; LOPES, Serpa. *Curso de direito civil*. Rio de Janeiro: Freitas Bastos, v. 1, 1962. p. 332-338; DINIZ, Maria Helena. *Curso de direito civil brasileiro*. 41. ed. São Paulo: Saraiva, v. 1, 2024. p. 268-269.

[7] MONTEIRO, Washington de Barros. *Curso de direito civil*: parte geral. 39. ed. rev. e atual. São Paulo: Saraiva, v. 1, 2003; CARVALHOSA, Modesto. *Comentários ao Código Civil*. São Paulo: Saraiva, v. 13, 2003. p. 553-613; DINIZ, Maria Helena. *Curso de direito civil brasileiro*. 41. ed. São Paulo: Saraiva, v. 1, 2024. p. 277-304.

1) Quanto à *nacionalidade*, pois nesta categoria qualifica-se a pessoa jurídica como nacional ou estrangeira, tendo em vista sua articulação, subordinação à ordem jurídica que lhe conferiu personalidade, sem se ater, em regra, à nacionalidade dos membros que a compõem e à origem do controle financeiro (LINDB, art. 11; CF, arts. 176, § 1º, e 222; Lei n. 10.149/2000, art. 1º, que altera o art. 2º, §§ 1º e 2º, da Lei n. 8.884/94; CC, arts. 1.126 a 1.141).

A sociedade nacional é a organizada conforme a lei brasileira e tem no País a sede de sua administração (CC, arts. 1.126 a 1.133). A sociedade estrangeira, qualquer que seja seu objeto, não poderá, sem autorização do Poder Executivo, funcionar no País, ainda que por estabelecimentos subordinados, podendo, todavia, ressalvados os casos previstos em lei, ser acionista de sociedade anônima brasileira. Se autorizada a funcionar no Brasil, sujeitar-se-á às leis e aos tribunais brasileiros, quanto aos atos aqui praticados, deverá ter representante no Brasil e poderá nacionalizar-se, transferindo sua sede para o Brasil (CC, arts. 1.134 a 1.141).

2) Quanto à *estrutura interna*, em que se tem: (a) a *universitas personarum*, que é a corporação, um conjunto de pessoas que, apenas coletivamente, goza de certos direitos e os exerce por meio de uma vontade única, por exemplo, as associações e as sociedades, e (b) a *universitas bonorum*, que é o patrimônio personalizado destinado a um fim que lhe dá unidade, por exemplo, as fundações[8].

As associações e sociedades também têm um patrimônio, que representa a consecução dos fins perseguidos pelos sócios, mas, nas fundações, o patrimônio é elemento primordial, juntamente com o objetivo a que se destina[9].

Esclarece Washington de Barros Monteiro[10] que as associações distinguem-se das fundações por caracteres inconfundíveis. Enquanto as primeiras têm órgãos dominantes e visam a atingir fins internos e comuns aos sócios, as segundas, órgãos servientes, colimam fins externos e alheios, ou seja, estabelecidos pelo fundador.

---

[8] BEVILÁQUA, Clóvis. *Comentários ao Código Civil*, v. 1, p. 107.

[9] TORRENTE. *Manuale di diritto privato*, p. 70.

[10] MONTEIRO, Washington de Barros. *Curso de direito civil*: parte geral. 39. ed. rev. e atual. São Paulo: Saraiva, v. 1, 2003.

Capítulo 1 • Pessoa jurídica de direito privado 5

3) Quanto às *funções e capacidade*, as pessoas jurídicas são de direito público, interno ou externo, e de direito privado (CC, art. 40).

As *pessoas jurídicas de direito privado*, instituídas por iniciativa de particulares, conforme o art. 44, I a V, do Código Civil (com alteração da Lei n. 10.825/2003 e da Lei n. 12.441/2011), dividem-se em: fundações particulares, associações, sociedades (simples e empresárias), organizações religiosas, partidos políticos (Lei n. 9.096/95, art. 1º; CF, art. 17, I a IV, §§ 1º a 4º; Decreto n. 4.199/2002; CC, arts. 2.031 a 2.034), que, atualmente, ante o disposto na Carta Magna (art. 17, § 29), têm a natureza de associação civil, sendo pessoa jurídica de direito privado e, ainda, sociedades limitadas unipessoais. Vejamos:

A) *Fundações particulares*, que são universalidades de bens, personalizadas pela ordem jurídica, em consideração a um fim estipulado pelo fundador, sendo este objetivo imutável e seus órgãos servientes, pois todas as resoluções estão delimitadas pelo instituidor. Por exemplo, Fundação São Paulo (mantenedora da PUCSP); Fundação Cásper Líbero; Fundação Roberto Marinho etc. É, portanto, um acervo de bens livres de ônus ou encargos e legalmente disponíveis, que recebe da lei a capacidade jurídica para realizar as finalidades pretendidas pelo seu instituidor, em atenção aos seus estatutos, desde que tenham fins de: assistência social; cultura, defesa e conservação do patrimônio histórico e artístico; educação; saúde; segurança alimentar e nutricional; defesa, preservação e conservação do meio ambiente e promoção do desenvolvimento sustentável; pesquisa científica, desenvolvimento de tecnologias alternativas, modernização de sistemas de gestão, produção e divulgação de informações e conhecimentos técnicos e científicos; promoção da ética, da cidadania, da democracia e dos direitos humanos; e atividades religiosas (CC, art. 62, parágrafo único, com a redação da Lei n. 13.151/2015). Conforme o Enunciado n. 9 do Centro de Estudos Judiciários do Conselho da Justiça Federal, "O art. 62, parágrafo único, deve ser interpretado de modo a excluir apenas as fundações de fins lucrativos". A nova redação está bem mais completa e elimina dúvidas quanto aos fins perseguidos pela fundação.

A fundação deve almejar a consecução de fins nobres, para proporcionar a adaptação à vida social, a obtenção da cultura, do desenvolvimento intelectual e o respeito de valores ambientais, espirituais, artísticos, materiais ou científicos. Não pode haver abuso, desvirtuando-se os fins fundacionais para atender a interesses particulares do instituidor, por exemplo[11].

B) *Associações* civis, religiosas (CC, art. 44, IV, e Decreto n. 7.107/2010), pias, morais, científicas ou literárias e as de utilidade pública. Constituem, portanto, uma *universitas personarum*, ou seja, um conjunto de pessoas que colimam fins ou interesses não econômicos (CC, art. 53), que podem ser alterados, pois seus membros deliberam livremente, já que seus órgãos são dirigentes.

A doutrina e a lei distinguem as associações e as sociedades, sendo que "as disposições concernentes às associações se aplicam, subsidiariamente, às sociedades que são objeto do Livro II, da Parte Especial deste Código" (CC, art. 44, § 2º).

Tem-se a *associação* quando não há fim lucrativo ou intenção de dividir o resultado, embora tenha patrimônio, formado por contribuição de seus membros para a obtenção de fins culturais, educacionais, esportivos, religiosos, beneficentes, recreativos, morais etc. Não perde a categoria de associação mesmo que realize negócios para manter ou aumentar o seu

---

[11] ROSSEL e MENTHA. *Manuel de droit civil suisse*, v. 1, n. 258; MONTEIRO, Washington de Barros. *Curso de direito civil*: parte geral. 39. ed. rev. e atual. São Paulo; Saraiva, v. 1, 2003; RAFAEL, Edson José. *Fundações e direito*. São Paulo: Melhoramentos, 1997; GRAZZIOLI, Airton; RAFAEL, Edson José. *Fundações privadas*. São Paulo: Atlas, 2009; DINIZ, Maria Helena. *Direito fundacional*. São Paulo: Juarez de Oliveira, 2008; DINIZ, Gustavo Saad. *Direito das fundações privadas*. Rio de Janeiro: Síntese, 2000; GREGORIO, Ricardo Algarve. Considerações a respeito das fundações. *Revista do Curso de Direito das FMU*, n. 22, p. 95-100; MELLO FILHO, José Celso de. Notas sobre as fundações. *RT* 537:29; RESENDE, Tomás de Aquino. *Novo manual de fundações*, 1997; RESENDE, Tomás de Aquino. As fundações e sua disciplina no novo Código Civil. In: *Questões de direito civil e o novo Código Civil*. Ministério Público de São Paulo, 2004. p. 246-271; PAES, José Eduardo Sabo. *Fundações e entidades de interesse social*. Brasília: Brasília Jurídica, 2004; RIVACOBA, Ramón D. *El negocio jurídico fundacional*, 1996; CARRANZA, Jorge A. *Las fundaciones en el derecho privado*, 1977; GARCIA, Rafael de Lorenzo; LUNA, Miguel A. Cabra de. *Las fundaciones y la sociedad civil*, 1992; GASSET, Ramón Badenes. *El ordenamiento legal de las fundaciones*, 1996; HAURIOU, Maurice. *Teoria dell'istituzione e delle fondazione*, 1967; FERREIRA, Pinto. *Do sujeito de direito nas fundações privadas*, 1937; HERRERO, Mª Teresa C. *La constitución de fundaciones*, 1997; PANTALEÃO, Leonardo (org.). *Fundações educacionais*. São Paulo: Atlas, 2003; MORATO, Antonio C.; BITTAR, Eduardo C. B. Das fundações educacionais. In: *Fundações educacionais*. PANTALEÃO, Leonardo (org.). São Paulo: Atlas, 2003. p. 144-166; GARCIA, Rafael M.; CHAVES, Bruno C. *Manual de fundações*. Niterói: Impetus, 2005; ALVES, Francisco de Assis. *Associações, sociedades e fundações no Código Civil de 2002*. São Paulo: Juarez de Oliveira, 2005.

Capítulo 1 • Pessoa jurídica de direito privado   7

patrimônio, sem, contudo, proporcionar ganhos aos associados, por exemplo, associação esportiva que vende aos seus membros uniformes, alimentos, bolas, raquetes etc., embora isso traga, como consequência, lucro para a entidade[12]. Pelo Enunciado n. 534 do CJF (aprovado na VI Jornada de Direito Civil), "as associações podem desenvolver atividade econômica, desde que não haja finalidade lucrativa".

A associação (*Verein*) é um contrato pelo qual certo número de pessoas, ao se congregar, coloca, em comum, serviços, atividades, conhecimentos, em prol de um mesmo ideal, objetivando a consecução de determinado fim não econômico (*Idealverein*) ou econômico (*wirtschaftliche Verein*), com ou sem capital, e sem intuitos lucrativos (CC, art. 53). Poderá ter finalidade: a) *altruística* (associação beneficente); b) *egoística* (associação literária, esportiva ou recreativa); e c) *econômica não lucrativa* (associação de socorro mútuo).

O ato constitutivo da associação consiste num conjunto de cláusulas contratuais vinculantes, ligando seus fundadores e os novos associados que, ao nela ingressarem, deverão submeter-se aos seus comandos. Nele deverão estar consignados sob pena de nulidade: a) a denominação, os fins e a sede da associação; b) os requisitos exigidos para admissão, demissão e exclusão dos associados; c) os direitos e deveres dos membros componentes; d) as fontes de recursos financeiros para sua manutenção para evitar "lavagem" de dinheiro (Lei n. 9.613/98) e delitos disfarçados por atos

---

[12] DINIZ, Maria Helena. Sociedade e associação. In: *Contratos nominados*. CAHALI, Yussef S. (coord.). São Paulo: Saraiva, 1995. p. 346-99; PEREIRA, Caio Mário da Silva. *Instituições de direito civil*: introdução ao direito civil. 20. ed. Rio de Janeiro: Forense, v. I, 2004; GOMES, Orlando. *Introdução ao Direito Civil*. 13. ed. Rio de Janeiro: Forense, 1998; SIQUEIRA, Graciano P. de. As associações e o novo Código Civil. *Boletim CDT*, 21:88-9.

A Lei n. 14.030/2020 dispõe sobre reunião assemblear presencial de associação, art. 7º. A Lei n. 5.764/71, art. 43-A e parágrafo único (acrescentado pela Lei n. 14.030/2020) possibilita assembleia geral realizada digitalmente e voto à distância de associados de cooperativa desde que respeitados direitos previstos em lei de participação e manifestação dos associados e normas regulamentares do órgão competente do Poder Executivo Federal. E a assembleia geral poderá ser realizada de forma digital, respeitados os direitos legalmente previstos de participação e de manifestação dos associados e os demais requisitos regulamentares.

A Lei n. 13.019 sobre organizações de sociedade civil (OSC), entidade privada sem fins lucrativos que presta serviços visando direitos humanos, foi alterada pela Lei n. 14.309/2022 que lhe acrescentou o art. 4º-A: "Todas as reuniões, deliberações e votações das organizações da sociedade civil poderão ser feitas virtualmente, e o sistema de deliberação remota deverá garantir os direitos de voz e de voto a quem os teria em reunião ou assembleia presencial".

beneficentes; e) o modo de constituição e de funcionamento dos órgãos deliberativos; f) as condições para a alteração do estatuto e para a dissolução da entidade, dispondo sobre o destino do patrimônio social; g) a forma de gestão administrativa e de aprovação das respectivas contas. Logo, deverá ser constituída, por escrito, mediante redação de um estatuto, lançado no registro geral (CC, arts. 54, I a VII, e 45), contendo declaração unânime da vontade dos associados de se congregarem para formar uma coletividade, não podendo adotar qualquer das formas empresárias, visto que lhe falta o intuito especulativo.

Plena é a liberdade de associação para fins lícitos (CF/88, art. 5º, XVII). Portanto, vedada estará a formação de: a) associação com fins ilícitos, proibidos por lei, tendo atividades atentatórias à moral, aos bons costumes e à ordem pública; b) *societas criminis*, conluio entre duas ou mais pessoas para a prática de determinado crime. Trata-se da coautoria, em que se punem os agentes individualmente, de acordo com sua participação na consumação do delito acertado; c) *societas sceleris*, ou seja, associação que tem por finalidade reunir malfeitores para a prática de crimes, organizar quadrilhas (CP, art. 288) ou tramar conspiração; d) associação política paramilitar, que busca a realização de objetivos políticos com organizações de caráter militar (CF/88, arts. 5º, XVII, *in fine*, e 17, § 4º)[13].

A associação é uma modalidade de agrupamento, dotada de personalidade jurídica, sendo pessoa jurídica de direito privado, voltada à realização de finalidades culturais, sociais, pias, religiosas, recreativas etc., cuja existência legal (*Dasein*) surge com o assento de seu estatuto, em forma pública ou particular, no registro competente, desde que satisfeitos os requisitos legais, tendo ela objetivo lícito e estando regularmente organizada. Há casos em que pode ser exigida para a sua constituição uma prévia autorização

---

[13] LIMA, Pires de; VARELA, Antunes. *Código Civil anotado*. Coimbra, 1967, p. 102; REINHARDT. *Gesellschaftsrecht*. Tübingen, 1973, n. 378 e s.; LARENZ, Karl. *Allgemeiner Teil des deutschen bürgerlichen Rechts*. München: Beck, 1967, II, § 8º; CHAVES, Antônio. Associação civil. In: *Enciclopédia*, v. 8. p. 274, 284-285; NÁUFEL, José. *Novo dicionário jurídico brasileiro*. Rio de Janeiro: Konfino, 1965; DINIZ, Maria Helena. Sociedade e associação. In: *Contratos nominados*. CAHALI, Yussef S. (coord.). São Paulo: Saraiva, 1995. p. 347-388; PONTES DE MIRANDA. Associação civil. *RT*, 445:44; PAEZ, Juan L. *El derecho de las asociaciones*, 1946; PAEZ, Juan L. *Tratado teórico-prático de las asociaciones*, 1964; REALE, Miguel. Associação civil. *RT*, 445:51; BUSTAMANTE, Mário C. *Teoría de la asociación*, 1972; TALAVERA, Glauber Moreno. *Comentários ao Código Civil*. Camillo, Talavera, Fujita e Scavone Jr. (coords.). São Paulo: Revista dos Tribunais, 2006, comentário ao art. 54, p. 143.

Capítulo 1 • Pessoa jurídica de direito privado 9

governamental, que será federal. Dever-se-á, então, registrar o estatuto e a autorização governamental para que a associação seja uma pessoa jurídica (Lei n. 6.015/73, arts. 114 a 121).

Consequentemente, fácil será deduzir a eficácia constitutiva do ato registrário, pois dele advém a personalidade jurídica da associação, que passará a ter capacidade de direito (*Rechtsfähigkeit*).

Sem o registro será considerada uma associação irregular (*nichtrechtsfähiger Verein*), ou melhor, não personificada, que, não tendo personalidade jurídica, será tida como mera relação contratual disciplinada pelo seu estatuto (*Satzung*). Mesmo irregular, a associação será representada em juízo, ativa ou passivamente, pela pessoa que a administrar (CPC, art. 75, IX; *RT*, 470/147). Todavia, há juristas que admitem a personalidade jurídica da associação irregular[14].

Com a personificação da associação, para os efeitos jurídicos, ela passará a ter aptidão para ser sujeito de direitos e obrigações e capacidade patrimonial, constituindo seu patrimônio, que não terá relação com o dos associados, adquirindo vida própria e autônoma, não se confundindo com os seus membros, por ser uma nova unidade orgânica. Cada um dos associados constituirá uma individualidade e a associação, uma outra (CC, art. 50, 2ª parte), tendo cada um seus direitos, deveres e bens apesar de não haver, nas relações entre os associados, direitos e deveres recíprocos (CC, art. 53, parágrafo único). Observa Renan Lotufo que esse parágrafo único "evidencia claramente que as associações não são contratos sinalagmáticos entre os associados, isto é, com obrigações respectivas. Na teoria do negócio jurídico, o contrato é classificado como plurissubjetivo unidirecional, porque são vários os que declaram suas vontades, mas todas no mesmo sentido, vontade comum, pelo que muitos o denominam acordo. Não se põe o *do ut des*". Será preciso, ainda, não olvidar que a associação poderá ter existência legal (*Dasein*) "no papel", sendo juridicamente reconhecida, sem que, contudo, tenha vida (*Leben*), o que somente ocorrerá no momento em que os cargos de direção estiverem preenchidos, colocando-a em funcionamento para atender aos fins de sua constituição[15]. Nas relações entre associação e

---

[14] OLVEIRA, J. Lamartine Corrêa de. Personalidade jurídica da sociedade irregular. *Revista da Faculdade de Direito da Universidade Federal do Paraná*. Curitiba, 1964, n. 10. p. 152-161; BORGES, João Eunápio. *Curso de direito comercial*, v. 2. p. 47-50.

[15] LARENZ, Karl. *Allgemeiner Teil des deutschen bürgerlichen Rechts*. München: Beck, 1967. p.

associados há deveres e direitos, oriundos do estatuto social, cuja natureza é a de ato coletivo. Há liame obrigacional entre associação e terceiro em razão de atos negociais, como locação de prédio para sua sede, aquisição de materiais etc.

Há *de lege lata*, em nosso país, nítida diferenciação entre associação e sociedade, uma vez que o Código Civil, no art. 44, I, II, IV e V, as abrange. Assim, a sociedade *lato sensu* seria o gênero, que compreenderia as espécies, isto é, sociedade *stricto sensu* e associação, estando, por isso, submetidas ao mesmo regime normativo, com a ressalva do art. 61, §§ 1º e 2º, do Código Civil, atinentes ao destino dos bens da associação.

Para que se possa enumerar um rol exemplificativo de associações, além da verificação dos seus estatutos, será preciso averiguar as atividades por elas exercidas real e faticamente, por terem objetivos variáveis, não comportando repartição de lucros e benefícios entre os associados.

Convém lembrar as *cooperativas* (*eingetragenen Genossenschaften*), que são associações sob forma de sociedade, com número aberto de membros, que têm por escopo, sem fito de lucro, estimular a poupança, a aquisição e a economia de seus associados, mediante atividade econômica comum (Lei n. 5.764/71, com as alterações das Leis n. 7.231/84, 13.806/2019 e 14.030/2020, arts. 5º e 8º; CF/88, art. 174, § 2º). Constituem-se por contrato, reunindo cooperação de pessoas físicas e, excepcionalmente, de pessoas jurídicas, para atingir um fim econômico não lucrativo, em prol de seus integrantes, agindo, juntamente com eles ou com terceiros. É uma sociedade de pessoas *intuitu personae*, formada em razão de qualidades pessoais de seus associados (CC, arts. 1.093 a 1.096). Regem-se pelo *princípio da adesão livre*, pois seus associados têm liberdade de ingresso ou saída, exceto as exigências estatutárias, e independem de autorização para sua criação, sendo vedada qualquer interferência estatal no seu funcionamento

---

175, § 15, II, 4, p. 183, § 16, I, b, p. 205; § 16, V, 4; REINHARDT. *Gesellschaftsrecht*. Tübingen, 1973, n. 371; DE PLÁCIDO E SILVA. *Vocabulário jurídico*. Rio de Janeiro: Forense, 1972. p. 172; FABRICIUS, Fritz. Relativität, p. 88 e 89; OLIVEIRA, J. Lamarine Corrêa de. *A dupla crise da pessoa jurídica*. São Paulo: Saraiva, 1979, p. 4-7, 55, 60-61, 96-97, 101-120, 144, 149, 162-167, 171, 241, 260 e 553; RITTNER, Fritz. *Die verdende juristische Person*. Tübingen: Mohr, 1973. p. 17 e 18; SIVIERO, José M. *Títulos, documentos e pessoa jurídica*: seus registros na prática, 1983; CENEVIVA, W. *Lei dos Registros Públicos comentada*. São Paulo: Saraiva, 1979. p. 247; DOWER, Bassil. *Curso moderno de direito civil*, 1976, v. 1. p. 83, 102 e 115; LOTUFO, Renan. *Código Civil comentado*. São Paulo: Saraiva, v. 1, 2003. p. 157-158.

Capítulo 1 • Pessoa jurídica de direito privado   11

(CF/88, art. 5º, XVIII), salvo se for cooperativa de crédito, pois, pela Constituição Federal, art. 192, lei complementar disporá sobre seu funcionamento, regulando-a, impondo requisitos para que possam ter condições de operacionalidade e estruturação próprias das instituições financeiras. Deveras, reza tal dispositivo, com a alteração da EC n. 40/2003: "O sistema financeiro nacional, estruturado de forma a promover o desenvolvimento equilibrado do País e a servir aos interesses da coletividade, em todas as partes que o compõem, abrangendo as cooperativas de crédito, será regulado por leis complementares que disporão inclusive sobre a participação do capital estrangeiro nas instituições que o integram". Constituem uma forma de organização de atividade econômica, tendo por finalidade a produção (CF, art. 187, VI) agrícola ou industrial ou a circulação de bens ou de serviços. É uma estrutura de prestação de serviços, voltada ao atendimento de seus associados, possibilitando o exercício de uma atividade econômica comum, sem objetivar lucro. Visam a autodefesa dos produtores de remédios, de gêneros alimentícios, de livros escolares etc., que põem em comum capital e trabalho, evitando a intermediação de terceiros, alheios ao processo produtivo, eliminando o lucro do intermediário. Consequentemente, vendem as mercadorias por preços módicos apenas a seus associados ou lhes conseguem fundos sem intuitos lucrativos, repartindo, no final das atividades exercidas, as bonificações proporcionais às compras ou operações feitas por cada membro. Realizam, portanto, operações com seus próprios sócios, que são seus fregueses, e para quem os resultados são distribuídos, constituindo um reembolso daquilo que, naquelas operações, compete a cada um, sempre atendendo aos deveres assumidos no contrato social. São regidas pelo *princípio da mutualidade*, pois suas decisões não obedecem à força do capital investido por cada um dos cooperadores, mas subjetivamente ao valor da pessoa natural ou jurídica que as compõem, pouco importando o *quantum* de sua contribuição material (bens fungíveis ou infungíveis) nos negócios comuns. Temos, portanto, vários tipos de cooperativa, como a de: produção agrícola ou industrial; trabalho (Lei n. 12.690/2012); beneficiamento de produtos; compras em comum; vendas em comum; consumo; abastecimento; crédito (Circulares n. 3.226/2004, 3.695/2013 e 3.771/2015 do BACEN; Carta-Circular do BACEN n. 3.479/2011; Resoluções BACEN n. 3.859/2010 e 4.194/2013; LC n. 123/2006, art. 3º, § 5º, com a redação da LC n. 128/2008; LC n. 130/2009; IN SRF n. 333/2003; Súmula 262 do STJ; Resoluções BACEN n. 3.859/2010, alterada pela Resolução n. 4.020/2011 do BACEN, e

4.434/2015; Lei n. 9.430/96, art. 56-A, §§ 1º a 5º, acrescentados pela Lei n. 12.873/2013; Lei n. 8.213/91, art. 11, § 8º, VI, com a redação da Lei n. 13.183/2015); seguro; construção de casas populares; cultura, livros escolares, eletrificação rural (Decreto n. 6.160/2007, que regulamenta os §§ 1º e 2º do art. 23 da Lei n. 9.074/95) etc. Como se vê, as cooperativas buscam uma cooperação para a obtenção de um fim econômico e não a interposição lucrativa das sociedades. Todavia, há quem nelas vislumbre, como Verrucoli[16], um misto de sociedade e associação, por haver atribuição de voto a cada sócio, que é relevante ao fenômeno associativo ante o princípio da mutualidade, enquanto outros as entendem como uma sociedade onde se tem união autônoma organizada corporativamente para intercâmbios associativos, o que vem confirmado na seguinte lição de Paulik: "ist sie Keine Gesellschaft im Sinne einer Gesamthandgemeinschaft, sondern ein Körperschaftlich organisierter und von Mitgliederwechsel unabhängiger Verein"[17]. Diante da incerteza quanto à sua natureza jurídica, o atual Código Civil considera-as como *sociedades simples*, e não como associações (CC, arts. 982,

---

[16] VERRUCOLI. Cooperative. In: *Enciclopedia del diritto*, 1962, v. 10. p. 562-563.

[17] PAULIK. *Das Recht der eingetragen Genossenschaft*, Karlsruhe, 1956. p. 50; POITEVIN. *La cooperation agricole*. Paris: Dalloz, 1971; BAKKEN e SHAARS. *The economics of cooperative marketing*. New York, 1937; BULGARELLI, Waldirio. *Regime jurídico das sociedades cooperativas*. São Paulo, 1965. p. 102; PONTES DE MIRANDA, *Tratado de direito privado*, v. 49. p. 511; ASCARELLI. *Problemi giuridici*. Milano, 1959, t. 2, p. 362; OPPO. L'essenza della società cooperativa e gli studi recenti. *Rivista di Diritto Civile*, 1959, ano 5, parte 1, p. 409, nota 114; FRANK, Walmor. *Direito das sociedades cooperativas*. São Paulo, 1973, p. 73; REALE, Miguel. *Questões de direito*. São Paulo: Sugestões Literárias, 1981. p. 259-266; PAOLUCCI. *La mutualità nelle cooperative*. Milano, 1974, p. 5, nota 11; CARVALHOSA, Modesto. *Comentários*, v. 13. p. 398-417; BUCCI, Maria Paula D. *Cooperativas de habitação no direito brasileiro*. São Paulo: Saraiva, 2004; POLONIO, Wilson A. *Manual das sociedades cooperativas*. São Paulo: Atlas, 2001; BECHO, Renato Lopes. *Problemas atuais do direito cooperativo*. São Paulo: Dialética, 2003; BUONNAFINA, Jalber Lira. Fundamentos legais sobre a mudança de competência para registro das cooperativas no RCPJ. *CDT Boletim*, 16:67; M. T. Rose (org.). *Interferência estatal nas cooperativas*: aspectos constitucionais, tributários, administrativos e societários. Porto Alegre: Sérgio A. Fabris, Editor, 1988; BONFIM, Benedito Calheiros. Cooperativas e terceirização. *Jornal Síntese*, 94:3-4; ALVES, Francisco de Assis. *Sociedades cooperativas*: regime jurídico e procedimentos legais para sua constituição e funcionamento. São Paulo: Juarez de Oliveira, 2003. *Vide*: TFR, Súmula 264, e STJ, Súmula 262.

"Nas sociedades personificadas previstas no Código Civil, exceto a cooperativa, é admissível o acordo de sócios, por aplicação analógica das normas relativas às sociedades por ações pertinentes ao acordo de acionistas" (Enunciado n. 384 do CJF, aprovado na IV Jornada de Direito Civil).

Sobre cooperativas: *RT*, *844*:194, *832*:184, *771*:238, *711*:167.

Capítulo 1 • Pessoa jurídica de direito privado 13

parágrafo único, 1.093 a 1.096), dando origem a um novo sistema para as cooperativas que devem ser registradas no Registro Civil das Pessoas Jurídicas.

C) *Sociedade simples* é, por sua vez, a que visa fim econômico ou lucrativo, que deve ser repartido entre os sócios, sendo alcançado pelo exercício de certas profissões ou pela prestação de serviços técnicos (CC, arts. 997 a 1.038).

Há entendimento de que "considerando ser da essência do contrato da sociedade a partilha do risco entre os sócios, não desfigura a sociedade simples o fato de o respectivo contrato social prever distribuição de lucros, rateio das despesas e concurso de auxiliares" (CJF, Enunciado n. 475, aprovado na V Jornada de Direito Civil). Por exemplo: uma sociedade imobiliária (Lei n. 4.728/65, art. 62); uma sociedade de advogados, registrada no Conselho Seccional da OAB e que serve de instrumento de organização administrativa e financeira das relações internas entre seus sócios (pessoas legalmente habilitadas para o exercício da advocacia), tendo por objetivo disciplinar o expediente e a gestão patrimonial relativos à prestação de serviços advocatícios, não apresentando forma ou características empresariais (Lei n. 8.906/94, arts. 15, § 1º, 16, 17, 21 e 34, II; Provimentos n. 112/2006 e 98/2002, ora revogado pela Resolução OAB n. 1/2012, do Conselho Federal da OAB; CC, art. 966, parágrafo único); uma sociedade formada por um grupo de médicos, apoiado por enfermeiros, atendentes, nutricionistas etc., para o exercício de atividade profissional científica, tendo por objeto social a prestação de serviços de medicina; uma sociedade que presta serviços de pintura (*RT*, *39*:216); que explora o ramo hospitalar ou escolar; que presta serviços de terraplenagem (*RT*, *395*:205); uma sociedade cooperativa (CC, arts. 982, parágrafo único, 1.093 a 1.096; STJ, Súmula 262). Mesmo que uma sociedade simples venha a praticar, eventualmente, atos peculiares ao exercício de uma empresa, tal fato não a desnatura, pois o que importa para identificação da natureza da sociedade é a atividade principal por ela exercida (*RT*, *462*:81)[18].

---

[18] GOMES, Orlando. *Introdução ao Direito Civil*. 13. ed. Rio de Janeiro: Forense, 1998. p. 180; DOWER, Bassil. *Curso moderno de direito civil*, 1976, v. 1. p. 98; FERRAZ, Sérgio (coord.). *Sociedade de advogados*. São Paulo: Malheiros, 2002; MEYER, Antônio C.; PENTEADO, Mauro B. Sociedades de advogados: influência do novo Código Civil em seu regime jurídico. *Revista Literária de Direito*, *60*:29-30; ABRÃO, Carlos Henrique. *Sociedades simples*. São Paulo: Juarez de Oliveira, 2004; MONTEIRO, Washington de Barros. Sociedade civil. *RT*, *424*:44-45; *RT*, *477*:154, *461*:128, *657*:91, *363*:514, *462*:226; *RJTJRS*, *151*:623, *113*:290. Pela Súmula 262

Tem ela certa autonomia patrimonial e atua em nome próprio, pois sua existência é distinta da dos sócios, de modo que os débitos destes não são da sociedade e vice-versa[19].

D) *Sociedades empresárias*, que visam lucro, mediante exercício de atividade mercantil (*RT, 468*:207), assumindo as formas de: sociedade em nome coletivo; sociedade em comandita simples; sociedade em comandita por ações; sociedade limitada; sociedade anônima ou por ações (CC, arts. 1.039 a 1.092; Lei n. 6.404/76; Lei n. 11.101/2005, art. 96, § 1º); *startups* (LC n. 182/2021); sociedades anônimas simplificadas que acompanham inovações mercadológicas têm pouca burocracia e apresentam solução prática a certos problemas e diminuem carga tributária (por exemplo, Amazon, Apple). Assim, para saber se dada sociedade é simples ou empresária, basta considerar a natureza das operações habituais: se estas tiverem por objeto o exercício de atividades econômicas organizadas para a produção ou circulação de bens ou de serviços, próprias de empresário sujeito a registro (CC, arts. 982 e 967), a sociedade será empresária. E a ela se equipara a sociedade que tem por fim exercer atividade própria de empresário rural, que seja constituída de acordo com um dos tipos de sociedade empresária e que tenha requerido sua inscrição no Registro das Empresas de sua sede (CC, arts. 968 e 984). Será *simples* a que não exercer tais atividades, mesmo que adote quaisquer das formas empresariais, como permite o art. 983 do Código Civil, exceto se for anônima ou em comandita por ações, que, por força de lei, serão sempre empresárias (CC, arts. 983 e 982, parágrafo único; *RT, 434*:122)[20].

---

do STJ: "Incide o imposto de renda sobre o resultado das aplicações financeiras realizadas pelas cooperativas". *Vide*: Súmula 276 do STJ.

Pelo CJF (V Jornada de Direito Civil), no Enunciado n. 474: "Os profissionais liberais podem organizar-se pela forma de sociedade simples convencionando a responsabilidade limitada dos sócios por dívidas da sociedade, a despeito da responsabilidade ilimitada por atos praticados no exercício da profissão".

Sobre sociedade unipessoal de advocacia: Provimento n. 170/2016 do Conselho Federal da OAB; Lei n. 13.247/2016. A AASP solicitou inclusão do código 232-1 no CNPJ, previsto na Instrução Normativa n. 1.634/2016, para sanar falha no sistema que impede advogados de se inscreverem na nova modalidade societária instituída pela Lei n. 13.247/2016.

[19] MONTEIRO, Washington de Barros. *Curso de direito civil*: parte geral. 39. ed. rev. e atual. São Paulo: Saraiva, v. 1, 2003; DINIZ, Maria Helena. *Curso de direito civil brasileiro*: direito de empresa. 16. ed. rev. e atual. São Paulo: Saraiva, v. 8, 2024. p. 141-157.

[20] DOWER, Bassil. *Curso moderno de direito civil*, 1976, v. 1. p. 99; CARVALHOSA, Modesto.

Capítulo 1 • Pessoa jurídica de direito privado

E) *Sociedades limitadas unipessoais*, trata-se das antigas *empresas individuais de responsabilidade limitada*, outrora constituídas por uma única pessoa titular da totalidade do capital social, devidamente integralizado, não inferior a 100 vezes o maior salário mínimo vigente no Brasil, com isso os credores ficariam resguardados, pois teriam maior segurança, já que esse capital responderia pelas atividades empresariais. Eram regidas no que coubesse pelas normas atinentes à sociedade limitada. Também poderiam resultar da concentração das quotas de outra modalidade societária num único sócio, independentemente dos motivos conducentes àquela concentração. O seu nome empresarial deveria ser formado pela inclusão do termo *Eireli* após a firma ou denominação social (CC, art. 980-A, §§ 1º a 6º, acrescentado pela Lei n. 12.441/2011; IN do DREI n. 10/2013 e 15/2013, arts. 1º, 2º, 3º, 4º, 5º, I, III, *d, e, f*, § 1º, *a*, 11, 12, 16 e 17; Enunciados do CJF aprovados na I Jornada de Direito Comercial: "3. A Empresa Individual de Responsabilidade Limitada — EIRELI não é sociedade unipessoal, mas um novo ente, distinto da pessoa do empresário e da sociedade empresária; e 4. Uma vez subscrito e efetivamente integralizado, o capital da empresa individual de responsabilidade limitada não sofrerá nenhuma influência decorrente de ulteriores alterações no salário mínimo"). Com a revogação do art. 44, VI, e do Título I-A do Livro II da Parte Especial pela Lei n. 14.382/2022 e do art. 1.033, IV, do Código Civil pela Lei n. 14.195/2021 sempre se poderá transformar as *Eirelis* em *sociedades limitadas unipessoais*, independentemente de qualquer alteração em seu ato constitutivo, pois a DREI disciplinará tal transformação (CC, arts. 1.052, §§ 1º e 2º, 1.113 a 1.115; Lei n. 14.195/2021, art. 41, parágrafo único).

Comentários, v. 13. p. 1-391, 418-36; DINIZ, Maria Helena. *Curso de direito civil brasileiro*: direito de empresa. 15. ed. ver. e atual. São Paulo: Saraiva, v. 8, 2023. p. 141-157. O art. 44 do atual Código Civil considera pessoas jurídicas de direito privado: as associações (Lei n. 10.838/2004), as sociedades, as fundações, organizações religiosas e os partidos políticos, não mais se referindo aos diversos tipos de sociedades civis do art. 16, I, do Código Civil de 1916, deixando de mencionar as comerciais, ora no inciso II do art. 16 deste último, empregando o termo genérico "sociedades". O Enunciado n. 144 do Conselho de Justiça Federal, aprovado na Jornada de Direito Civil de 2004, conclui que: "A relação das pessoas jurídicas de direito privado, constante do art. 44, incisos I a V, do Código Civil, não é exaustiva".

Consulte a Lei Complementar n. 123/2006, que instituiu o Estatuto da Microempresa e Empresa de Pequeno Porte, dispondo sobre o tratamento jurídico diferenciado, simplificado e favorecido previsto nos arts. 170 e 179 da Constituição Federal.

É mister dizer algumas palavras sobre as pessoas jurídicas de direito privado designadas como empresa pública e sociedade de economia mista[21] (CF, art. 173, §§ 1º a 3º; Decreto n. 682/92, ora revogado pelo Decreto n. 825/93, n. 3.735/2001, ora revogado pelo Decreto n. 6.140/2007, n. 93.872/86, art. 96, §§ 1º, 2º, com a redação do Decreto n. 7.058/2009; Lei n. 8.920/94; STJ, 1ª T., REsp 30.367-2-DF; Bol. *AASP, 1.867*:117, *1.804*:294-9): são regidas por normas voltadas ao direito empresarial e trabalhista, mas com cautela do direito público, ante o fato de estarem sujeitas a certos princípios juspublicistas, como, por exemplo, a licitação, porque lidam com recursos ou capitais públicos. A Lei n. 11.101/2005 sobre recuperação judicial ou extrajudicial e falência não se lhes aplica (art. 2º, I).

A *empresa pública* é a entidade dotada de personalidade jurídica de direito privado, com patrimônio próprio e capital exclusivo da União, criada por lei para a exploração de atividade econômica que o governo seja levado a exercer por força de contingência ou de conveniência administrativa, podendo revestir-se de qualquer das formas admitidas em direito (Decreto-lei n. 200/67, art. 5º, II, com a redação dada pelo Decreto-lei n. 900/69; Súmula 501 do STF). Por exemplo, a Companhia de Pesquisa de Recursos Minerais (Lei n. 8.970/94), a Conab (Leis n. 8.029/90, 8.171/91 e 8.174/91 e Decreto n. 2.390/97, ora revogado pelo Decreto n. 4.514/2002), a Emurb (Lei n. 7.670/71 e Decreto n. 12.579/76); a Empresa de Pesquisa Energética – EPE (Lei n. 10.847/2004); o Centro Nacional de Tecnologia Eletrônica Avançada S.A. – CEITEC (Lei n. 11.759/2008), e a Empresa Gestora de Ativos – EMGEA (Decretos n. 3.848/2001 e 7.122/2010).

A *sociedade de economia mista* é a entidade dotada de personalidade jurídica de direito privado (*RT, 373*:160, *510*:126, *521*:219, *526*:275, *535*:199; STJ, Súmulas 42 e 39) criada por lei (CF, art. 37, XIX e XX) para a exploração de atividade econômica, sob a forma de sociedade anônima, cujas ações com direito a voto pertençam em sua maioria à União ou a entidade da administração indireta, como, por exemplo, Dersa (Decreto-lei

---

[21] *Vide*: Lei n. 11.101/2005, arts. 70 a 72, sobre microempresas, e art. 2º, I, que retira sua aplicabilidade a empresa pública e sociedade de economia mista.

Vide: Lei n. 14.030/2020, art. 1º, § 4º sobre assembleia excepcional a ser realizada no prazo de 7 meses, após o término do exercício social de empresa pública e sociedade de economia mista, que se deu entre 31-12-2019 e 31-3-2020.

Capítulo 1 • Pessoa jurídica de direito privado

n. 200/67, art. 5º, III, com redação do Decreto-lei n. 900/69; Lei n. 7.773/89, art. 15; Súmulas 8, 76, 501, 517 e 556 do STF). Mas "a simples participação majoritária do Estado, como acionista, não caracteriza a empresa como sociedade de economia mista se a sua criação não se deu por ato legislativo" (*JB, 156*:157)[22].

As entidades que prestam serviço público como as empresas públicas e as sociedades de economia mista, apesar de dotadas de personalidade jurídica de direito privado, estão disciplinadas por normas administrativas tributárias e trabalhistas e seu funcionamento, no que couber, pelas normas do Código Civil, de natureza cível ou empresarial (CF, art. 173, §§ 1º a 5º c/c o CC, arts. 41, parágrafo único, e 99, parágrafo único), salvo disposição legal em contrário. Ter-se-á, então, uma aplicação subsidiária do Código Civil, mas há quem ache que empresas públicas e sociedades de economia mista não se enquadrariam no art. 41, parágrafo único, por não serem pessoas jurídicas de direito público, apesar de incluídas no rol da administração indireta. O mesmo se diga do *consórcio público* constituído como pessoa jurídica de direito privado, mediante atendimento de requisitos da legislação civil (Lei n. 11.107/2005, regulamentada pelo Decreto n. 6.017/2007, arts. 1º e § 1º, e 6º, II), que observará as normas de direito público no que concerne à realização de licitação, celebração de contratos, prestação de contas e admissão de pessoal, que reger-se-á pela CLT (art. 6º, § 2º). O art.

---

[22] *Vide*: CF, art. 173, § 1º; Lei das Sociedades por Ações, arts. 237 e 238. Pelo art. 96, § 2º, 1 a IV, do Decreto n. 93.872/86, com alteração do Decreto n. 7.058/2009, considera-se empresa pública ou sociedade de economia mista exploradora de atividade econômica a entidade que atua em mercado com a presença de concorrente do setor privado, excluída aquela que: goze de benefícios e incentivos fiscais não extensíveis às empresas privadas ou tratamento tributário diferenciado; se sujeite a regime jurídico próprio das pessoas jurídicas de direito público quanto ao pagamento e execução de seus débitos; seja considerada empresa estatal dependente; comercialize ou preste serviços exclusivamente para a União.

Vide: Lei n. 12.353, de 28 de dezembro de 2010, que dispõe sobre a participação de empregados nos conselhos de administração das empresas públicas e sociedades de economia mista, suas subsidiárias e controladas e demais empresas em que a União, direta ou indiretamente, detenha a maioria do capital social com direito a voto; Lei n. 12.380, de 10 de janeiro de 2011, que autoriza a União e as entidades da administração pública federal indireta a contratar, reciprocamente ou com fundo privado do qual seja o Tesouro Nacional cotista único, a aquisição, alienação, cessão e permuta de ações, a cessão de créditos decorrentes de adiantamentos efetuados para futuro aumento de capital, a cessão de alocação prioritária de ações em ofertas públicas ou a cessão do direito de preferência para a subscrição de ações em aumento de capital.

41, parágrafo único, conforme observa Ralpho Waldo de Barros Monteiro[23], diz que "em sentido amplo abrange a locução 'entidades de caráter público criadas por lei' as empresas públicas, as sociedades de economia mista, as fundações governamentais, os serviços sociais autônomos, as chamadas entidades de apoio (fundações, associações e cooperativas instituídas por servidores públicos), as organizações sociais e as organizações da sociedade civil de interesse público". Mas, tendo em vista as normas da CF, arts. 37, XIX, 170, 173, § 1º, 175 e 177, § 1º, pode-se dizer, conclui Ralpho Waldo de Barros Monteiro, que são pessoas jurídicas de direito privado, sujeitas ao integral regime de direito privado, não alcançadas pelo art. 41, V, as entidades prestadoras de serviços de interesse público (não serviços públicos), assim, para usar as expressões consagradas do direito administrativo, os serviços sociais autônomos (SENAI, SENAC, SESC, SESI), as entidades de apoio, as organizações sociais (empresas particulares prestadoras de serviços de natureza privada com o incentivo do Estado) e as organizações da sociedade civil de interesse público (empresas particulares dedicadas a serviços sociais não exclusivos do Estado).

São, como já vimos, sociedades que se regem pelo direito privado, ou seja, por normas comerciais e trabalhistas (CF, art. 173, § 1º, I a V, com redação da EC n. 19/98), e, quanto ao seu funcionamento, salvo disposição em contrário, pelo Código Civil, apenas no que couber (CC, art. 41, parágrafo único), e também por normas administrativas e tributárias.

Na hipótese de o *consórcio público* revestir-se de personalidade jurídica de direito privado, deverá observar as normas de direito público relativas à licitação, celebração de contratos, prestação de contas e admissão de pessoal, que será regido pela CLT (Lei n. 11.107/2005, arts. 1º, § 1º, *in fine*, 6º, II, e § 2º).

---

[23] MONTEIRO, Ralpho Waldo de Barros. *Comentários ao novo Código Civil*. Rio de Janeiro: Forense, v. 1, 2012. p. 502-509. Sobre organizações sociais: Lei n. 12.101/2009, regulamentada pelo Decreto n. 7.237/2010.

Sobre empresas públicas e sociedades de economia mista: art. 45, § 2º, da Lei n. 12.873/2013 e Lei n. 13.303/2016 (regulamentada pelo Decreto n. 8.945/2016), sobre seu estatuto jurídico.

Pelo CPC, art. 246, § 1º (redação da Lei n. 14.195/2021), as empresas públicas e privadas são obrigadas a manter cadastro nos sistemas de processo de autos eletrônicos para efeito de recebimento de citações e intimações, as quais serão efetuadas preferencialmente por esse meio.

Capítulo 1 • Pessoa jurídica de direito privado   19

Os serviços sociais autônomos, como já foi dito alhures, apesar de serem entes de cooperação do Estado, têm personalidade jurídica de direito privado. Por exemplo, SESC (Serviço Social do Comércio), SESI (Serviço Social da Indústria – Decreto n. 6.637, de 5-11-2008) etc.

As Leis n. 7.347/85 e 8.078/90 vieram a conferir às associações civis, fundações, autarquias, empresas públicas e sociedades de economia mista legitimidade para proporem ação de responsabilidade por danos causados ao patrimônio artístico e cultural, ao meio ambiente e ao consumidor.

E, ainda, convém lembrar que pelo art. 48-A do CC, acrescentado pela Lei n. 14.195/2021 e confirmado pela Lei n. 14.382/2022 há permissão legal para realizar assembleia geral de pessoa jurídica de direito privado por meio eletrônico, não só em casos de isolamento social em razão, por exemplo, de pandemia, mesmo que não haja previsão estatutária, mas também para destituir os administradores e alterar estatutos (art. 59, CC). Tal *live* poderá dar-se por qualquer meio eletrônico indicado pelo administrador, desde que se identifique o participante e haja segurança de voto, produzindo o efeito legal de uma assinatura presencial, pois devem ser respeitados os direitos previstos de participação e manifestação.

1.4 INÍCIO DA EXISTÊNCIA LEGAL DA PESSOA JURÍDICA DE DIREITO PRIVADO

Enquanto a pessoa natural surge com um fato biológico, o nascimento, a pessoa jurídica tem seu início, em regra, com um ato jurídico ou com normas.

A gênese das pessoas jurídicas de direito privado é, portanto, diferente. O fato que lhes dá origem é a vontade humana, sem necessidade de qualquer ato administrativo de concessão ou autorização, salvo os casos especiais do Código Civil, arts. 1.123 a 1.125, 1.128, 1.130, 1.131, 1.132, 1.133, 1.134 § 1º, 1.135, 1.136, 1.137, 1.138, 1.140 e 1.141, porém a sua personalidade jurídica permanece em estado potencial, adquirindo *status* jurídico, quando preencher as formalidades ou exigências legais[24].

---

[24] PEREIRA, Caio Mário da Silva. *Instituições de direito civil*: introdução ao direito civil. 20. ed. Rio de Janeiro: Forense, v. I, 2004. p. 290; DINIZ, Maria Helena. *Curso de direito civil brasileiro*. 41. ed. São Paulo: Saraiva, v. 1, 2024. p. 305-314.

O processo genético da pessoa jurídica de direito privado apresenta duas fases: 1) a do ato constitutivo, que deve ser escrito, e 2) a do registro público.

Na *primeira fase* tem-se a constituição da pessoa jurídica por ato jurídico unilateral *inter vivos* ou *causa mortis* nas fundações e por ato jurídico bilateral ou plurilateral *inter vivos* nas associações e sociedades.

O contrato de sociedade é a convenção por via da qual duas ou mais pessoas se obrigam a conjugar seus esforços ou recursos a contribuir com bens ou serviços para a consecução de fim comum mediante o exercício de atividade econômica, e a partilhar, entre si, os resultados (CC, art. 981). Nesse contrato há uma congregação de vontades paralelas ou convergentes, ou seja, dirigidas no mesmo sentido, para a obtenção de um objetivo comum, ao passo que nos demais contratos os interesses das partes colidem, por serem antagônicos, de maneira que a convenção surgirá exatamente para compor as divergências[25]. O interesse dos sócios é idêntico; por isso todos, com capitais ou atividades, se unem para lograr uma finalidade, econômica ou não. Portanto, o contrato de sociedade é o meio pelo qual os sócios atingem o resultado almejado. Por haver uma confraternização de interesses dos sócios para alcançar certo fim, todos os lucros lhes deverão ser atribuídos, não se excluindo o quinhão social de qualquer deles da comparticipação nos prejuízos; assim, proibida estará qualquer cláusula contratual que beneficie um dos sócios, isentando-o, por exemplo, dos riscos do empreendimento, repartindo os lucros apenas com ele, excluindo-o do

---

[25] A sociedade será, portanto, o instituto jurídico constituído pelo contrato social; PEREIRA, Caio Mário da Silva. *Instituições de direito civil*. Rio de Janeiro: Forense, v. 3, 1978. p. 390; BETTI, Emilio. *Teoría general del negocio jurídico*. Madrid, 1959. p. 225-228; GOMES, Orlando. *Contratos*. 7. ed. Rio de Janeiro: Forense, 1979. p. 477; *RTJ, 115*:919; STF, Súmulas 329, 380 e 476; MARTINS, Fran. Sociedades controladoras e controladas. *Revista da Faculdade de Direito*, Fortaleza, *23*:27-46, 1982, que na p. 31 escreve: "Sociedade controladora é a sociedade que, diretamente ou através de outras sociedades controladas, é titular dos direitos de sócio que lhe assegurem preponderância nas deliberações sociais e o poder de eleger a maioria dos administradores. Controladas são as sociedades que, pelo critério adotado, se subordinam às controladoras"; AMARAL NETO, Francisco dos Santos. Os grupos de sociedades no direito brasileiro e no direito português. *Revista de Direito Comparado Luso-Brasileiro*, n. 6, 1985; PEPE, Federico. *Holdings*: gruppi e bilanci consolidati. Milano, 1974; DOURUODIER e KUHLEWEIN. *La loi allemand sur les societes par actions*. Paris: Sirey, 1954. p. 18. Poderá haver sociedades juridicamente independentes reunidas para fins econômicos sob uma direção única, formando um *konzern*.

Capítulo 1 • Pessoa jurídica de direito privado

pagamento das despesas ou da comparticipação dos prejuízos etc. (*RT*, *227*:261)[26].

Há, portanto, uma manifestação de vontade para que se possa constituir pessoa jurídica, para cuja validade devem ser observados os requisitos de eficácia dos negócios jurídicos. Segundo o disposto no art. 104 do Código Civil, para que o ato jurídico seja perfeito é imprescindível: agente capaz (CC, arts. 3º e 5º); objeto lícito – de modo que seriam nulas as sociedades que tivessem por objeto a fabricação de moedas falsas –, possível, determinado ou determinável, e forma prescrita ou não defesa em lei, logo, devem ser contratadas por escrito e, se for o caso, obter prévia autorização governamental para funcionarem.

Nesta fase temos dois elementos:

1) O *material*, que abrange atos de associação, fins a que se propõe e conjunto de bens. Pois a sociedade compõe-se de dois ou mais sócios, considerados como um único sujeito, podendo ser admitidos de acordo com as condições especificadas nos estatutos; distribuem-se em categorias: fundadores, contribuintes, honorários, beneméritos etc., tendo direito de voto nas assembleias gerais, conforme o modo estabelecido no contrato social. Os fins colimados deverão ser lícitos, possíveis, morais, sob pena de dissolução. Quanto aos bens não há necessidade de sua existência concreta no ato de formação, salvo para as fundações, bastando que a sociedade tenha meios para adquiri-los[27].

2) O *formal*, pois sua constituição deve ser por escrito. A declaração de vontade pode revestir-se de forma pública ou particular (CC, art. 997), com exceção das fundações que estão sujeitas ao requisito formal específico: escritura pública ou testamento (CC, art. 62)[28] contendo ato de dotação

---

[26] RODRIGUES, Silvio. Contrato de sociedade. In: *Enciclopédia Saraiva do Direito*, v. 19. p. 513 e 514; AUBRY e RAU. *Cours de droit civil français*. 5. ed., v. 4, § 377; MONTEIRO, Washington de B. *Curso de direito civil*. 17. ed. São Paulo: Saraiva, 1982. p. 305-306.

[27] MONTEIRO, Washington de B. *Curso de direito civil*. 17. ed. São Paulo: Saraiva, 1982. p. 120-122.

[28] PEREIRA, Caio Mário da Silva. *Instituições de direito civil*. Rio de Janeiro: Forense, v. 1, 1978. p. 290-291; LA PASTINA, Vera Lúcia. *Comentário sobre a Lei do Registro Público de Empresas Mercantis*. 3º RTD, n. 169, p. 692. Nas simples associações, esse escrito recebe o nome de estatuto social, embora haja sociedades anônimas cujos escritos também têm essa denominação (Bassil Dower, op. cit., v. 1, p. 100 e 102).

Sobre CNPJ: Lei n. 8.934/94, art. 35-A, acrescentado pela Lei n. 14.195/2021; Lei n. 9.430/96, arts. 80 a 82, com alteração da Lei n. 14.195/2021.

especial que compreende a reserva de bens livres (propriedades, créditos ou dinheiro), indicação dos fins pretendidos que só podem ser, como vimos: educacionais, de preservação do patrimônio histórico e artístico e do meio ambiente, científicos, de promoção da ética, da cidadania, da democracia e dos direitos humanos, religiosos, culturais ou de assistência social etc. (CC, art. 62, parágrafo único, com a redação da Lei n. 13.151/2015), e modo de administração. Se a fundação constituir-se por escritura pública, o instituidor tem o dever de transferir-lhe a propriedade, ou outro direito real (por exemplo, usufruto), sobre os bens dotados, pois, se não o fizer, serão registrados em nome dela, por mandado judicial (CC, art. 64), dado em razão de pleito movido pela fundação por meio de seu representante ou por iniciativa do órgão do Ministério Público.

Além desses requisitos, há certas sociedades que, para adquirirem personalidade jurídica, dependem de prévia autorização ou aprovação do Poder Executivo Federal (CC, arts. 45, 2ª parte, 1.123 a 1.125), como, por exemplo, as sociedades estrangeiras (LINDB, art. 11, § 1º; Lei n. 9.787/2019; CC, arts. 1.134 e 1.135); as agências ou estabelecimentos de seguros (Decreto-lei n. 2.063/40; Decreto-lei n. 73/66, art. 74); montepio, caixas econômicas, bolsas de valores (Lei n. 4.728/65, arts. 7º e 8º; Resolução n. 39/66 do BACEN; Lei n. 6.385/76 e Lei n. 6.404/76), cooperativas[29] (Lei n. 5.764/71, arts. 17 a 21), salvo sindicatos profissionais e agrícolas (CLT, arts. 511 e s.; CF, art. 8º, I e II).

A *segunda fase* configura-se no registro (CC, arts. 45, 46, 984, 985, 998, 1.134 e 1.150), pois para que a pessoa jurídica de direito privado exista legalmente é necessário inscrever atos constitutivos, ou seja, contratos e estatutos, no seu registro peculiar, regulado por lei especial; o mesmo deve fazer quando conseguir a imprescindível autorização ou aprovação do Poder Executivo (CC, arts. 45, 46, 1.123 a 1.125 e 1.134; Lei n. 6.015/73, arts. 114 a 121, com alteração da Lei n. 9.042/95 e da Lei n. 14.382/2022; Lei n. 8.934/94, regulamentada pelo Decreto n. 1.800/96 e alterada pelas Leis n.

---

[29] Sobre as cooperativas, consulte-se, a título de remissão histórica: Decretos-leis n. 22.239/32 (revogado pelo Decreto-lei n. 59/66); 581/38 (revogado pelo Decreto-lei n. 59/66); 5.893/43 (revogado pelo Decreto-lei n. 8.401/45); 6.274/44; 8.401/45 (ora revogado pelo Decreto-lei n. 59/66, que perdeu a vigência pela Lei n. 5.764/71); Decreto n. 60.597/67 (ora revogado pela Lei n. 5.764/71); Lei n. 5.764/71 (que, no art. 117, revogou o Decreto-lei n. 59/66 e o Decreto n. 60.597/67).

Capítulo 1 • Pessoa jurídica de direito privado 23

9.829/99, 10.194/2001, 11.598/2017, 13.833/2019 e 14.195/2021; LINDB, art. 11, § 1º). Pela Lei n. 6.015/73, art. 121, §§ 1º a 3º (com a redação da Lei n. 14.382/2022: "O registro será feito com base em uma via do estatuto, compromisso ou contrato, apresentada em papel ou em meio eletrônico, a requerimento do representante legal da pessoa jurídica. É dispensado o requerimento caso o representante legal da pessoa jurídica tenha subscrito o estatuto, compromisso ou contrato. Os documentos apresentados em papel poderão ser retirados pelo apresentante nos 180 (cento e oitenta) dias após a data da certificação do registro ou da expedição de nota devolutiva. Decorrido tal prazo, os documentos serão descartados"). É bom lembrar que a CGJSP (Provimento CG n. 5/2015) acresceu itens à Seção II do Capítulo XVIII das Normas de Serviço sobre registro civil das pessoas jurídicas, exigindo apresentação de duas vias originais do contrato social ou estatuto. Se só uma via for apresentada, esta ficará arquivada na serventia, facultando-se ao usuário requerer, no mesmo ato ou em momento da emissão de certidão do registro, mediante pagamento de emolumentos. Se se adotar o procedimento de microfilmagem, dispensado estará aquele arquivamento, devolvendo-se a via original ao apresentante depois do registro. Além disso, será preciso averbar no registro todas as alterações por que passar o ato constitutivo (CC, art. 45, *in fine*).

Em se tratando de fundações, para que se proceda ao registro há dependência de elaboração de estatuto pelo instituidor (forma direta) ou por aqueles a quem ele cometer a aplicação do patrimônio (forma fiduciária), de acordo com o especificado no art. 62 do Código Civil e de aprovação da autoridade competente com recurso ao juiz. Há intervenção do Ministério Público, que, por meio da Promotoria de Justiça das Fundações ou da Curadoria de Fundações, em alguns Estados-Membros da Federação (CPC, arts. 764, I e II, e 765; CC, art. 66, §§ 1º – antiga redação – e 2º), velará pelas fundações, impedindo que se desvirtue a finalidade específica a que se tina, analisando e aprovando o estatuto, confeccionando-o se o responsável não o fizer em tempo hábil previsto em lei, examinando as eventuais modificações estatutárias e averiguando o cumprimento da lei (*RT, 299*:73). Se funcionarem no Distrito Federal, ou em Território, caberá o encargo ao Ministério Público Federal e ao de cada Estado; se localizadas em sua circunscrição e se estenderem a atividade por mais de um Estado, caberá a incumbência, em cada um deles, ao respectivo Ministério Público. Para que as fundações que funcionam no Distrito Federal sejam fiscalizadas pelo Ministério Público do Distrito Federal e não pelo Ministério Público Federal, o

Projeto de Lei n. 699/2011 visa alterar os §§ 1º e 2º do art. 66, estabelecendo que, se as fundações "funcionarem em Território, caberá o encargo de fiscalizá-las ao Ministério Público Federal, e se estenderem a atividade por mais de um Estado, ou se funcionarem no Distrito Federal, caberá tal encargo, em cada um deles, ao respectivo Ministério Público". O Parecer Vicente Arruda aprovou com emenda a sugestão do Projeto de Lei n. 6.960/2002 (atual PL n. 699/2011), entendendo que "efetivamente a redação do art. 66 necessita ser aprimorada para o fim de deixar claro que caberia ao Ministério Público do Distrito Federal e dos Territórios zelar pelas fundações neles situadas, a fim de ajustar-se ao disposto no art. 128 da Constituição Federal". Sugeriu, então, que o art. 66 tenha os seguintes parágrafos:

> "§ 1º Se funcionarem no Distrito Federal ou em Território, caberá o encargo ao Ministério Público da União.
>
> § 2º Se estenderem a atividade por mais de um Estado, ou ao Distrito Federal ou Território, caberá o encargo, em cada um deles, ao respectivo Ministério Público".

Convém lembrar, que, por unanimidade, o Plenário do Supremo Tribunal Federal (STF) declarou a inconstitucionalidade do art. 66, § 1º, do vigente Código Civil (Lei n. 10.406/2002), que determinava aos integrantes do Ministério Público Federal a função de zelar pelo funcionamento correto das fundações existentes no Distrito Federal ou nos Territórios que venham a ser criados. A decisão foi tomada no julgamento da Ação Direta de Inconstitucionalidade (ADI) n. 2.794, ajuizada pela Associação Nacional dos Membros do Ministério Público (Conamp) e determinou a suspensão do § 1º do art. 66 do Código Civil de 2002, que assim dispunha: "Velará pelas fundações o Ministério Público do Estado onde situadas. Se funcionarem no Distrito Federal, ou em Território, caberá o encargo ao Ministério Público Federal". Para a Conamp, a função de zelar pelas fundações "já é exercida pelo Ministério Público do Distrito Federal e Territórios e, segundo mandamento constitucional, deve continuar sendo por ele exercida". Questionando aquela norma, a Conamp ajuizou a ação pedindo que fosse declarada a sua inconstitucionalidade. Em seu voto, o ministro Sepúlveda Pertence (relator) avaliou que as atribuições do Ministério Público não poderiam ser alteradas por meio de Lei Ordinária, no caso a Lei n. 10.406/2002 (Código Civil) e, ainda, sustentou que essas atribuições só poderiam ser modificadas por meio de Lei Complementar, conforme prevê

Capítulo 1 • Pessoa jurídica de direito privado   25

o § 5º do art. 128 da Constituição Federal. Considerando tais motivos, o ministro votou, sendo acompanhado pelos demais: "julgo procedente a ação direta e declaro a inconstitucionalidade do § 1º do art. 66 do Código Civil, sem prejuízo, é claro, da atribuição do Ministério Público Federal da veladura pelas fundações federais de direito público, funcionem, ou não, no Distrito Federal ou nos eventuais Territórios".

E, com isso, a nova redação do § 1º do art. 66 do Código Civil, imposta pela Lei n. 13.151/2015, determina que os encargos das fundações que funcionarem no Distrito Federal ou nos Territórios caberão ao Ministério Público do Distrito Federal e Territórios.

Por tal razão, o novel Código de Processo Civil fez bem em se omitir, relativamente, sobre a competência do Ministério Público conforme a localização das fundações.

Convém não olvidar que as fundações de natureza previdenciária não se sujeitam à fiscalização do Ministério Público (LC n. 109/2001) e que as fundações criadas pelo Poder Público se submetem ao controle do Tribunal de Contas (CF, art. 71, II).

Pelo Enunciado n. 147 do Centro de Estudos Jurídicos do Conselho de Justiça Federal, aprovado na Jornada de Direito Civil de 2004: "A expressão 'por mais de um Estado', contida no § 2º do art. 66, não exclui o Distrito Federal e os Territórios. A atribuição de velar pelas fundações, prevista no art. 66 e seus parágrafos, ao MP local – isto é, dos Estados, DF e Territórios onde situadas –, não exclui a necessidade de fiscalização de tais pessoas jurídicas pelo MPF, quando se tratar de fundações instituídas ou mantidas pela União, autarquia ou empresa pública federal, ou que destas recebam verbas, nos termos da Constituição, da LC n. 75/93 e da Lei de Improbidade".

O órgão legítimo para velar pela fundação, impedindo que se desvirtue a finalidade específica a que se destina, é o Ministério Público do Estado onde estiver situada (CC, arts. 66 e s.), que deverá aprovar seus estatutos e as suas eventuais alterações ou reformas, zelando pela boa administração da entidade jurídica e de seus bens (*RF*, *259*:373, *279*:428 e *295*:547).

O Ministério Público deverá examinar o estatuto elaborado pelo fundador, caso em que a fundação é formada diretamente, ou pela pessoa designada por ele, hipótese em que sua formação é fiduciária[30], para ver se foram observadas as bases da fundação (CC, arts. 62 a 69), se os bens são suficientes aos fins a que se destinam (CC, art. 63) e se o objeto é lícito e conforme ao interesse público. Se tudo estiver em ordem, o Ministério Público deverá aprovar o estatuto ou indicar, por escrito, as modificações necessárias ou denegar, por escrito, a aprovação, sendo que, nestas últimas hipóteses, o juiz poderá supri-las se o interesse assim o requerer. Pelo Código de Processo Civil, art. 764, I e II, competirá ao magistrado decidir sobre a aprovação do estatuto da fundação e de suas alterações sempre que o requeira o interessado quando: (a) ela for previamente negada pelo Ministério Público ou por este forem exigidas modificações com as quais o interessado não concorde ou (b) o interessado discordar do estatuto elaborado pelo Ministério Público. E se for o caso, antes de fazer tal suprimento, poderá efetuar alterações estatutárias, adaptando-as aos fins propostos pelo instituidor (CPC, art. 764, § 2º). Se o Ministério Público não se manifestar dentro do prazo legal, os estatutos serão tidos como aprovados, podendo ser registrados.

Se o fundador não elaborar o estatuto, nem ordenar alguém para fazê-lo, ou se o estatuto não for elaborado no prazo assinado pelo instituidor, ou, não havendo prazo, em 180 dias, o Ministério Público poderá tomar a iniciativa[31] (CC, art. 65, parágrafo único), que é, portanto, subsidiária. Se o Ministério Público vier a elaborar o estatuto fundacional, sua aprovação competirá ao judiciário, se o interessado requerer.

---

[30] Duas são, como já apontamos alhures, as modalidades de formação de fundação: a direta, quando o fundador tudo provê, e a fiduciária, quando entrega a outrem a sua organização (MONTEIRO, Washington de Barros. Op. cit., v. 1, p. 127). *Vide:* DINIZ, Gustavo Saad. *Direito das fundações privadas.* Porto Alegre: Síntese, 2000. ·

[31] RAFAEL, Edson José. Da fiscalização das fundações pelo poder público. In: *Fundações educacionais,* cit., p. 114-134; PALMA, Paulo José de. Intervenção nas Fundações. In: *Fundações educacionais,* cit., p. 135-143; CENEVIVA, Walter. *Lei dos Registros Públicos comentada.* São Paulo: Saraiva, 1979. p. 247; SIVIERO, Jose Maria. *Títulos e documentos e pessoa jurídica:* seus registros na prática, 1983; CARVALHOSA, Modesto. *Comentários,* cit., v. 13, p. 662-701. Glauber Moreno Talavera (*Comentários ao Código Civil,* cit., p. 157) ensina: "O Ministério Público participará das ações para suprimento de autorização, ou mesmo nas ações para modificação dos estatutos, como *custos legis,* em conformidade com o que preceitua o inciso III, do art. 82, do Diploma Processual. Esses procedimentos deverão seguir o regramento próprio dos procedimentos especiais de jurisdição voluntária, que estão regulados nos arts. 1.103-1.112 do Código de Processo Civil" [os dispositivos citados referem-se ao CPC/73. Atualmente correspondem aos arts. 719 a 725 do CPC/2015].

Capítulo 1 • Pessoa jurídica de direito privado   27

A alteração do estatuto da fundação apenas será admitida nos casos em que houver necessidade de sua reforma ou adaptação à nova realidade jurídico-social, desde que: a) seja tal reforma deliberada por dois terços (*quorum* qualificado) dos membros da administração ou dos seus dirigentes, isto é, das pessoas competentes para gerir e representar a fundação; b) não contrarie o fim específico da fundação; e c) seja aprovada pelo órgão do Ministério Público no prazo máximo de 45 dias, e, no caso de recusa, poderá o juiz supri-la, a requerimento do interessado (CC, art. 67, I, II e III, com a alteração da Lei n. 13.151/2015; CPC, art. 764, I). E se na reforma estatutária houver minoria vencida, por não ter sido aprovada por votação unânime, os administradores da fundação, ao submeterem o estatuto ao órgão do Ministério Público, requererão que se lhe dê ciência para impugná-la, se quiser, em dez dias (CC, art. 68), alegando, por exemplo, desnecessidade de sua modificação ou gravame à entidade ou, ainda, adulteração à finalidade específica imposta pelo instituidor. Transcorrido esse prazo, com ou sem impugnação da minoria vencida, o Ministério Público aprovará o estatuto, podendo apontar as modificações necessárias, ou, então, denegará aquela aprovação. Não se pode prejudicar direitos adquiridos por terceiro em razão da alteração do estatuto da fundação. Logo, por exemplo, se se obtiver a declaração judicial da nulidade da reforma estatutária, tendo sido julgada procedente a impugnação da minoria vencida, o terceiro lesado poderá, apesar da omissão do Código de 2002, exigir que se mantenham os direitos que havia adquirido com as modificações ulteriormente anuladas pelo órgão judicante (LINDB, arts. 49, 5º e 6º; CC, arts. 421 e 422).

Portanto, para que a fundação adquira personalidade jurídica é preciso: dotação, elaboração e aprovação dos estatutos e registro[32].

Em caso de necessidade de prévia autorização do governo (CC, arts. 45, 1.123 a 1.125), o registro só terá lugar depois desta ter sido expressamente obtida. A falta dessa autorização impede que a sociedade se constitua, pois torna nulo o ato de constituição, por ser essencial a sua validade.

No momento em que se opera o assento do contrato ou do estatuto no registro competente, a pessoa jurídica começa a existir, passando a ter aptidão para ser sujeito de direitos e obrigações, a ter capacidade patrimonial, constituindo seu patrimônio, que não tem nenhuma relação com os dos

---

[32] DOWER, Bassil. Op. cit., v.1, p. 115.

sócios, adquirindo vida própria e autônoma, não se confundindo com os seus membros, por ser uma nova unidade orgânica[33]. O registro tem força constitutiva pois, além de servir de prova, possibilita a aquisição da capacidade jurídica. O assento de atos constitutivos das sociedades simples dar-se-á no Registro Civil das Pessoas Jurídicas, sendo que os das sociedades empresárias deverão ser registrados no Registro Público de Empresas Mercantis (Lei n. 8.934/94, regulamentada pelo Decreto n. 1.800/96; CC, art. 1.150), sendo competente para a prática de tais atos as Juntas Comerciais. O registro deverá declarar: a denominação, os fins, a sede, o tempo de duração e o fundo ou capital social, quando houver; o nome e a individualização dos fundadores ou instituidores, e dos diretores; o modo por que se administra e representa, ativa e passivamente, judicial e extrajudicialmente; possibilidade e maneira de reforma do estatuto social (por exemplo, por unanimidade, por maioria simples ou absoluta) no tocante à administração; a responsabilidade subsidiária, ou não, dos sócios pelas obrigações sociais; as condições de extinção da pessoa jurídica e o destino de seu patrimônio (CC, art. 46, I a VI).

O direito de anular a constituição das pessoas jurídicas de direito privado, por defeito do ato respectivo, pode ser exercido dentro do prazo decadencial de 3 anos, contado da publicação e sua inscrição no registro ou a partir do registro, nas hipóteses em que a publicação não for exigida (CC, art. 45, parágrafo único). Se o triênio escoar *in albis*, os defeitos relativos à sua constituição convalescer-se-ão. Ocorrida a decadência não mais se poderá alegar qualquer irregularidade, consequentemente, as pessoas jurídicas, com seu reconhecimento, poderão exercer, sem quaisquer riscos, suas atividades.

Acrescentam os arts. 986 a 990, 1.132 e 1.136, do Código Civil que, por falta de autorização ou de registro dos atos constitutivos, as sociedades que se não reputarem pessoas jurídicas não poderão acionar a seus membros, nem a terceiros, mas estes poderão responsabilizá-las por todos os seus atos (*RT, 135*:663, *395*:392, *537*:107), reconhecendo a existência de fato para esse efeito (*RT, 134*:111); entretanto, parece, à primeira vista, que

---

[33] DOWER, Bassil. Op. cit., v. 1, p. 83 e 102. A Lei n. 9.042/95 dispensa a publicação de atos constitutivos de pessoa jurídica para efeito de registro público, alterando a redação do art. 121 da Lei n. 6.015/73. No período entre a criação da sociedade e seu registro, os atos por ela praticados são tidos como de sociedade não personificada, mas suscetíveis de ratificação.

Capítulo 1 • Pessoa jurídica de direito privado   29

o art. 75, IX, do Código de Processo Civil não compartilha com tal entendimento ao dizer que as sociedades não personificadas ou sem personalidade jurídica (por exemplo, sociedade em comum — CC, arts. 986 a 990 — e sociedade em conta de participação — CC, arts. 991 a 996) podem ser representadas em juízo, ativa ou passivamente, pela pessoa a quem couber a administração de seus bens (*RT*, 470:147), apresentando antinomia com a norma substantiva. Todavia, como é preciso haver absoluta coerência na interpretação normativa, ante a ausência de personalidade jurídica, em regra, seria impossível acionar seus membros e terceiros, e, como a sociedade tem, pela norma adjetiva, o direito de defesa e de ser representada em juízo, ativa e passivamente, pelo administrador de seus bens, o art. 75, § 2º, do Código de Processo Civil complementa o teor dos arts. 986 a 990 e 1.132 e 1.136 do Código Civil, reforçando o que nele está disposto, dando-lhe o real sentido. Logo, aquela antinomia é aparente, por ser a adjetiva, norma especial. Isto é assim porque, para alguns autores, a sociedade não personificada está compreendida no gênero próximo da pessoa jurídica, que é o *sujeito de direitos*, pois não são somente os entes personalizados que podem exercer direitos e vincular-se a deveres. Por isso nada obsta a que a lei especial venha a reconhecer direitos a certos entes sem personalizá-los.

Essas sociedades reger-se-ão, salvo por ações em organização, pelos arts. 986 a 990 do Código Civil, observadas, subsidiariamente e no que forem compatíveis, as normas da sociedade simples (CC, arts. 997 a 1.038). Os sócios, nas relações entre si ou com terceiros, apenas poderão provar a existência da sociedade por escrito, mas aos terceiros será permitido o emprego de qualquer meio probatório (CC, art. 987). Os bens e dívidas sociais constituem patrimônio dos sócios (CC, art. 988). Tais bens responderão pelos atos de gestão praticados por qualquer dos sócios, exceto se houver pacto expresso limitativo de poderes, que apenas terá eficácia perante terceiros que o conheçam (CC, art. 989). Todos os sócios responderão solidária e ilimitadamente pelas obrigações sociais, excluído aquele que tratou pela sociedade do benefício de ordem, previsto no art. 1.024, segundo o qual os bens particulares dos sócios não poderão ser executados por débitos da sociedade, senão depois de executados os bens sociais (CC, art. 990).

O acervo de bens das sociedades não personificadas responde pelas obrigações, e, subsidiariamente, os seus sócios têm o dever de concorrer com os seus haveres, na dívida comum, proporcionalmente à sua entrada

(CPC, art. 979). Vigora o princípio da responsabilidade incidente sobre a massa patrimonial com repercussão no patrimônio dos sócios, pois a falta de registro acarreta a comunhão patrimonial e jurídica da sociedade e de seus membros, confundindo-se seus direitos e obrigações com os dos sócios[34].

Nessas sociedades sem personalidade jurídica prevalece o princípio de que só as que são sujeitos de direito é que podem possuir bens; logo, "as sociedades de fato não podem, em seu nome, figurar como parte em contrato de compra e venda de imóvel, em compromisso ou promessa de cessão de direitos, movimentar contas bancárias, emitir ou aceitar títulos de crédito; praticar outros atos extrajudiciais que impliquem alienações de imóveis, porque o Registro Imobiliário não poderá proceder ao registro" (*RT, 428*:250)[35].

Esse tratamento que a lei substantiva dispensa à sociedade não personificada decorre do princípio de que a aquisição de direitos advém da observância da norma, enquanto a imposição de deveres (responsabilidade) existe sempre[36].

Do exposto verifica-se que da conjugação das duas fases, volitiva e administrativa, é que resulta a aquisição da personalidade da pessoa jurídica.

1.5 REGISTRO DA SOCIEDADE SIMPLES

Para adquirir personalidade jurídica, dentro de trinta dias, contados de sua constituição, a sociedade simples deverá requerer a inscrição de seu contrato social (CC, art. 997) no Registro Civil das Pessoas Jurídicas do local onde estiver situada sua sede (CC, arts. 45, 75, IV, 998 e 1.150).

---

[34] PEREIRA, Caio M. S. *Instituições*, cit., v. 1, p. 296-297; MONTEIRO, Washington de Barros. Op. cit., v. 1, p. 126; ALVIM NETO, José Manuel de Arruda. *Comentários ao Código de Processo Civil*, v. 2, p. 94.

[35] DOWER, Bassil. Op. cit., v. 1, p. 104. Sobre sociedade de fato: *RT, 476*:143, *518*:226, *289*:330; *RJTJSP, 71*:80; *RJTJRS, 159*:297. Sobre sociedade não personificada: CC, arts. 986-996.

[36] PEREIRA, Caio M. S. *Instituições*, cit., v. 1, p. 299. Atos n. 51/87 e 21/94 do CREA, sobre registro de pessoas jurídicas. Já se decidiu que: "As sociedades de fato, quando demandadas, não poderão opor a irregularidade de sua constituição (art. 12, § 2º – hoje 75, § 2º – do CPC/2015). É um princípio de defesa daqueles que têm direitos a reclamar de uma sociedade, que não se constitui regularmente, os quais não podem ser prejudicados por uma falha que só se pode atribuir à própria sociedade" (2º TACSP, Ap. c/ Rev. 494.663, 9ª Câm., j. 9-6-1998).

Capítulo 1 • Pessoa jurídica de direito privado   31

"A sede a que se refere o *caput* do art. 998 poderá ser a da administração ou a do estabelecimento onde se realizam as atividades sociais" (Enunciado n. 215 do CJF, aprovado na III Jornada de Direito Civil).

Com a apresentação do pedido de inscrição, acompanhado de instrumento autenticado do contrato social (permanecendo o original com os sócios), da procuração, caso um dos sócios seja representado por procurador, e da prova de autorização da autoridade competente (CC, arts. 998, § 1º, 45, 2ª parte, 1.123 a 1.125, 1.134 e 1.135), quando necessária, será feita a verificação do conteúdo formal, conferindo se contém os requisitos comuns, exigidos por lei, e os especiais, conforme o caso. Por exemplo, *nos contratos sociais das sociedades* simples, verificar-se-á: denominação, sede, data, prazo, objetivos, gerência, responsabilidade dos sócios, capital e sua distribuição entre os sócios, dissolução, assinaturas, requerimento assinado por um dos sócios com firma reconhecida, publicação no *Diário Oficial,* e, quando for o caso, o visto da repartição governamental competente. Dentre essas verificações, destacam-se:

a) assinaturas: dos sócios e testemunhas; reconhecimento de firmas; rubricas em todas as páginas; requerimento assinado por quem de direito; procuração correta, no caso de representação;

b) datas: instrumento com data igual ou anterior à do requerimento; certidões com datas atualizadas (Quitação e Certificados do IAPAS e Certidão negativa do Imposto de Renda);

c) objetivo: deverá ser civil;

d) denominação: deverá identificar o objetivo. Se for sociedade limitada deverá conter a expressão *Ltda.* no final do nome;

e) sócios: capacidade para a prática do ato jurídico, assistência do detentor do poder familiar, em caso de menor impúbere; emancipação; CPF; Termo de Inventariante, se se tratar de espólio; procuração traduzida e registrada no Cartório de Registro de Títulos e Documentos, no caso de sócio estrangeiro;

f) gerência: por quem e como será exercida;

g) prazo da sociedade: determinado ou indeterminado;

h) sede: local onde estabelecida a sociedade;

i) filial: destaque de capital, em se tratando de filial e sociedade de fins lucrativos, ato de constituição de filial – em caso de sociedade com sede em outra comarca e atas anteriores devidamente registradas no local de origem;

j) transformação de simples em empresária: assento do ato no Registro Público de Empresas Mercantis (Lei n. 8.934/94), por meio, primeiramente, da Junta Comercial, e requerimento de baixa;

k) transformação de empresária em simples: a inscrição deverá ser feita no Registro Civil de Pessoas Jurídicas – juntando-se a ata constitutiva e ulteriores alterações arquivadas na Junta Comercial –, e providenciando-se, depois, o requerimento de baixa para a Junta Comercial;

l) incorporação: termo de protocolo de intenções; laudo de avaliação assinado por ambas as partes; ato conjunto aprovando a incorporação e autorização de baixa em ata constitutiva da incorporada.

Após as devidas verificações, o documento passará, então, para o Protocolo.

O Protocolo do Cartório de Pessoas Jurídicas será similar ao do Cartório de Títulos e Documentos, constando: número de registro; nome do apresentante; espécie de documento (contrato social, alteração, matrícula ou arquivamento); e coluna para referências e anotações. Além disso, os aspectos formais do documento serão conferidos novamente, sendo, quando for o caso, aplicados os carimbos de registro, margeação, custas e referências.

O processo formar-se-á pelo requerimento, uma via do contrato social, ou da sua alteração, publicação do extrato do documento no *Diário Oficial*, certidões do IAPAS e do Imposto de Renda, procuração e alvará, se for o caso. A margeação será feita ao lado do carimbo do registro para comprovar a quantia cobrada para efetivação do registro do documento, composta de três parcelas: uma do escrivão, outra do Estado, e a última do IPESP.

Estando tudo em ordem, será dado o código para o computador e a digitação de dados.

Capítulo 1 • Pessoa jurídica de direito privado   33

A seguir, o processo será encaminhado à microfilmagem, onde a primeira via do documento será microfilmada juntamente com os eventuais anexos mais comuns, como: procurações, alvarás, quitação do IAPAS e Certidão Negativa do Imposto de Renda.

Após o registro, a primeira via — juntamente com os anexos — será arquivada. Todas as outras vias serão devolvidas ao cliente. Competirá ao Cartório verificar, sempre que uma alteração contratual for registrada, se está de acordo com a lei e se os dados conferem com o registro anterior.

O Índice do Registro Civil de Pessoas Jurídicas feito através do processo COM, de microfilmagem na saída do computador, possibilitará ao Cartório condições de informar, em segundos, se uma entidade está registrada, ou se uma pessoa participa de uma sociedade simples.

A inscrição será, portanto, tomada por termo no livro de registro próprio e obedecerá a número de ordem contínua para todas as sociedades inscritas, independentemente do tipo societário (CC, art. 998, § 2º).

Para cada constituição de pessoa jurídica, lavrar-se-á uma Certidão de Personalidade Jurídica, onde constará o nome da entidade, sua sede ou seu endereço e o número de registro no Cartório. Tal certidão representará a prova de que determinada sociedade possui personalidade jurídica, encontrando-se registrada no Registro Civil de Pessoas Jurídicas (CC, art. 46).

Os atos constitutivos de pessoas jurídicas e suas alterações não poderão ser registrados, quando seu objetivo indicar destino ou atividades ilícitas, contrárias, nocivas ou perigosas ao bem público, à segurança do Estado e da coletividade, à ordem pública ou social, à moral e aos bons costumes. Ocorrendo quaisquer destas circunstâncias, o escrivão deverá suscitar dúvida ao juiz corregedor. Entretanto, se a recusa ao registro ocorrer por qualquer outro motivo, o escrivão — após anotar o endereço do apresentante — devolverá o documento para que as exigências formuladas pelo Cartório sejam cumpridas ou para que o interessado no registro possa reclamar ao juiz corregedor. Neste caso, o juiz abrirá vista dos autos para o Cartório que justificará a não procedência ao registro. Baseado nos argumentos da parte e nas justificativas do Cartório, o juiz decidirá pelo registro ou não.

As empresas de comunicação também precisarão adquirir personalidade jurídica, antes de se matricularem, para funcionarem legalmente.

A Inscrição de uma entidade no Registro Civil de pessoas jurídicas será feita em uma hora, quando a parte já apresentar a publicação do extrato feita no *Diário Oficial*. E num espaço de vinte e quatro horas, caso o Cartório se responsabilize por essa publicação.

No momento em que se operar o assento do seu contrato social, a pessoa jurídica começa a existir, passando a ter aptidão para ser sujeito de direitos e obrigações, tendo capacidade patrimonial e adquirindo vida própria e autônoma, por ser uma nova unidade orgânica. Com tal registro, o conteúdo do pacto social passará a ser oponível *erga omnes*. Todos os atos da pessoa serão tidos como atos próprios, consequentemente os atos praticados individualmente por seus sócios nada terão que ver com ela. A pessoa jurídica terá, como vimos alhures, nome, patrimônio, nacionalidade e domicílio diversos dos seus sócios. Assim sendo, um sócio não poderá exigir a divisão de um bem da sociedade antes de sua dissolução, nem a sociedade poderá ter seus bens penhorados para pagar débitos contraídos individualmente por seus componentes (*Juriscível, 51*:172).

Se uma sociedade simples vier a instituir sucursal, filial ou agência, em local diverso da sede da matriz, ou seja, da sede administrativa onde se realizam os negócios e se dão as decisões societárias, deverá inscrevê-la, apresentando prova de inscrição originária (documento original, cópia autenticada, certidão etc.), no Registro Civil das Pessoas Jurídicas de sua circunscrição, averbando-a, para que haja eficácia ou oponibilidade *erga omnes*, ainda, no Registro Civil das Pessoas Jurídicas da respectiva sede, à margem da sua inscrição (CC, arts. 997 e 1.000, parágrafo único). Ter-se-á, diz Arnaldo Rizzardo, dois registros, um na circunscrição da sede e outro na *filial* (extensão da matriz, operando sob a direção e controle desta última, que autoriza e aprova seus negócios), *sucursal* (estabelecimento situado em local diverso da matriz com alguma autonomia e organização própria, tendo por fim a incrementar), ou *agência* (prolongamento da sociedade, que opera por meio de representação da sociedade ou de um escritório em uma localidade afastada, agindo o encarregado da direção ou administração por mandato; logo, realiza negócios por conta e sob as ordens do estabelecimento central).

A falta de inscrição, continua esse jurista, não modifica o regime da responsabilidade, visto que a sociedade se compromete pelos negócios de seus prolongamentos situados em locais distintos.

Para o conhecimento público será imprescindível a inscrição de estabelecimento subordinado a um principal (sucursal, filial ou agência de sociedade simples), pois com ela haverá livre acesso às informações relativas

Capítulo 1 • Pessoa jurídica de direito privado   35

à vida societária, possibilitando o seu controle pelas autoridades fiscais e pelos usuários de seus serviços[37].

1.6 REGISTRO DA SOCIEDADE EMPRESÁRIA

1.6.1 Obrigatoriedade e importância do registro

A sociedade empresária, antes do início de sua atividade (CC, art. 967), está obrigada, legalmente, a efetuar o seu assento e os seus atos e negócios jurídicos junto ao Registro Público de Empresas Mercantis de sua sede, a cargo das Juntas Comerciais (CC, arts. 1.150, 45, 46, 967, 971, e parágrafo único, 982, 983, 985, 998, 999, 1.000, 1.075, § 2º, 1.083, 1.084, § 3º, 1.144, 1.174 e 1.181; Leis n. 6.015/73, arts. 1º, II, 114 a 126, 11.598/2007 – alterada pela Lei n. 13.833/2019 e Lei n. 14.195/2021 – e 8.934/94 regulamentada pelo Decreto n. 1.800/96, arts. 32, II a § 1º e 2º, 35, parágrafo único e alterada pela Lei n. 13.833/2019 e pela Lei n. 14.195/2021; Instrução Normativa do DNRC n. 71/98 e Instrução Normativa do DREI n. 4/2013 (que revoga a IN n. 71/98), sobre desconcentração dos serviços de registro público de empresas mercantis) para obter sua personalidade jurídica e sua regularidade. Com a aquisição da personalidade jurídica (CC, arts. 45 e 44, II), a sociedade empresária passará a ter não só a capacidade de direitos e obrigações, não se confundindo com a pessoa de seus sócios, como também patrimônio próprio, e poderá alterar sua estrutura interna.

Com o registro, completada está a constituição da sociedade empresária e principalmente sua regularidade. A sociedade simples, com exceção da cooperativa (registro na Junta Comercial competente – Lei n. 5.674 e Enunciado n. 69, aprovado na I Jornada de Direito Civil, promovida pelo Conselho da Justiça Federal), deverá estar registrada no Registro Civil das Pessoas Jurídicas, mas deverá obedecer às normas para as Juntas Comerciais

---

[37] Sobre registro de sociedade simples: QUINTANS, Luiz Cezar P. *Direito da empresa*. São Paulo: Freitas Bastos, 2003. p. 33; SIVIERO, José M. *Títulos e documentos e pessoa jurídica – seus registros na prática*, 1983, p. 103-107; DINIZ, Maria Helena. *Código Civil anotado*. São Paulo: Saraiva, 2006. p. 789; DINIZ, Maria Helena. *Tratado Teórico e Prático dos Contratos*. São Paulo: Saraiva, v. 4, 2006. p. 110-112; RIZZARDO, Arnaldo. *Direito de empresa*. Rio de Janeiro: Forense, 2002. p. 122-123; SANTOS, Adrianna de A. Setubal. *Comentários*, cit., p. 782; PLÁCIDO e SILVA. *Vocabulário jurídico*. 11. ed. Rio de Janeiro: Forense, v. 4, 1991. p. 292, 293 e 105. *Vide*: Parecer n. 196/92 do JUCESP sobre inadmissibilidade de contrato social redigido em dois idiomas. A sociedade de advogados deverá ser inscrita na OAB; Lei n. 6.015/73, arts. 114 a 121.

do Registro Público das Empresas Mercantis se vier a adotar um dos tipos de sociedade empresária (CC, art. 1.150, 2ª parte).

É tal registro imprescindível para que se possa explorar a atividade econômica, visto que: cadastra a sociedade empresária nacional ou estrangeira em funcionamento no Brasil; dá garantia, publicidade, segurança (como isenção de risco), eficácia *inter partes* e *erga omnes* e autenticidade, salvo prova em contrário, aos atos por ela praticados, submetidos a registro, possibilitando àqueles que com ela negociarem a ciência de sua regularidade, de suas transformações e de fatos a ela relativos (Lei n. 8.934, art. 1º, I); indica seus sócios, seus dirigentes ou administradores, seu capital social e sua sede; procede à matrícula e ao cancelamento dos agentes auxiliares da "empresa"; concede tutela jurídica e uso de prerrogativas próprias de empresário coletivo, como tratamento registrário e fiscal favorecido e diferenciado se se tratar de pequena empresa. O registro, portanto, é um complexo de atos comprobatórios seguros da regularidade e do *status* de pessoa jurídica da sociedade empresária, em razão da presunção *juris tantum* da autenticidade de seus atos e da fé pública de que estão revestidos. Instituído está um regime especial de inscrição empresarial, uniformizando, em todo o País, o registro de empresa, criando sistema registrário que possibilita aos interessados o conhecimento da vida ou atividade do empresário individual ou coletivo. O registro de empresa, materializado na execução dos serviços registrários pelas Juntas Comerciais, constitui um repositório de informações sobre o empresário individual ou coletivo e atos societários levados a assento.

Registrada a sociedade empresária, a Junta Comercial terá o dever de prestar quaisquer informações sobre os documentos nela arquivados que forem pedidos por terceiros, mediante uma ficha que, em São Paulo, se denomina "Breve Relato".

O registro da sociedade empresária na Junta Comercial tem natureza *constitutiva* enquanto lhe dá o *status* de pessoa jurídica, mas *declaratória* quanto à sua condição de empresário coletivo regular, salvo na hipótese de sociedade rural ou de empresário rural, quando os equipara à sociedade empresária para fins de tratamento normativo igualitário, tendo, portanto, natureza constitutiva, visto que os sujeita ao regime jurídico empresarial.

A sociedade já tem existência antes do registro, mas seu funcionamento regular se dá com o seu assento na Junta Comercial, visto que o ato

Capítulo 1 • Pessoa jurídica de direito privado   37

registrário, nesta hipótese, é meramente declaratório da sua condição de sociedade empresária regular[38].

1.6.2 Efeitos negativos da falta de registro

A ausência do registro acarretará, por exemplo, muitos efeitos negativos[39]: a) irregularidade, que traz não só impedimento ao exercício regular da sua atividade econômica empresarial, mas também restrições legais administrativas, processuais e mercantis; b) clandestinidade; c) responsabilidade ilimitada e subsidiária pelas obrigações assumidas (CC, art. 990);

---

[38] Consulte: ROQUE, Sebastião José. *Curso de direito empresarial*. São Paulo: Icone, 2006. p. 107; NEGRÃO, Ricardo. *Manual de Direito Comercial e de Empresa*. São Paulo: Saraiva, v. 1, 2006. p. 175-178; GUSMÃO, Mônica. *Curso de Direito Empresarial*. Rio de Janeiro: Lumen Juris, 2007. p. 121; CAMPINHO, Sérgio. *O direito de empresa*, Rio de Janeiro: Renovar, p. 341-342; CARVALHOSA, Modesto. *Comentários ao Código Civil* (coord. Junqueira). São Paulo: Saraiva, v. 13. p. 664-674; DINIZ, Maria Helena. *Curso de direito civil brasileiro*: direito de empresa. 16. ed. rev. e atual. São Paulo: Saraiva, v. 8, 2024. p. 250-276; DINIZ, Maria Helena. *Código*, cit., com. ao art. 1.150, p. 907; CHECOLI, Paulo. *Direito de empresa no novo Código Civil*. São Paulo: Pillares, 2004. p. 320; ROVAI, Armando Luiz. Registros empresariais transparentes. *Tribuna do Direito*, dez. 2004, p. 18; MAFRA FILHO, Francisco de Salles Almeida. Registro de empresa. *Revista Síntese – Direito Empresarial*, n. 40, p. 46-53. "A capacidade para contratar a constituição da sociedade submete-se à lei vigente no momento do registro" (Enunciado n. 396 do DJF, aprovado na IV Jornada de Direito Civil). Todavia, será preciso, ainda, ressaltar que o contrato de sociedade poderá existir sem que dele resulte um órgão com personalidade jurídica, diversa da de seus componentes.

Vide: Lei n. 11.598/2007 (alterada pela Lei n. 14.195/2021), que estabelece diretrizes e procedimentos para a simplificação e integração do processo de registro e legalização de empresários e pessoas jurídicas e cria a REDESIM.

A Lei n. 13.833/2019 dispõe sobre a transferência, da União para o Distrito Federal, da Junta Comercial do Distrito Federal e das atividades de registro público de empresas mercantis e atividades afins no Distrito Federal.

A Instrução Normativa n. 70, de 6 de dezembro de 2019, do Departamento Nacional de Registro Empresarial e Integração, dispõe sobre a fiscalização jurídica dos órgãos incumbidos do Registro Público de Empresas Mercantis e Atividades Afins, bem como institui a Ouvidoria--Geral do Departamento Nacional de Registro Empresarial e Integração – DREI e o procedimento para formulação de consultas por parte das Juntas Comerciais.

[39] NEGRÃO, Ricardo. *Manual*, cit., v. 1, p. 176; DINIZ, Maria Helena. *Código*, cit., p. 907; PACHECO, José da Silva. *Tratado de direito empresarial – empresário*: pessoa e patrimônio. São Paulo: Saraiva, v. 1, 1979. p. 145-280; MATIELLO, Fabrício Z. *Código Civil comentado*. São Paulo: LTr, 2003. p. 714-717; COELHO, Fábio Ulhoa. *Manual de direito comercial*. São Paulo: Saraiva, 2003. p. 43-45; COELHO, Fábio Ulhoa. *Curso de direito comercial*. São Paulo: Saraiva, v. 1, 2003. p. 74; RIZZARDO, Arnaldo. *Direito de empresário*. Rio de Janeiro: Forense, 2007. p. 1.056.

porém, se houver pretensão de constituir sociedade anônima, alerta-nos Fábio Ulhoa Coelho, ter-se-á responsabilidade direta, solidária e ilimitada pelas obrigações assumidas pelo exercício de atividade irregular. Consequentemente, os sócios, diante da falta de registro do ato constitutivo da sociedade, deverão responder com seu patrimônio pessoal pelas obrigações sociais, não podendo opor-se às medidas impostas por terceiros (credores da sociedade) contra seus bens ; d) impossibilidade de se matricular no Instituto Nacional de Seguridade Social, de levar seus livros a registro na Junta Comercial para autenticação e obtenção de eficácia probatória (CPC/2015, art. 418) e de manter contabilidade legal, de se inscrever no Cadastro Nacional de Pessoas Jurídicas (CNPJ – Instituição Normativa da SRFB n. 1.634/2016), que provocará aplicação de multa pelo não cumprimento de obrigação tributária e impedirá a realização de negócios regulares, no Cadastro de Contribuintes Mobiliários (CCM) e nos cadastros estaduais e municipais, de participar de licitações públicas (Lei n. 8.666/93, art. 28, II e III); e) dificuldade para efetivar negócios regulares e obter empréstimo bancário; f) tratamento tributário rigoroso; g) ilegitimidade ativa para pedir falência de outro empresário, seu devedor (Lei de Falências, art. 97, IV, § 1º), e para requerer recuperação judicial ou extrajudicial (Lei de Falências, arts. 48, 51, V, e 161), pois, pela Lei n. 11.101/2005, art. 48, somente poderá requerer sua recuperação judicial o empresário que exercer regularmente sua atividade há mais de dois anos. Mas, por outro lado, poderá ser sua falência requerida por outrem e decretada, e nada obsta que venha a pleitear sua própria falência; h) proibição de contratar com o Poder Público (CF, art. 195, § 3º); i) impossibilidade de obter o seu enquadramento de microempresa etc.

Como se pode inferir, a falta de registro coloca a sociedade à margem das prerrogativas concedidas por lei. A sociedade não registrada, portanto, perderá os benefícios legais.

1.6.3 Órgãos registrários

Os serviços registrários (Lei n. 8.934/94 com alteração da Lei n. 13.833/2019 e da Lei n. 14.195/2021) alusivos à "empresa" executam-se pelo Sistema Nacional de Registro de Empresas Mercantis (SINREM), composto pelo DREI (Departamento Nacional de Registro Empresarial e Integração) e pelas Juntas Comerciais, que efetuam serviços de registros públicos. Operam esses serviços, por delegação, as Juntas Comerciais, órgãos locais com função executora e administradora daqueles serviços

Capítulo 1 • Pessoa jurídica de direito privado   39

situadas uma em cada Estado da Federação, com sede na capital, conforme as normas técnicas do Departamento Nacional de Registro Empresarial e Integração (DREI), órgão federal do Ministério da Indústria e Comércio Exterior e Serviços, a quem estão apenas tecnicamente subordinadas, por serem administrativamente dele independentes por estarem ligadas ao governo estadual, com exceção da Junta Comercial do Distrito Federal, que está a ele subordinada administrativa e tecnicamente. Assim sendo, o DREI tem função técnica supervisora, orientadora, coordenadora e normativa, e supletivamente a função administradora. A esse órgão cabe (Lei n. 8.934/94, art. 4º): a) supervisionar e coordenar a execução do registro pelas Juntas Comerciais, prescrevendo diretrizes gerais do registro; b) resolver dúvidas relativas à interpretação de normas alusivas ao registro, emitindo instruções; c) estabelecer normas procedimentais de arquivamento de atos das sociedades empresárias; d) orientar e fiscalizar as Juntas Comerciais e, ainda, providenciar medidas correcionais de registro de empresa; e) promover e elaborar estudos, reuniões e publicações sobre temas concernentes ao registro público de Empresas Mercantis e atividades afins; f) organizar e atualizar o Cadastro nacional de empresas mercantis que estejam funcionando no Brasil. Esse cadastro será mantido com as informações originárias do cadastro de empresas, vedados a exigência de preenchimento de formulários pelo empresário ou o fornecimento de novos dados ou informações, bem como a cobrança de preço pela inclusão das informações no cadastro nacional (Lei n. 8.934/94, art. 4º, parágrafo único com a redação da Lei n. 13.874/2019); g) preparar processo de autorização para nacionalização ou instalação de sociedade estrangeira no Brasil; h) especificar, desenvolver, implementar, manter e operar, em articulação e observadas as competências de outros órgãos, os sistemas de informação relativos à integração do registro e à legislação de empresas, incluída a Central Nacional de Registros; i) instruir, examinar e encaminhar os pedidos de autorização para nacionalização ou instalação de filial, agência, sucursal ou estabelecimento no País por sociedade estrangeira, ressalvada a competência de outros órgãos federais. Donde infere Fábio Ulhoa Coelho que suas funções são de normatização, disciplina, supervisão e controle do registro, cuja execução não é de sua competência, mas da Junta Comercial.

Compete, ainda, ao DREI propor a elaboração da tabela de preços dos serviços federais pertinentes ao registro público de empresas mercantis e especificar os atos a serem observados pelas Juntas Comerciais na elaboração de suas tabelas locais (art. 55 da Lei n. 8.934/94).

As Juntas Comerciais subordinam-se administrativamente ao governo no respectivo ente federativo e, tecnicamente, ao Departamento Nacional de Registro Empresarial e Integração (DREI) – art. 6º da Lei n. 8.934/94 com a redação da Lei n. 13.874/2019.

As Juntas Comerciais, vinculadas em São Paulo às Secretarias da Justiça e da Cidadania, têm funções executivas, pois lhes compete: a) execução dos serviços de registro dos documentos nelas arquivados, devendo analisá-los apenas em seus aspectos formais; logo, somente poderá negar-lhes o registro baseadas em vícios de forma, que, contudo, é sanável; b) elaboração de seu regimento interno e suas alterações, das resoluções de caráter administrativo necessárias ao fiel cumprimento das normas legais, regulamentares e regimentais, e, ainda, de tabela de preços dos seus serviços registrários; c) processamento da matrícula, de habilitação e nomeação de agentes auxiliares, como, por exemplo, tradutores públicos, intérpretes mercantis, leiloeiros, trapicheiros etc.; d) expedição de carteiras de exercício profissional das pessoas legalmente inscritas; e) assentamento de usos e práticas mercantis; f) anotação no registro dos nomes das sociedades empresárias; g) autenticação de livros empresariais; h) cancelamento do registro; i) arquivamento de atos e documento determinado por disposição legal (art. 8º da Lei n. 8.934/94).

Pelo Enunciado n. 1 da Jornada Paulista de Direito Comercial: "a Junta Comercial não pode examinar o mérito do documento apresentado para registro, mas exclusivamente o atendimento às formalidades legais".

O Plenário das Juntas Comerciais, dependendo das normas do Estado-membro da federação a que pertence (Lei n. 10.196/2001), compõe-se de, no mínimo, onze, e, no máximo, de vinte e três vogais, com igual número de suplentes (arts. 11 e 12 da Lei n. 8.934/94, com a redação da Lei n. 13.874/2019); metade formar-se-á por profissionais, empresários indicados em listas tríplices pelas Associações Comerciais; um vogal representando a União; um representante da classe dos advogados, outro da dos economistas e um terceiro entre os contadores, mediante indicação dos conselhos dessas categorias, e, nos Estados em que a lei estabelecer, os demais por livre escolha do governador. Tais membros, pelo art. 10 do Decreto n. 1.800/96, deverão: a) ser brasileiros e estar no pleno gozo dos direitos civis e políticos; b) não ter sido condenados por crime apenado com vedação ao acesso a cargo, emprego e funções públicas ou por crime de prevaricação, falência fraudulenta, peita ou suborno, concussão,

Capítulo 1 • Pessoa jurídica de direito privado   41

peculato, contra a propriedade, a fé pública e a economia popular; c) ser, ou ter sido, por mais de cinco anos, titular de empresa, sócio ou administrador de sociedade empresária. São dispensados dessa condição os representantes da União, os advogados, os economistas e os contadores, mas a lei impõe aos três últimos a prova de efetivo exercício de suas profissões no mesmo lapso temporal; d) estar quite com o serviço militar e o serviço eleitoral. Além do Plenário, órgão deliberativo composto por turmas, com três vogais cada, existem: a Presidência da Junta, que se responsabiliza pela sua direção administrativa e representação; a Secretaria-Geral, que se ocupa da execução dos atos registrários e das tarefas administrativas; e a Procuradoria, que tem funções de consultoria, advocacia judicial, nos processos de interesse da junta e da fiscalização da aplicação das normas.

Se ocorrer qualquer conflito advindo de atos registrários, este deverá ser resolvido pela Justiça Federal, pois "os serviços prestados pelas Juntas Comerciais, apesar de criadas e mantidas pelo Estado, são de natureza federal. Para julgamento de ato, que se compreenda nos serviços de registro de comércio, a competência é da Justiça Federal" (STJ, 2ª Seção, Conflito de Competências n. 15.575-BA, publicado no *DJU*, Seção I, 22-4-1996, p. 12.512). Mas observa Fábio Ulhoa Coelho que a Justiça Estadual é a competente para conhecer da validade dos atos da Junta Comercial, a não ser que se trate de mandado de segurança contra ato alusivo ao registro das empresas, casos em que, por agir o órgão estadual sob a orientação do DNRC, a competência será da Justiça Federal (CF, art. 109, VIII). A Junta Comercial submete-se, no que disser respeito ao registro de empresa e ao direito comercial, ao DNRC, e, quanto à matéria de direito administrativo e financeiro, ao governo estadual. Caberá contra as decisões do plenário da Junta Comercial, pelo art. 44, III, da Lei n. 8.934/94, interposição de recurso administrativo ao Ministério do Desenvolvimento, Indústria e Comércio[40].

A Junta Comercial, portanto, é o órgão local, com função de executar e administrar serviços registrários. Caberá recurso ao Diretor do Departamento Nacional do Registro do Comércio para apreciação de seus atos e

---

[40] Sobre órgãos registrados: CHECOLI, Paulo. *Direito de Empresa*, cit., p. 320-321; CAMPINHO, Sérgio. *O direito de empresa*, cit. p. 542 e 343; ROQUE, Sebastião José. *Curso*, cit., p. 108-110; COELHO, Fábio Ulhoa. *Manual*, cit., p. 37-40; COELHO, Fábio Ulhoa. *Curso*, cit., v. 1, p. 68-70; NEGRÃO, Ricardo. *Manual*, cit., v. 1, p. 180-181.

decisões, visto que, como já mencionamos, esse órgão federal tem a função de estabelecer instruções, disciplinar, supervisionar e controlar o registro (Lei n. 8.934/94, art. 4º) e de atuar supletivamente, em caso de deficiência dos serviços de registro.

1.6.4 Atos e regimes de execução do Registro Público de Empresas mercantis

Os atos registrários empresariais são três[41]:

a) *Matrícula* (Lei n. 8.934/94, art. 32, I), que é o ato de inscrição de intérpretes comerciais, tradutores públicos (Decretos n. 13.609/43 e s/n de 22-6-1993), leiloeiros (Decreto n. 21.981/32, art. 19), trapicheiros (administradores de armazéns que guardam mercadorias para exportação ou importadas) e administradores de armazéns-gerais (com função de guarda e conservação de mercadorias e emissão de títulos especiais que as representam), por serem profissionais cujas atividades são comerciais. Os intérpretes e tradutores deverão ser habilitados, mediante concurso público, e nomeados pela Junta e também matriculados (Decreto n. 1.800/96, art. 7º, III, *a*), ao passo que os leiloeiros, trapicheiros e administradores de armazéns-gerais apenas deverão ser matriculados.

b) *Arquivamento*, formalidade que diz respeito aos documentos de constituição, alteração (por exemplo, aumento de capital, entrada e saída de sócio), dissolução de empresários individuais e coletivos e de cooperativas (Lei n. 8.934/94, art. 32, II, *a*) e aos atinentes ao consórcio de empresas e aos grupos de sociedades, previstos nos arts. 278 e 279 da Lei n. 6.404/76 (Lei n. 8.934/94, art. 32, II, *b*), às sociedades empresárias estrangeiras autorizadas a funcionar no Brasil (Lei n. 8.934/94, art. 32, II, *c*), às declarações de microempresas (Lei n. 8.934/94, art. 32, II, *d*), e de

---

[41] Sobre atos do registro de empresa: COELHO, Fábio Ulhoa. *Curso*, cit., v. 1, p. 71; *Manual*, cit., p. 40-3; NEGRÃO, Ricardo. *Manual*, cit., v. 1, p. 182-6; CAMPINHO, Sérgio. *O direito da empresa*, cit., p. 343 e 344; ROQUE, Sebastião José. *Curso*, cit., p. 108 e 109; BERTOLDI, Marcelo M. *Curso avançado de direito comercial*, v. 1, p. 80. *Vide*: IN do DREI n. 29/2014, que acresce o Cap. XI (Sistema de Registro e Licenciamento de Empresas – RLE), constituído pelos arts. 21 a 23, à IN n. 12/2013, que dispõe sobre procedimentos de registro e arquivamento digital dos atos que competem, nos termos da legislação pertinente, ao Registro Público de Empresas Mercantis e Atividades Afins. A Instrução Normativa n. 30, de 25 de fevereiro de 2015, do DREI, dispõe sobre o processo simplificado e integrado de baixa no âmbito do Registro Público de Empresas; LC n. 123/2006 (alterada pela LC n. 147/2014).

Capítulo 1 • Pessoa jurídica de direito privado

empresa de pequeno porte e, ainda, a quaisquer documentos que possam interessar ao empresário individual e à sociedade empresária (Lei n. 8.934/94, art. 32, II, *e*), como procurações com cláusula *ad negotia*, conferindo-lhes publicidade e segurança nas relações jurídicas.

A Lei de Registro Público de Empresas Mercantis e atividades afins veda arquivamento de documentos que apresentam vícios ou impedimentos: a) em virtude da pessoa que contrata como: titular ou administrador que foi condenado por crime apenado com proibição do acesso à atividade empresarial (art. 35, II) ou titular casado que não juntou outorga conjugal na hipótese de ter havido incorporação de imóvel à sociedade (art. 35, VII, *b*); b) em defesa de sócios contratantes, em caso de alteração da sociedade por decisão majoritária, havendo cláusula restritiva (art. 35, VI); c) em proteção de terceiro, como ato de sociedades empresárias com nome idêntico a outro já existente (art. 35, V); d) intrínsecos ao contrato como ato de prorrogação de contrato social, uma vez findo o prazo nele fixado (art. 35, IV, que, contudo, foi revogado pelo art. 1.033 do Código Civil, que possibilita, como observa Marcelo M. Bertoldi, o arquivamento relativamente à prorrogação do prazo da sociedade empresária estabelecida por prazo determinado mesmo após o seu escoamento, desde que não tenha havido sua liquidação pelos seus sócios; situação em que passará a ser tida como sociedade por prazo indeterminado, mediante prorrogação tácita de seu prazo de duração) ou ato que conflitar como estatuto ou contrato não modificado anteriormente (art. 35, I, *in fine*); e) formais como documento que não segue a forma exigida por lei, fere os bons costumes e a ordem pública (art. 35, I); atos constitutivos de empresas mercantis que, além das cláusulas exigidas em lei, não designarem o respectivo capital e a declaração de seu objeto, cuja indicação no nome empresarial é facultativa (art. 35, III); documento alusivo à incorporação imobiliária, sem descrição e identificação do imóvel, área, dados relativos à sua titularidade e número de matrícula no Registro de Imóveis (art. 354 , VII, *a*); e contrato, estatuto e alteração de sociedade não aprovada pelo governo, quando for necessária tal aprovação (art. 35, VIII – revogado pela Lei n. 13.874/2019).

O registro dos atos constitutivos e de suas alterações e extinções ocorrerá independentemente de autorização governamental prévia e os órgãos públicos deverão ser informados pela Rede Nacional para a Simplificação do Registro e da Legislação de Empresas e Negócios — Redesim a respeito dos registros sobre os quais manifestarem interesse.

Eventuais casos de colidência entre nomes empresariais por semelhança poderão ser questionados pelos interessados, a qualquer tempo, por meio de recurso ao Departamento Nacional de Registro Empresarial e Integração da Secretaria de Governo Digital da Secretaria Especial de Desburocratização, Gestão e Governo Digital do Ministério da Economia (art. 35, §§ 1º e 2º).

O empresário ou a pessoa jurídica poderá optar por utilizar o número de inscrição no Cadastro Nacional da Pessoa Jurídica com o nome empresarial, seguido da partícula identificadora do tipo societário ou jurídico, quando exigida por lei (art. 35-A, acrescentado pela Lei n. 14.195/2021).

Os documentos arquivados pelas juntas comerciais não serão retirados, em qualquer hipótese, de suas dependências, mas quaisquer atos e documentos, após microfilmados ou preservada a sua imagem por meios tecnológicos mais avançados, poderão ser eliminados pelas juntas comerciais, conforme disposto em regulamento. Antes da eliminação, será concedido o prazo de trinta dias para os acionistas, diretores e procuradores das empresas ou outros interessados, retirarem, facultativamente, a documentação original, sem qualquer custo (art. 57, parágrafo único).

Os atos levados a arquivamento nas juntas comerciais são dispensados de reconhecimento de firma (art. 63).

A certidão dos atos de constituição de empresários individuais, empresa individual de responsabilidade limitada e sociedades mercantis, fornecidas pelas juntas comerciais em que foram arquivados, será o documento hábil para a transferência, por transcrição no registro público competente, dos bens com que o subscritor tiver contribuído para a formação ou o aumento do capital (art. 64).

Pelo art. 968, § 2º, do atual Código Civil, os atos modificativos da inscrição do empresário e da sociedade empresária deverão ser averbados à margem daquela inscrição, consequentemente, a averbação é uma modalidade de arquivamento.

O ato sujeito a arquivamento deverá ser enviado à Junta Comercial até trinta dias após a sua assinatura, para que os efeitos do registro decorram da data dessa assinatura, apesar de o arquivamento ser ulterior. Se esse prazo não for observado, o arquivamento, então, produzirá efeito a partir do ato concessivo do registro, ou seja, a partir da data de arquivamento.

Capítulo 1 • Pessoa jurídica de direito privado   45

Poderá ocorrer também a inatividade empresarial por falta de arquivamento documental. Pelo art. 60 da Lei n. 8.934/94 ter-se-á inatividade da sociedade empresária, autorizando o cancelamento de seu registro e provocando a perda automática da proteção do nome empresarial, se, por dez anos consecutivos, a sociedade não proceder a nenhum arquivamento nem comunicar a Junta Comercial a sua *intentio* de continuar em funcionamento.

Assim, se o empresário individual ou coletivo não vier a efetuar qualquer arquivamento no período de dez anos consecutivos, deverá, pelo art. 60 da Lei n. 8.934/94, fazer uma comunicação à Junta Comercial de sua *intentio* de continuar em atividade, sob pena de ser tido como inativo e, consequentemente, ter cancelado o seu registro, que, automaticamente, provocará a perda da proteção ao nome empresarial e a irregularidade dos atos que vier a praticar se retornar ou se não encerrar suas atividades, não terá a liquidação, pois o empresário passará a ser sociedade em comum, se coletivo, ou empresário irregular, se individual. Para evitar isso poderá reativar seu registro, obedecendo aos trâmites procedimentais requeridos para sua constituição e sujeitando-se à prévia verificação do nome empresarial, para evitar qualquer registro de nome idêntico por outro empresário individual ou coletivo, e se o seu antigo nome empresarial foi adotado e registrado por outro empresário, não poderá, obviamente, reivindicá-lo novamente para si.

Pelo Enunciado n. 2 da Jornada Paulista de Direito Comercial: "Ressalvadas as hipóteses do art. 44 da Lei n. 8.934/94, o desarquivamento de documento registrado na Junta Comercial depende de ordem judicial".

Todavia, é preciso lembrar que para a ocorrência do cancelamento do registro pela Junta, o empresário precisará ser previamente notificado, inclusive por edital, e poderá elidir o cancelamento se a atender. Se não a atender, far-se-á o cancelamento do registro, e as autoridades arrecadadoras de tributos (INSS, Caixa Econômica Federal, por ser administradora do FGTS e de receitas federais e municipais) deverão ser informadas do fato pela Junta Comercial dentro do prazo de dez dias, para que tomem as devidas providências. E os sócios da sociedade empresária, diante da notificação, se quiserem, poderão encerrar seu funcionamento, procedendo à dissolução e liquidação da pessoa jurídica.

c)   *Autenticação* de documentos é não só condição da regularidade e requisito extrínseco de validade dos instrumentos de escrituração, ou seja, dos livros mercantis, das fichas escriturais, balanços etc., como também ato confirmatório da veracidade das cópias dos documentos originais e usos e costumes assentados (arts. 32, III, e 39, II, da Lei n. 8.934/94).

As Juntas Comerciais, ao procederem ao registro, apenas apuram se os requisitos formais de validade e eficácia, previstos normativamente, foram observados, não fazendo qualquer apreciação ao mérito do ato. Assim sendo, pondera Fábio Ulhoa Coelho[42], se vier a extrapolar sua atribuição, indeferindo arquivamento de ato pelo mérito, admissível será a impetração de mandado de segurança contra o despacho denegatório de registro, em favor dos sócios majoritários, e, continua esse jurista, cabível será, em favor do sócio minoritário expulso, a revisão judicial do despacho concessivo, se a Junta registrou ato, apesar da ocorrência da não observação de certa formalidade exigida por lei ou pelo DNRC. Se a Junta deparar com vício de forma sanável (por exemplo, por faltar indicação do objeto social), o interessado terá trinta dias para corrigi-lo. Após tal prazo, o saneamento do vício será considerado como novo pedido, incidindo em taxas correspondentes (LRM, art. 40, § 3º). Se o interessado não aceitar a exigência feita pela Junta, poderá, dentro daquele prazo de trinta dias, apresentar pedido de reconsideração, caso em que interromper-se-á o prazo para seu atendimento (Decreto n. 1.800/96, art. 65, § 2º). Se, apesar disso, a decisão determinante do saneamento do vício for mantida, poder-se-á interpor recurso ao Plenário da Junta e depois ao Ministro da Indústria, Comércio e do Turismo, sendo que a decisão dada por este finalizará a instância administrativa, mas o interessado poderá, ainda, valer-se da via judicial para averiguar a validade, ou não, da exigência daquele saneamento. Todavia, se o vício for insanável, por comprometer a validade do ato, o seu arquivamento será indeferido; porém, ao interessado se concede a possibilidade de efetuar pedidos revisionais e de interpor os recursos administrativos acima aludidos.

A Lei de Registro de Empresas Mercantis (arts. 41 e 42) prevê dois regimes de execução registrária[43].

---

[42] COELHO, Fabio Ulhoa. *Curso*, cit., v. 1, p. 71-72.

[43] Sobre regime de execução de registro de empresa: COELHO, Fábio Ulhoa. *Manual*, cit., p. 41-42; COELHO, Fábio Ulhoa. *Curso*, cit., v. 1, p. 71-73. *Vide*: Decreto n. 9.927/2019 sobre Comitê para Gestão da Rede Nacional para a Simplificação do Registro e da Legalização de Empresas e Negócios – CGSM.

Capítulo 1 • Pessoa jurídica de direito privado   47

1) o da *decisão colegiada* dada no prazo de dez dias úteis contados do Protocolo na Junta, próprio para atos complexos. Opera-se em caso de arquivamento de atos: a) relacionados com sociedade anônima, como atos de constituição; b) de transformação, incorporação, fusão e cisão de sociedade empresária; e c) dos alusivos e consórcios de empresas ou grupos de sociedade (Lei n. 8.934/94, art. 41, I, com a redação da Lei n. 13.874/2019). Essa decisão competirá às Turmas (colegiados que compõem as Juntas Comerciais − LRE, art. 21) pelo voto da maioria. Tal decisão deverá ser prolatada no prazo de cinco dias; após esse lapso temporal, o interessado poderá requerer o arquivamento, independentemente de deliberação.

Os pedidos de arquivamento serão decididos no prazo de cinco dias úteis, desde que relativos aos casos do art. 41, I, da Lei n. 8.934/94, contado da data de seu recebimento, sob pena de os atos serem considerados arquivados, mediante provocação dos interessados, sem prejuízo do exame das formalidades legais pela procuradoria.

2) o da *decisão singular* (proferida pelo presidente da junta, vogal ou servidor), que é dada em cinco dias úteis, computados do protocolo da Junta, alusivo à matrícula, à autenticação e aos demais arquivamentos. Assim sendo, por exemplo, o contrato social de uma sociedade empresária ou sua modificação e a inscrição do empresário individual arquivar-se-ão por decisão singular, por determinação do Presidente da Junta ou do vogal por ele indicado. Permite a lei que ele designe funcionário público do órgão que conheça o direito empresarial e o registro de empresa.

Os pedidos de arquivamento não previstos no inciso I do art. 41 serão decididos no prazo de dois dias úteis, contado da data de seu recebimento (art. 42, § 2º, com a redação da Lei n. 13.874/2019). O arquivamento dos atos constitutivos e de alterações não previstos no art. 41, I, terá registro deferido automaticamente desde que haja: a) aprovação da consulta prévia da viabilidade do nome empresarial e de localização; e b) utilização pelo requerente do instrumento padrão estabelecido pelo DREI da Secretaria do Governo Digital da Secretaria Especial de Desburocratização, Gestão e Governo Digital do Ministério da Economia. A análise do cumprimento desses requisitos legais será feita posteriormente, no prazo de dois dias úteis, contado da data do deferimento automático do registro e se, porventura, houver identificação da existência de vício, tal fato acarretará: a) cancelamento do arquivamento, se o vício for insanável, ou b) observância do procedimento estabelecido pelo DREI, se o vício for sanável (art. 42, §§ 1º a 6º, com a redação da Lei n. 13.874/2019).

O julgamento pelo Plenário (Lei n. 8.934/94, arts. 19 e 41, II) dos recursos administrativos interpostos contra atos praticados pelos órgãos da Junta operar-se-á pelo regime de decisão colegiada, mesmo que o ato recorrido tenha sido praticado em regime diverso.

1.6.5 Requerimento do registro de empresa

O registro deverá ser pedido mediante requerimento de pessoa obrigada em lei (empresário individual ou administrador da sociedade empresária indicado no contrato social ou por seu procurador, munido de poderes específicos para tanto), ou, no caso de omissão ou de demora da pessoa indicada legalmente, do sócio, ou de qualquer terceiro interessado (CC, art. 1.151), integrante ou não do quadro societário.

Tutelam-se, assim, os interesses do empresário e da sociedade empresária, evitando-se a irregularidade da atividade desenvolvida.

A apresentação, na forma da lei, à Junta Comercial, dos documentos exigidos para tal registro, deverá dar-se dentro do prazo de trinta dias contado da lavratura dos atos constitutivos (CC, art. 1.151, §1º). Se uma sociedade empresária teve seu contrato social lavrado no dia 8 de junho de 2007, seus documentos deverão ser apresentados para registro até o dia 8 de julho de 2007, para que os atos por ela praticados no período entre a data do contrato social e a do registro sejam convalidados (efeito *ex tunc*). Feito o registro nesse prazo de trinta dias, ter-se-á a retroatividade de seus efeitos a partir da data da lavratura do ato constitutivo. As atas de assembleia ou reunião de sócios de sociedade limitada, por sua vez, deverão ser levadas a registro no prazo de vinte dias, contado da data da realização do conclave (CC, art. 1.075, § 2º), hipótese em que se tem uma execução ao comando do art. 1.151, § 1º, do Código Civil.

Se o registro for requerido depois do prazo de trinta dias acima referido, produzirá efeito a partir da data em que for concedido (CC, art. 1.151, § 2º); a sociedade, então, passará a ter personalidade jurídica no dia do despacho da concessão formalizada do seu registro pela Junta Comercial (efeito *ex nunc*).

Havendo omissão ou demora no pedido de registro por pessoa obrigada a requerê-lo, esta deverá responder pelo prejuízo que causar à sociedade (por exemplo, impedindo a realização de algum negócio ou a aquisição de

Capítulo 1 • Pessoa jurídica de direito privado   49

benefício fiscal), aos sócios ou a terceiros, pagando indenização a título de perdas e danos (CC, arts. 1.151, § 3º, 402 a 404). E, pelos arts. 99 e 287, II, *b*, da Lei n. 6.404/76, o prazo prescricional para a pretensão da reparação desses danos é de três anos[44].

Se o pedido de registro for indeferido, poder-se-á abrir processo revisional (Lei n. 8.934, art. 44), mediante reconsideração ou recurso ao Departamento Nacional de Registro Empresarial e Integração.

1.6.6 Verificação da regularidade das publicações

O órgão encarregado de efetivar o registro (Junta Comercial) terá, ainda, o dever de verificar (CC, art. 1.152, §§ 1º a 3º), atendendo ao princípio da publicidade (CF, art. 37), a regularidade das publicações oficiais exigidas por lei, observando-se[45]:

a) se foram feitas, salvo exceção em lei no órgão oficial da União ou do Estado, conforme o local da sede do empresário ou da sociedade, e em jornal de grande circulação ou especializado em assunto empresarial;

b) se foram levadas a efeito, sendo oriundas de sociedades estrangeiras, nos órgãos oficiais da União e do Estado onde tiverem sucursais, filiais ou agências para que se dê publicidade do seu conteúdo; e, como se pode ver, há neste caso dispensa da publicação em jornal de grande circulação;

c) se ocorreram por três vezes, em se tratando de anúncio de convocação assemblear, mediando, entre a data da primeira inserção e a da realização da assembleia, o prazo mínimo de oito dias, para a primeira convocação, e de cinco dias, para as posteriores.

Observa Sérgio Campinho que, havendo exigência legal de publicação de certos atos ou documentos, como, por exemplo, anúncio de convocação de assembleia ou reunião de sócios (CC, art. 1.072 c/c o art. 1.152, § 3º), ata de assembleia ou reunião que aprovar redução do capital (CC, art. 1.084, § 1º) e operação de incorporação, fusão ou cisão (CC, art. 1.122), o

---

[44] Consulte: DINIZ, Maria Helena. *Código*, cit., p. 908-909; CHECOLI, Paulo. *Direito de empresa*, cit., p. 322; CAMPINHO, Sérgio. *O direito de empresa*, cit., p. 344-345; CARVALHOSA, Modesto. *Comentários*, cit., v. 13, p. 675-679; RIZZARDO, Arnaldo. *Direito de empresa*, cit., p. 1.055.

[45] DINIZ, Maria Helena. *Código*, cit., p. 909-910; CHECOLI, Paulo. *Direito de empresa*, cit., p. 324-325; CARVALHOSA, Modesto. *Comentários*, cit., v. 13, p. 679-694; RIZZARDO, Arnaldo. *Direito de empresa*, cit., p. 1.856-1.858.

órgão responsável pelo registro deverá proceder à verificação da regularidade da publicação, antes da concessão do registro. Por exemplo, em caso da reunião assemblear convocada para alteração de contrato social, a Junta deverá, antes de efetuar o registro do contrato modificativo, averiguar se aquela assembleia foi corretamente convocada, se em seus trabalhos houve observância das formalidades legais, se a ata foi autenticada pelo administrador da sociedade ou pela mesa diretora, se atendeu ao *quorum* deliberativo etc.

A Junta Comercial tem o dever de verificar a autenticidade dos signatários do requerimento do registro e de fiscalizar se os atos e documentos apresentados estão conformes às exigências legais.

Havendo qualquer irregularidade, o requerente deverá ser notificado para saná-la se for possível. Sanável seria, exemplificativamente, a falta de autenticação da ata da assembleia, pois poder-se-á, posteriormente, autenticá-la, apresentando-a para registro dentro do prazo fixado para tanto. Insanável seria o não atendimento do *quorum* de deliberação ou a inobservância das formalidades convocatórias que exigiriam a repetição do ato[46].

Com a publicação oficial dos atos societários, não poderá haver escusa de seus efeitos por parte dos sócios, credores, fisco, contratantes, terceiros etc., por haver presunção legal de conhecimento dos atos publicados (eficácia *erga omnes*) e por ser tal publicação prova concludente da efetividade e veracidade do ato de interesse societário e, ainda, título declaratório por evidenciar a existência do referido ato, em razão de sua natureza pública.

Tal se dá porque a publicação oficial estabelece a presunção de legalidade, oportunidade e veracidade dos atos e negócios societários; constitui meio de prova pré-constituída; outorga fé pública àqueles atos, dá-lhes

---

[46] CAMPINHO, Sérgio. *O direito de empresa*, cit., p. 346. Pelo art. 9º da LC n. 123/2006 (com a redação da LC n. 147/2014), "o registro dos atos constitutivos de suas alterações e extinções (baixas), referentes a empresários e pessoas jurídicas em qualquer órgão dos três âmbitos de governo, ocorrerá independentemente da regularidade de obrigações tributárias, previdenciárias ou trabalhistas, principais ou acessórias, do empresário, da sociedade, dos sócios, dos administradores, ou de empresas de que participem, sem prejuízo das responsabilidades do empresário, dos titulares, dos sócios ou dos administradores por tais obrigações, apuradas antes ou após o ato de extinção". No mesmo teor: art. 7º-A, §§ 1º e 2º, da Lei n. 11.598/2007, acrescentado pela LC n. 147/2014. Sobre autenticação dos documentos de empresas de qualquer porte realizada por meio de sistemas públicos eletrônicos, *vide*: Lei n. 8.934/94, arts. 39-A e 39-B, acrescentados pela LC n. 147/2014.

Capítulo 1 • Pessoa jurídica de direito privado   51

eficácia *erga omnes*; gera presunção legal do conhecimento dos atos e fatos
societários (CC, art. 1.154, parágrafo único), e possibilita, na lição de Modesto Carvalhosa, o acesso público aos documentos sociais, por estabelecer
o regime de certificação, facultando a qualquer interessado o direito subjetivo de extrair, sem apresentação da justificativa, certidão daqueles documentos arquivados, na Junta Comercial do Estado, onde se encontrar a sede
do empresário ou da sociedade empresária.

1.6.7 Deveres da autoridade registrária

A autoridade competente (Junta Comercial), para efetivar o registro
do empresário individual e coletivo, deverá, atendo-se ao cumprimento das
formalidades extrínsecas antes de efetuá-lo (CC, art. 1.153 e parágrafo
único):

a) verificar a autenticidade e a legitimidade do subscritor do requerimento, exigindo documentação comprobatória de sua identidade e de sua
condição jurídica;

b) fiscalizar a legalidade formal do ato e dos documentos apresentados, averiguando se houve cumprimento dos requisitos legais;

c) notificar o requerente das irregularidades formais encontradas para
que, se possível, venha a saná-las, obedecendo às formalidades legais, dentro de trinta dias, sob pena de arquivamento (Lei n. 8.934/94, art. 40,
§ 2º). Se o vício não puder ser sanado (por exemplo, ilicitude do objeto
social, exercício de atividade contrária aos bons costumes), ter-se-á indeferimento do pedido do registro.

O art. 1.153 requer um rigoroso *controle administrativo* pelo Registro
Público de Empresas Mercantis da autenticidade, legitimidade e legalidade
dos atos societários, definindo pelo registro ou pela reformulação do registro. À Junta Comercial, por ter competência administrativa de natureza
registrária, compete o exame da regularidade dos aspectos formais da documentação societária e da autenticidade dos signatários, apurando se possuem representatividade, se foram efetivamente nomeados[47] e se têm legitimidade para assinarem. Daí seu papel relevante para a validade das

---

[47] DINIZ, Maria Helena. *Código*, cit., p. 910; RIZZARDO, Arnaldo. *Direito de empresa*, cit.,
p. 1.058-1.062; CARVALHOSA, Modesto. *Comentários*, cit., v. 13, p. 694-701; ROVAI,
Armando Luiz. Registros empresariais transparentes. *Tribuna do Direito*, dez. 2004, p. 18;
SIMÃO FILHO, Adalberto. *A nova sociedade limitada*. Barueri: Manole, 2003. p. 116-117.

52   *Desconsideração da Personalidade Jurídica: uma análise interdisciplinar*

informações contidas nos atos societários levados a registro, em razão da transparência de seus procedimentos, por força do princípio da função social da empresa. Diz Armando Luiz Rovai que "as Juntas Comerciais funcionam como tribunais administrativos, onde a execução do registro de empresa tem como fim a prestação de um serviço ao público sendo premente que os dados sejam corretos e claros" (...) e "evidenciam a pretensão dos sócios" (...). "A importância da inserção de dados corretos, nítidos e verídicos refletem-se na própria natureza jurídica das Juntas Comerciais, que devem observar os princípios da legalidade, impessoalidade, moralidade, publicidade e eficiência, privilegiando o interesse público em relação ao interesse individual. Não há espaço para a discussão interpretativa, sob pena de acarretar um colapso no âmbito jurídico societário e informativo administrativo." Interessante é a lição de Rubens Requião, reforçando a função administrativa das Juntas Comerciais: "É preciso compreender que, no exercício dessas atribuições, as Juntas Comerciais funcionam como tribunal administrativo, pois examinam previamente todos os documentos levados a registro. Mas essa função não é jurisdicional, pois as Juntas possuem apenas competência para o exame formal desses atos e documentos (...). O que não podem as Juntas fazer, pois escapa à sua competência, é examinar problemas inerentes e próprios ao direito da pessoa dos que participam de tais atos, pois isso constituiria invasão da competência do Poder Judiciário. Essa matéria, que não deixa de ser sutil, já foi objeto de debate judicial, tendo nossos juízes recolocado as Juntas Comerciais nos limites de sua competência administrativa (...). Não podem os vogais se arrogar à posição de magistrados para decidir problemas de interesse privado das partes que comparecem nos instrumentos levados a registro. A validade do documento, que cumpre às Juntas Comerciais examinar, na verdade, nada tem a ver com a validade ou invalidade das decisões tomadas pelas partes no exercício de seus direitos privados[48]. Com o registro não há veracidade substancial do ato, uma vez que o oficial apenas efetua o exame extrínseco do documento levado a assento, uma vez que não pode, nem está obrigado a proceder ao exame dos elementos intrínsecos do ato negocial submetido à sua verificação. Assim sendo, questões alusivas ao conteúdo do contrato social, a prejuízos a direitos dos sócios ou a interesses da sociedade empresária serão de alçada do Poder Judiciário. Caberá recurso ao Judiciário, precedido de

---

[48] REQUIÃO, Rubens. *Curso de direito comercial*. São Paulo: Saraiva, v. 1. p. 106-107.

Capítulo 1 • Pessoa jurídica de direito privado 53

medida cautelar, se atos praticados pela Junta Comercial vierem a causar lesão a direitos do empresário, da sociedade empresária ou dos seus sócios[49].

1.6.8 Oposição a terceiros

Somente com o cumprimento das formalidades legais e a publicação oficial do ato societário sujeito a registro ele terá efeito em relação a terceiros, por estar revestido de eficácia *erga omnes*, com seu arquivamento no Registro Público de Empresas Mercantis. Antes do cumprimento das formalidades legais, o ato sujeito a registro, salvo disposição de lei, não poderá ser oposto a terceiro, a não ser mediante comprovação de que este já o conhecia (CC, art. 1.154). Se aquelas formalidades forem cumpridas, o terceiro não poderá alegar sua ignorância (LINDB, art. 3º, e CC, parágrafo único do art. 1.154) a respeito do conteúdo dos documentos devidamente registrados e publicados, visto que o registro lhe confere publicidade. Com isso, a lei visa a impedir que terceiros, de má-fé, aleguem sua ignorância sobre ato societário, para obter alguma vantagem. Há presunção legal absoluta de conhecimento de terceiro do negócio ou ato societário após seu registro e publicação oficial, havendo sua disponibilização a todos, mediante obtenção de certidão perante o órgão registrário competente[50].

1.6.9 Registros públicos especiais

O Registro público de Empresa Mercantil não é o único obrigatório às sociedades empresárias, por haver[51]:

a) outros registros especiais necessários a certas categorias de sociedade empresária. Assim sendo, a sociedade anônima de capital aberto deverá registrar-se na comissão de Valores Mobiliários (CVM); um banco deverá efetuar seu registro no Banco Central do Brasil (BACEN);

---

[49] CARVALHOSA, Modesto. *Comentários*, cit., v. 13, p. 699; CENEVIVA, Walter. Função do registro público: registro civil de sociedade, associação e fundação. In: *Publicação do 3º RTD*, n. 167, p. 682.

[50] DINIZ, Maria Helena. *Código*, cit., com. ao art. 1.154; CAMPINHO, Sérgio. *O direito de empresa*, cit., p. 345; LISBOA, Roberto Senise. *Comentários ao Código Civil*. Camilo, Talavera, Fujita e Scavone Jr. (coords.). São Paulo: RT, 2000. p. 878.

[51] É a lição de Sebastião José Roque, *Curso*, cit., p. 112 e 113. *Vide*: Lei n. 12.715/2012, que acresce os arts. 2º-A a 2º-D ao Decreto-lei n. 1.593/77. Sobre registro, ver: DINIZ, Maria Helena. *Curso de direito civil brasileiro*: direito de empresa. 16. ed. rev. e atual. São Paulo: Saraiva, v. 8, 2024. p. 88-97, 250-276.

b) Cadastro Geral de Contribuintes do Ministério da Fazenda (CG-CMF), ou melhor, Cadastro Nacional de Pessoa Jurídica (CNPJ – Instrução Normativa n. 1.634/2016 – com a alteração da IN n. 1.684/2016 – da RFB), no qual deverão inscrever-se para serem identificadas, qualificadas e localizadas na Secretaria da Receita Federal para fins de contribuições fiscais ou de recolhimento de tributos federais (IPI:IR). O número de sua inscrição no CNPJ deverá constar em suas notas fiscais, duplicatas etc.;

c) inscrição estadual que as habilita a recolher regularmente impostos estaduais, como o ICMS;

d) inscrição na Previdência Social para fins de recolhimento das contribuições do INSS e contratação de empregados, filiando-se à Previdência Social. O certificado desse registro deverá ser apresentado em concorrências públicas, no licenciamento de seus veículos etc.;

e) Cadastro das Empresas no Ministério do Trabalho (CE-MT), sujeitando-se à inspeção desse Ministério no cumprimento de obrigações trabalhistas. Quanto à inscrição municipal, para habilitação ao pagamento de tributos municipais (ISS), é própria das sociedades simples prestadoras de serviços. Com essa inscrição, tais sociedades poderão requerer à Prefeitura Municipal o alvará de funcionamento.

1.7 CAPACIDADE DA PESSOA JURÍDICA

A capacidade da pessoa jurídica decorre logicamente da personalidade que a ordem jurídica lhe reconhece por ocasião de seu registro. Essa capacidade estende-se a todos os campos do direito. Pode exercer todos os direitos subjetivos, não se limitando à esfera patrimonial. Tem direito à identificação, sendo dotada de uma denominação, de um domicílio e de uma nacionalidade[52]. Logo, tem: a) direito à personalidade, como o direito ao nome, à marca, à liberdade, à imagem (*RT, 747/288*), à privacidade, à própria existência, ao segredo, à honra objetiva (*RT, 776:195*) ou à boa reputação[53], podendo pleitear, se houver violação a esses direitos, reparação

---

[52] LOPES, Serpa. Op. cit., v. 1, p. 347.

Pelo art. 48-A do CC (com a redação da Lei n. 14.195/2021) as pessoas jurídicas de direito privado, sem prejuízo do previsto em legislação especial e em seus atos constitutivos, poderão realizar assembleias gerais por meios eletrônicos, inclusive para fins do art. 59 do Código Civil, respeitados os direitos previstos de participação e de manifestação.

[53] Consulte: ALVES, Alexandre Ferreira de Assumpção. *A pessoa jurídica e os direitos da persona-*

Capítulo 1 • Pessoa jurídica de direito privado   55

por dano moral e patrimonial (*RT*, 776:195, 716:273, 680:85, 627:28; *JTJ*, 238:117; STF, Súmula 227), atingindo sua credibilidade social, idoneidade empresarial, potencialidade econômica, capacidade de produção de lucros, qualidade do fundo de comércio, clientela etc. (CC, art. 52). Para acarretar responsabilidade civil por dano moral à pessoa jurídica, o fato lesivo e o dano eventual deverão ser comprovados (Enunciado n. 189 do Conselho da Justiça Federal, aprovado na III Jornada de Direito Civil). E, até mesmo para a cessação da lesão ou da ameaça sofrida, poderá ajuizar medidas cautelares, mandado de segurança, ação ordinária com pedido de tutela antecipada etc.[54]; b) direitos patrimoniais ou reais (ser proprietária, usufrutuária etc.); c) direitos industriais (CF, art. 5º, XXIX); d) direitos obrigacionais (de contratar, comprar, vender, alugar etc.); e e) direitos à sucessão, pois pode adquirir bens *causa mortis*. Tais direitos lhes são reconhecidos no mesmo instante de seu assento no registro competente, subsistindo enquanto atuarem e terminando com o cancelamento da inscrição das pessoas jurídicas.

Sofre, contudo, limitações decorrentes[55]:

1) *De sua natureza*, pois, não sendo dotada de um organismo biopsíquico, falta-lhe titularidade ao direito de família, ao parentesco e a outros que são inerentes ao homem[56], não pode, como é óbvio, praticar diretamente os atos da vida jurídica, devendo servir-se de órgãos de comunicação, necessitando, portanto, de um representante legal que exteriorize sua vontade. Os atos dos administradores obrigam a pessoa jurídica se exercidos dentro dos limites estabelecidos no ato constitutivo (CC, art. 47). Entendeu, ainda, o Enunciado n. 145 do Conselho de Justiça Federal,

---

lidade, 1998; RIBEIRO, Alex Sandro. *Ofensa à honra da pessoa jurídica*. São Paulo: Leud, 2004; FROTA, Pablo Malheiros da Cunha. *Danos morais e a pessoa jurídica*. São Paulo: Método, 2008.

[54] Já, na IV Jornada de Direito Civil, foi aprovado o Enunciado n. 286, do Conselho da Justiça Federal, com o seguinte teor: "Os direitos da personalidade são direitos inerentes e essenciais à pessoa humana, decorrentes de sua dignidade, não sendo as pessoas jurídicas titulares de tais direitos".

[55] MONTORO, A. Franco. *Introdução à Ciência do Direito*. 2. ed. São Paulo: Martins, v. 2. p. 323; DINIZ, Maria Helena. *Curso de direito civil brasileiro*. 41. ed. São Paulo: Saraiva, v. 1, 2024. p. 315-318; STF, Súmula 365; *RT*, 497:160; *RF*, 254:330.

[56] GONÇALVES, Cunha. *Tratado de direito civil*, v. 1, t. 2, n. 124; PEREIRA, Caio Mário da Silva. *Instituições*, cit., v. 1, p. 268. Há quem ache que deveria haver solidariedade decorrente de "parentesco" de grupos de empresas em certas obrigações como as trabalhistas.

aprovado na Jornada de Direito Civil de 2004, que "o art. 47 não afasta a aplicação da teoria da aparência".

Pelo art. 1.012, os administradores responderão pessoal e solidariamente com a sociedade pela prática de atos de gestão que se derem antes da averbação de sua nomeação à margem da inscrição da sociedade. A pessoa jurídica deverá cumprir os atos praticados pelos administradores, exceto se houver desvio ou excesso dos poderes conferidos a eles. Nesta última hipótese, deverão responder, pessoalmente, e com seu patrimônio, pelos atos lesivos causados às pessoas com quem negociaram. A pessoa jurídica só terá responsabilidade limitada aos poderes concedidos a eles em ato constitutivo registrado. Se, porventura, a pessoa jurídica tiver administração coletiva (gerência colegiada), as decisões serão tomadas pela maioria dos votos dos presentes (metade mais um), a não ser que o ato constitutivo disponha o contrário; o direito de invalidar as decisões dos administradores que violarem norma legal ou estatutária ou eivadas de erro, dolo, simulação ou fraude pode ser exercido dentro do prazo decadencial de 3 anos (CC, art. 48, parágrafo único), contado do registro da publicação ou notificação aos interessados da decisão ou deliberação viciada, como ensinam Jones F. Alves e Mário Luiz Delgado. Se alguma deliberação foi tomada pela administração coletiva, sem que se tenha atingido o número de votos requerido para sua validade, por infringência normativa ou por vício de consentimento ou social, havendo inércia dos que teriam legitimidade para impugná-la, deixando escoar aquele prazo decadencial, ter-se-á o convalescimento da decisão viciada. Como a pessoa jurídica precisa ser representada, ativa e passivamente, em juízo ou fora dele, deverá ser administrada por quem o estatuto indicar ou por quem seus membros elegerem. Por isso, se a administração da pessoa jurídica vier a faltar (vacância gerencial) por ato voluntário ou involuntário do administrador, o juiz, a requerimento de qualquer interessado (sócio, credor etc.), nomeará a seu critério, dentre os sócios idôneos, ou, se todos forem inaptos, pessoa estranha, um administrador provisório (CC, art. 49; CPC, art. 614)[57].

---

[57] PEREIRA, Caio Mário da Silva. *Instituições*, cit., v. 1, p. 270-271; GONÇALVES, Cunha. *Tratado de direito civil*, v. 1, t. 2, n. 122, p. 966; MATTIA, Fábio Maria de. *Aparência de representação*, 1984, p. 52-53, 174.

Capítulo 1 • Pessoa jurídica de direito privado 57

2) *De norma jurídica*, mesmo no campo patrimonial, em virtude de razões de segurança pública, pois as pessoas jurídicas estrangeiras não podem receber concessão para o aproveitamento de recursos minerais, nem adquirir propriedade no país, com exceção dos edifícios-sede de suas representações diplomáticas e consulares, nem, em regra, ser acionistas de empresas jornalísticas etc. (CF, arts. 190, 176, § 1º, e 222, com a redação da EC n. 36/2002).

Como se vê, a pessoa jurídica tem capacidade para exercer todos os direitos compatíveis com a natureza especial de sua personalidade[58].

1.8 RESPONSABILIDADE CIVIL

Quanto à responsabilidade das pessoas jurídicas, poder-se-á dizer que a pessoa jurídica de direito privado, no que se refere à realização de um negócio jurídico dentro dos limites do poder autorizado pela lei, pelo contrato social ou pelo estatuto, deliberado pelo órgão competente e realizado pelo legítimo representante, é responsável, devendo cumprir o disposto no contrato, respondendo com seus bens pelo inadimplemento contratual[59], conforme prescreve o art. 389 do Código Civil. E a Lei n. 8.078/90,

---

[58] LOPES, Serpa. Op. cit., v. 1, p. 347. Sobre isso: DE PAGE. *Traité élémentaire de droit civil belge*, v. 1, n. 510. A Súmula 481 do STJ: "Faz jus ao benefício da justiça gratuita a pessoa jurídica com ou sem fins lucrativos que demonstrar sua impossibilidade de arcar com os encargos processuais". A pessoa jurídica estrangeira autorizada a funcionar no Brasil já pode adquirir ou arrendar imóvel rural destinado à implantação de projetos agrícolas, pecuários, florestais, industriais, turísticos ou de colonização vinculados aos seus objetivos estatutários ou contratuais, desde que haja aprovação do Ministério da Agricultura, Pecuária e Abastecimento, ouvido o órgão federal competente responsável pelas respectivas atividades (art. 14 da Instrução Normativa do INCRA n. 70/2011, ora revogada pela Instrução Normativa do INCRA n. 76/2013).

[59] PEREIRA, Caio Mário da Silva. *Instituições*, cit., v. 1, p. 276-277; BEVILÁQUA, Clóvis. Op. cit., p. 148. *Vide* Lei n. 12.846/2013, regulamentada pelo Decreto n. 8.420/2015, sobre responsabilização administrativa e civil de pessoas jurídicas pela prática de atos contra a administração pública, nacional ou estrangeira. Sobre atos de corrupção de pessoas físicas e jurídicas de direito privado contra a administração pública, que terão responsabilidade civil objetiva, administrativa e civil: MUKAI, Toshio. Comentários à Lei n. 12.846, de 1º de agosto de 2013. *Revista Síntese — Direito Empresarial*, 37:9-30; MUKAI, Sylvio T. Responsabilidade objetiva administrativa da Lei n. 12.846/2013. *Revista Síntese — Direito Empresarial*, 37:31-9; CAMES, Orlando Estevens. A nova Lei Anticorrupção. *Revista Síntese — Direito Empresarial*, 37:44-46.

A aplicação de sanções pela prática de atos lesivos contra os interesses da Administração Pública nacional e estrangeira independerá da prova da culpabilidade da pessoa física ou jurídica, visto que a responsabilidade civil é objetiva.

arts. 12 a 25, impõe não só a responsabilidade objetiva das pessoas jurídicas pelo fato e por vício do produto e do serviço, independentemente da existência de sua culpabilidade – assim sendo, incumbidas estarão de reparar os danos físicos ou psíquicos causados aos consumidores –, como também a responsabilidade subjetiva para garantir a incolumidade econômica do consumidor ante os incidentes de consumo que podem diminuir seu patrimônio em razão de vício de quantidade e de qualidade por inadequação. Mesmo as sociedades formadas por profissionais liberais não terão responsabilidade subjetiva, por fato do serviço, mas sim a objetiva, tendo-se em vista que não se confundem com a personalidade física de seus membros, exercendo, depois, o direito de regresso contra o culpado (art. 14, §§ 1º a 4º, da Lei n. 8.078/90; CC, arts. 932, III, 933, 934, 942 e 951).

A Constituição Federal de 1988, no art. 173, § 5º, dispõe que "a lei, sem prejuízo da responsabilidade individual dos dirigentes da pessoa jurídica, estabelecerá a responsabilidade desta, sujeitando-se às punições compatíveis com sua natureza, nos atos praticados contra a ordem econômica e financeira e contra a economia popular".

No campo da responsabilidade extracontratual é princípio assente que as pessoas jurídicas de direito privado devem reparar o dano causado pelo seu representante que procedeu contra o direito, alargando-se, assim, o conceito de responsabilidade indireta. O Código Civil, ao cuidar da responsabilidade civil, o fez apenas quanto às pessoas jurídicas que têm finalidade lucrativa ou empresarial (arts. 931 e 1.009) ao dispor que respondem pelos produtos postos em circulação. De forma que se se combinarem os arts. 932, III, e 933 do Código Civil vigente poder-se-á dizer que essas sociedades respondem objetivamente pelos danos provocados e pelos atos ilícitos praticados pelos seus representantes, pois não há mais a presunção *juris tantum* de culpa *in elegendo* ou *in vigilando,* que provocava a inversão do ônus da prova, fazendo com que a pessoa jurídica tivesse de comprovar que não teve culpa nenhuma (como dispunha o STF, Súmula 341). Como a lei substantiva parece estar tratando somente da pessoa jurídica que colima lucro, a responsabilidade das associações, que não têm tal fim, não encontra regulamentação legal, o que nos conduz a aceitar a conclusão de Silvio Rodrigues[60] de que sua responsabilidade advém do art. 186 c/c o art. 927

---

[60] RODRIGUES, Silvio. Op. cit., v. 1, p. 102; DINIZ, Maria Helena. *Curso de direito civil brasileiro*. 41. ed. São Paulo: Saraiva, v. 1, 2024. p. 319-328; *RT, 445*:143, *481*:174.

Capítulo 1 • Pessoa jurídica de direito privado   59

do Código Civil, que dispõe sobre a responsabilidade do causador do dano pela reparação do prejuízo. Hipótese em que a vítima deverá demonstrar a culpa *in elegendo* ou *in vigilando* da associação, mas, ante os arts. 4º e 5º da Lei de Introdução, mais viável seria admitir a responsabilidade civil objetiva das associações, aplicando-se os arts. 932 e 933, sob pena de instaurar no sistema uma lacuna axiológica.

Se houver, em detrimento do consumidor, abuso de direito, violação legal ou do contrato social, falência, insolvência ou encerramento das atividades da pessoa jurídica de direito privado em virtude de má administração, o magistrado poderá *desconsiderar a personalidade jurídica* da sociedade (art. 28, §§ 2º a 5º). E, além disso, as infrações das normas de defesa do consumidor ficarão sujeitas às *sanções administrativas* (art. 56, I a XII), sem prejuízo das de natureza civil e penal. A Lei n. 9.605/98, por sua vez, faz menção expressa à possiblidade de desconsideração da personalidade jurídica sempre que sua personalidade seja obstáculo ao ressarcimento de prejuízos causados à qualidade do meio ambiente (art. 4º), podendo, se constituída ou utilizada, preponderantemente, com o fim de permitir, facilitar ou ocultar a prática de crime contra o meio ambiente, ter decretada sua liquidação forçada, sendo seu patrimônio considerado instrumento do crime e como tal perdido em favor do Fundo Penitenciário Nacional (art. 24).

Como logo mais veremos o art. 50 do Código Civil e os arts. 133 a 137 do Código de Processo Civil também possibilitam a desconsideração da personalidade jurídica para confisco de bens de sócios que a utilizarem para praticar fraudes, promover desvios de patrimônio e de finalidade social.

1.9 DOMICÍLIO DAS PESSOAS JURÍDICAS DE DIREITO PRIVADO

As pessoas jurídicas também têm seu domicílio, que é a sua sede jurídica, onde os credores podem demandar o cumprimento das obrigações. Como não têm residência, é o local de suas atividades habituais, de seu governo, administração ou direção[61], ou, ainda, o determinado no ato constitutivo.

---

[61] GOMES, Orlando. Op. cit., p. 183; PEREIRA, Caio Mário da Silva. *Instituições*, cit., v. 1, p. 331; BEVILÁQUA, Clóvis. Op. cit., p.165; DINIZ, Maria Helena. *Curso de direito civil brasileiro*. 41. ed. São Paulo: Saraiva, v. 1, 2024. p. 329-330. *Vide: RT, 658*:99; *RJ, 178*:73.

As pessoas jurídicas de direito privado têm por domicílio o lugar onde funcionarem sua diretoria e administração ou onde elegerem domicílio especial nos seus estatutos ou atos constitutivos (CC, art. 75, IV; CPC, art. 53, III, *a* e *b*), devidamente registrados. A Súmula 363 do STF estabelece que "a pessoa jurídica de direito privado pode ser demandada no domicílio da agência ou estabelecimento em que se praticou o ato". Essa súmula é aplicável às empresas públicas (*RSTJ, 90*:41).

O art. 75, § 1º, admite a pluralidade do domicílio dessas pessoas jurídicas, desde que tenham diversos estabelecimentos, por exemplo, agências, escritórios de representação, departamentos, filiais, situados em comarcas diferentes, caso em que poderão ser demandadas no foro em que tiverem praticado o ato (*RT, 442*:210, *411*:176). De forma que o local de cada estabelecimento dotado de autonomia (*RT, 154*:142, *654*:194; *RF, 101*:529 e *35*:356) será considerado domicílio para os atos ou negócios nele efetivados, com o intuito de beneficiar os indivíduos que contratarem com a pessoa jurídica.

Reputa-se domiciliada no território nacional a empresa estrangeira que opere ou tenha no Brasil filial, agência sucursal, escritório, estabelecimento, agente ou representante (Lei n. 8.884/94, com a redação da Lei n. 10.149/2000, art. 2º, § 1º, ora revogado pela Lei n. 12.529/2011).

Se a sede da administração ou diretoria se acha no estrangeiro, ter-se-á por domicílio o lugar do estabelecimento situado no Brasil, onde as obrigações foram contraídas por qualquer das respectivas agências (CC, art. 75, § 2º, e CPC, art. 21, I, parágrafo único). Portanto, as pessoas jurídicas estrangeiras têm por domicílio, no que concerne às obrigações contraídas por suas filiais, o lugar em que elas estiverem, protegendo assim as pessoas que com elas contratam, evitando que tenham de acioná-las no estrangeiro, onde se encontra sua administração[62].

---

[62] FRANÇA, R. Limongi. *Manual de direito civil*. 3. ed. São Paulo: Revista dos Tribunais.

Capítulo 2
DESCONSIDERAÇÃO DA PERSONALIDADE JURÍDICA

2.1 ANTECEDENTES HISTÓRICOS E DELIMITAÇÃO CONCEITUAL DA DESCONSIDERAÇÃO DA PERSONALIDADE JURÍDICA

A pessoa jurídica é uma realidade autônoma, capaz de direitos e obrigações, independentemente dos membros que a compõem, com os quais não tem vínculo, agindo por si só, comprando, vendendo, alugando etc., sem qualquer ligação com a vontade individual das pessoas físicas que dela fazem parte. Realmente, seus componentes somente responderão por seus débitos dentro dos limites do capital social, ficando a salvo o patrimônio individual. Essa limitação da responsabilidade ao patrimônio da pessoa jurídica é uma consequência lógica de sua personalidade jurídica, constituindo uma de suas maiores vantagens. Se a pessoa jurídica não se confunde com as pessoas físicas que a compõem; se o patrimônio da sociedade personalizada não se identifica com o dos sócios, fácil será lesar credores, ou ocorrer abuso de direito, para subtrair-se a um dever, tendo-se em vista que os bens particulares dos sócios não podem ser executados antes dos bens sociais, havendo dívida da sociedade.

Ante sua independência e autonomia devido ao fato da exclusão da responsabilidade dos sócios, a pessoa jurídica, às vezes, tem sido utilizada de forma contrária à função social da propriedade e da empresa, servindo como instrumento para ocultação de bens dos sócios, sonegação e impostos, frustração de credores, desviando-se de seus princípios e fins, cometendo fraudes e desonestidades, provocando reações doutrinárias e jurisprudenciais que visam coibir tais abusos. Daí a importância da desconsideração da personalidade jurídica da associação e da sociedade.

A teoria da desconsideração da personalidade jurídica foi desenvolvida pelos tribunais norte-americanos, tendo em vista aqueles casos concretos, em que o controlador da sociedade a desviava de suas finalidades, para impedir fraudes mediante o uso da personalidade jurídica, responsabilizando seus membros. No direito contemporâneo, para designar tal teoria são utilizados os termos *Missachtung der rechtform der juristichen person* (Desconsideração da forma da pessoa jurídica), *Durchgriff der juristichen person* (Intervenção da pessoa jurídica) ou *lengung der juristichen person* (negação da pessoa jurídica), por autores e jurisprudência alemã; *disregard of legal entity* (desconsideração da pessoa jurídica), *to pierce the veil* (perfurar o véu), *to lift the curtain* (levantar a cortina), *to disregard the corporation fiction* (desconsiderar a ficção da corporação), *to pierce and look behind the veil of personality* (perfurar e olhar por trás do véu da personalidade) ou *to look the man behind the mask* (olhar o homem por trás da máscara), no direito norte-americano; *abus de la notion de personnalité sociale* (abuso da noção de personalidade social), no direito francês; e *superamento dela personalità giuridica* (superação da personalidade jurídica), na doutrina italiana. A doutrina da desconsideração da personalidade jurídica visa impedir a fraude contra credores, levantando o véu corporativo, desconsiderando a personalidade jurídica num dado caso concreto, ou seja, declarando a ineficácia especial da personalidade jurídica para determinados efeitos, portanto, para outros fins permanecerá incólume. Com isso, alcançar-se-ão pessoas e bens que dentro dela se escondem para fins ilícitos ou abusivos, pois a personalidade jurídica não pode ser um tabu que entrave a ação do órgão judicante, como assevera Oswaldo Aranha Bandeira de Mello, na Apelação Cível n. 105.835 (*RT*, *343*:181). Acertadas são as afirmações de Masnatta: "El uso desviado del rico instrumental que para la actividad de la vida negocial representan las personas colectivas se ha procurado *remediar* mediante la posibilidad de prescindir o desestimar la estructura formal del ente, para 'penetrar' en el sustrato personal y patrimonial del mismo, a efectos de poner de relieve los fines de los miembros que se cobijan tras la máscara de la persona jurídica"... "No puede legalizarse, en mérito a preceptos de lógica ni al dogma de la diversidad entre la persona jurídica y sus miembros, actos abusivos de ninguna naturaleza. Sería contrario al sentido del ordenamiento jurídico en su conjunto, el exagerado respeto la independencia de la personalidad del ente colectivo, cuando mediante el mismo se persigan fines contrarios a los que precisamente dieran lugar al reconocimiento de tal independencia"[1].

---

[1] DINIZ, Maria Helena. *Curso de direito civil brasileiro*: direito de empresa. 16. ed. rev. e atual. São Paulo: Saraiva, v. 8, 2024. p. 498-514; DINIZ, Maria Helena. *Curso de direito civil brasileiro*. 41. ed. São Paulo: Saraiva, v. 1, 2024. p. 345-358; MASNATTA, Héctor. *El abuso del derecho a través de la persona colectiva*. Rosario: Orbir, 1967; GONÇALVES, Carlos Roberto. *Direito civil brasileiro*: parte geral. 20. ed. São Paulo: Saraiva, v. 1, 2022. p. 273; DELGADO, Mário Luiz. A

Capítulo 2 • Desconsideração da personalidade jurídica

Será preciso não olvidar que a *disregard doctrine* pretende alcançar o detentor do comando efetivo da empresa (acionista controlador, *maître de l'affaire* ou *active share-holder*) e não os diretores assalariados ou empregados não participantes do controle acionário. Pressupõe a utilização fraudulenta da companhia pelo seu controlador, sendo que, na Inglaterra, observa Tunc, opera-se sua extensão aos casos de negligência ou imprudência, graves na conduta dos negócios (*reckless trading*), admitindo que se acione o administrador, se houver culpa grave (*misfeasance* e *breach of trust*), para que os danos causados à sociedade por atos praticados contra ela sejam indenizados. Nos Estados Unidos essa doutrina apenas tem sido aplicada se houver fraudes comprovadas, em que se utiliza a sociedade como mero instrumento ou simples agente do acionista controlador. Em tais casos de confusão do patrimônio da sociedade com o do acionista, induzindo terceiros em erro, tem-se admitido a desconsideração da personalidade jurídica para responsabilizar o controlador pessoalmente. A desconsideração da personalidade jurídica veio a permitir que o juiz não mais considere os efeitos de personificação

---

desconsideração da personalidade jurídica antes e depois da lei da liberdade econômica. *Direito civil, diálogos entre a doutrina e a jurisprudência*. Salomão e Tartuce (coords.). São Paulo: Atlas, v. 2, 2021. p. 233-268; CORREIA, Luís Alberto R. A desconsideração da personalidade jurídica: da origem ao sentido atual no Brasil. *Revista Síntese – Direito Civil e Processual Civil, 106*:98-114; CRUZ e TUCCI, José Rogério. Responsabilidade pela sucumbência no incidente de desconsideração da personalidade jurídica. *Liber Amicorum – Teresa Ancona Lopez*. Simão e Pavinatto (coords.). São Paulo: Almedina, 2021. p. 439-446; VIEGAS, Cláudia M. de A. R.; PALHARES, Franchesco Leopoldino. Incidente de desconsideração da personalidade jurídica à luz do novo Código de Processo Civil. *Revista Síntese – Direito de Família, 98*:45-56; FERREIRA, Hélio R. O incidente de desconsideração inversa da personalidade jurídica. *Revista Síntese – Direito Empresarial, 54*:22-38; MARTINS, Sérgio P. Martins. Desconsideração da personalidade jurídica da empresa. *Revista Síntese – Direito Empresarial, 54*:39-55; DOBARRO, Sérgio L. C.; VILLAVERDE, André. Reflexões em torno da teoria da desconsideração da personalidade jurídica no Código de Defesa do Consumidor, a controversa configuração de seu § 5º do art. 28 e sua relação com a função social da empresa. *Revista Jurídica Luso-Brasileira*, n. 2, ano 3, p. 957-994, 2017; PAZINI, Ronaldo Z. A desconsideração da personalidade jurídica como um golpe letal ao direito empresarial. *Revista Síntese – Direito Empresarial, 51*:41-45; XAVIER, José Tadeu. Primeiras reflexões sobre o incidente de desconsideração da personalidade jurídica. *Revista Síntese – Direito Empresarial, 48*:59 e s.; VERRUCOLI. *Il superamento della personalità giuridica della società di capitalle nella "Common Law"*. Milano, p. 189 e s.; SIMÃO FILHO, Adalberto. A superação da personalidade jurídica no processo falimentar. In: *Direito empresarial contemporâneo*. Adalberto Simão Filho e Newton De Lucca (coords.). São Paulo: Juarez de Oliveira, 2000. p. 12, 26 e 27; KOURY, Susy. *A desconsideração da personalidade jurídica*. Rio de Janeiro: Forense, 1993; COELHO, Fábio Ulhoa. *Desconsideração da personalidade jurídica*. São Paulo: Revista dos Tribunais, 1989.

ou da autonomia jurídica da sociedade para atingir e vincular a responsabilidade dos sócios, com o intuito de impedir a consumação de fraudes e o abuso de direitos cometidos, por meio da personalidade jurídica, que prejudiquem terceiro[2].

Na França há até uma lei, a de 13 de julho de 1967, que prevê, expressamente, a desconsideração em seu art. 99, ao dizer que em caso de falência ou concordata (recuperação judicial ou extrajudicial, no Brasil) de uma pessoa moral, sendo insuficiente o ativo, o juiz poderá, a requerimento do síndico (administrador judicial), ou de ofício, determinar que as dívidas sociais sejam suportadas, no todo ou em parte, solidariamente ou não, por todos os dirigentes sociais, de direito ou de fato, aparentes ou ocultos, remunerados ou não, ou por alguns deles. O seu art. 101 chega até a prescrever que o patrimônio pessoal do dirigente da pessoa jurídica falida ou em concordata seja atingido, provado que se haja utilizado da pessoa jurídica e, mascarando-se nela, tenha praticado atos mercantis em seu interesse

---

[2] DINIZ, Maria Helena. *Curso de direito civil brasileiro*: direito de empresa. 16. ed. rev. e atual. São Paulo: Saraiva, v. 8, 2024. p. 499-500; DELGADO, Mário Luiz. A desconsideração da personalidade jurídica antes e depois da lei da liberdade econômica. *Direito civil, diálogos entre a doutrina e a jurisprudência*. Salomão e Tartuce (coords.). São Paulo: Atlas, v. 2, 2021. p. 233-268; CORREIA, Luís Alberto R. A desconsideração da personalidade jurídica: da origem ao sentido atual no Brasil. *Revista Síntese – Direito Civil e Processual Civil*, 106:98-114; CRUZ e TUCCI, José Rogério. Responsabilidade pela sucumbência no incidente de desconsideração da personalidade jurídica. *Liber Amicorum – Teresa Ancona Lopez*. Simão e Pavinatto (coords.). São Paulo: Almedina, 2021. p. 439-446; VIEGAS, Cláudia M. de A. R.; PALHARES, Franchesco Leopoldino. Incidente de desconsideração da personalidade jurídica à luz do novo Código de Processo Civil. *Revista Síntese – Direito de Família*, 98:45-56; FERREIRA, Hélio R. O incidente de desconsideração inversa da personalidade jurídica. *Revista Síntese – Direito Empresarial*, 54:22-38; MARTINS, Sérgio P. Martins. Desconsideração da personalidade jurídica da empresa. *Revista Síntese – Direito Empresarial*, 54:39-55; DOBARRO, Sérgio L. C.; VILLAVERDE, André. Reflexões em torno da teoria da desconsideração da personalidade jurídica no Código de Defesa do Consumidor, a controversa configuração de seu § 5º do art. 28 e sua relação com a função social da empresa. *Revista Jurídica Luso-Brasileira*, n. 2, ano 3, p. 957-994, 2017; PAZINI, Ronaldo Z. A desconsideração da personalidade jurídica como um golpe letal ao direito empresarial. *Revista Síntese – Direito Empresarial*, 51:41-45; XAVIER, José Tadeu. Primeiras reflexões sobre o incidente de desconsideração da personalidade jurídica. *Revista Síntese – Direito Empresarial*, 48:59 e s.; VERRUCOLI. *Il superamento della personalità giuridica della società di capitale nella "Common Law"*. Milano, p. 189 e s.; SIMÃO FILHO, Adalberto. A superação da personalidade jurídica no processo falimentar. In: *Direito empresarial contemporâneo*. Adalberto Simão Filho e Newton De Lucca (coords.). São Paulo: Juarez de Oliveira, 2000. p. 12, 26 e 27; KOURY, Susy. *A desconsideração da personalidade jurídica*. Rio de Janeiro: Forense, 1993; COELHO, Fábio Ulhoa. *Desconsideração da personalidade jurídica*. São Paulo: Revista dos Tribunais, 1989.

Capítulo 2 • Desconsideração da personalidade jurídica 65

pessoal ou disposto dos bens sociais como próprios; ou, ainda, continuando de modo abusivo, em seu interesse pessoal, a atividade deficitária, da pessoa jurídica, que só poderá conduzir a cessão de pagamento[3].

A Itália admite a desconsideração apenas nas hipóteses de fraude à lei e ao contrato; a Suíça, nas de prática de atos economicamente proibidos ou que prejudiquem direitos dos credores ou que tornem válidos negócios simulados; a Espanha, nas de fraude à lei[4].

---

[3] DINIZ, Maria Helena. *Curso de direito civil brasileiro*: direito de empresa. 16. ed. rev. e atual. São Paulo: Saraiva, v. 8, 2024. p. 499-500; DELGADO, Mário Luiz. A desconsideração da personalidade jurídica antes e depois da lei da liberdade econômica. *Direito civil, diálogos entre a doutrina e a jurisprudência*. Salomão e Tartuce (coords.). São Paulo: Atlas, v. 2, 2021. p. 233-268; CORREIA, Luís Alberto R. A desconsideração da personalidade jurídica: da origem ao sentido atual no Brasil. *Revista Síntese – Direito Civil e Processual Civil, 106*:98-114; CRUZ e TUCCI, José Rogério. Responsabilidade pela sucumbência no incidente de desconsideração da personalidade jurídica. *Liber Amicorum – Teresa Ancona Lopez*. Simão e Pavinatto (coords.). São Paulo: Almedina, 2021. p. 439-446; VIEGAS, Cláudia M. de A. R.; PALHARES, Franchesco Leopoldino. Incidente de desconsideração da personalidade jurídica à luz do novo Código de Processo Civil. *Revista Síntese – Direito de Família, 98*:45-56; FERREIRA, Hélio R. O incidente de desconsideração inversa da personalidade jurídica. *Revista Síntese – Direito Empresarial, 54*:22-38; MARTINS, Sérgio P. Martins. Desconsideração da personalidade jurídica da empresa. *Revista Síntese – Direito Empresarial, 54*:39-55; DOBARRO, Sérgio L. C.; VILLAVERDE, André. Reflexões em torno da teoria da desconsideração da personalidade jurídica no Código de Defesa do Consumidor, a controversa configuração de seu § 5º do art. 28 e sua relação com a função social da empresa. *Revista Jurídica Luso-Brasileira*, n. 2, ano 3, p. 957-994, 2017; PAZINI, Ronaldo Z. A desconsideração da personalidade jurídica como um golpe letal ao direito empresarial. *Revista Síntese – Direito Empresarial, 51*:41-45; XAVIER, José Tadeu. Primeiras reflexões sobre o incidente de desconsideração da personalidade jurídica. *Revista Síntese – Direito Empresarial, 48*:59 e s.; VERRUCOLI. *Il superamento della personalità giuridica della società di capitale nella "Common Law"*. Milano, p. 189 e s.; SIMÃO FILHO, Adalberto. A superação da personalidade jurídica no processo falimentar. In: *Direito empresarial contemporâneo*. Adalberto Simão Filho e Newton De Lucca (coords.). São Paulo: Juarez de Oliveira, 2000. p. 12, 26 e 27; KOURY, Susy. *A desconsideração da personalidade jurídica*. Rio de Janeiro: Forense, 1993; COELHO, Fábio Ulhoa. *Desconsideração da personalidade jurídica*. São Paulo: Revista dos Tribunais, 1989.

Embora a Corte de Cassação francesa já tivesse, em 1908, estendido a um dos sócios a falência da sociedade ao decidir que "il ne s'était pas borné à remplir les fonctions de directeur de cette société, mais qu'en réalité les opérations sociales masquaient ses opérations personnelles", o grande número de decisões nesse sentido fez com que, em 1935, a França modificasse o art. 437, IV, do Código Comercial, por meio de um Decreto-lei de 8 de agosto de 1935.

[4] DINIZ, Maria Helena. *Curso de direito civil brasileiro*: direito de empresa. 16. ed. rev. e atual. São Paulo: Saraiva, v. 8, 2024. p. 500; DELGADO, Mário Luiz. A desconsideração da personalidade jurídica antes e depois da lei da liberdade econômica. *Direito civil, diálogos entre a doutrina e a jurisprudência*. Salomão e Tartuce (coords.). São Paulo: Atlas, v. 2, 2021. p. 233-268; CORREIA, Luís Alberto R. A desconsideração da personalidade jurídica: da origem ao sentido atual no Brasil. *Revista Síntese – Direito Civil e Processual Civil, 106*:98-114; CRUZ e TUCCI, José

No Brasil não havia que se falar em "desconsideração" no âmbito legal. Esse princípio só existia, entre nós, em alguns casos jurisprudenciais esparsos (*RT*, *825*:273, *819*:214, *763*:277, *749*:422, *719*:104, *791*:257, *784*:282, *785*:373; *711*:117, *786*:163, *778*:211, *657*:120, *614*:109, *457*:141, *342*:181, *387*:138, *418*:213, *484*:149, *580*:84, *492*:216, *511*:199, *673*:160, *713*:138; *JB*, *147*:286, *152*:247, *164*:294; *RJ*, *324*:133; *Ciência Jurídica*, *63*:107; *JTJRS*, *118*:258; *RJTAMG*, *64*:79). Todavia, a Consolidação das Leis do Trabalho, no art. 2º, § 2º, parece aplicar a teoria da desconsideração ao prescrever que "sempre que uma ou mais empresas, tendo, embora, cada uma delas, personalidade jurídica própria, estiverem sob a direção, controle ou administração de outra, constituindo grupo industrial, comercial ou de qualquer outra atividade econômica, serão, para os efeitos da relação de emprego, solidariamente responsáveis a empresa principal e cada uma das subordinadas"[5]. Após isso, a desconsideração da

---

Rogério. Responsabilidade pela sucumbência no incidente de desconsideração da personalidade jurídica. *Liber Amicorum – Teresa Ancona Lopez*. Simão e Pavinatto (coords.). São Paulo: Almedina, 2021. p. 439-446; VIEGAS, Cláudia M. de A. R.; PALHARES, Franchesco Leopoldino. Incidente de desconsideração da personalidade jurídica à luz do novo Código de Processo Civil. *Revista Síntese – Direito de Família*, *98*:45-56; FERREIRA, Hélio R. O incidente de desconsideração inversa da personalidade jurídica. *Revista Síntese – Direito Empresarial*, *54*:22-38; MARTINS, Sérgio P. Martins. Desconsideração da personalidade jurídica da empresa. *Revista Síntese – Direito Empresarial*, *54*:39-55; DOBARRO, Sérgio L. C.; VILLAVERDE, André. Reflexões em torno da teoria da desconsideração da personalidade jurídica no Código de Defesa do Consumidor, a controversa configuração de seu § 5º do art. 28 e sua relação com a função social da empresa. *Revista Jurídica Luso-Brasileira*, n. 2, ano 3, p. 957-994, 2017; PAZINI, Ronaldo Z. A desconsideração da personalidade jurídica como um golpe letal ao direito empresarial. *Revista Síntese – Direito Empresarial*, *51*:41-45; XAVIER, José Tadeu. Primeiras reflexões sobre o incidente de desconsideração da personalidade jurídica. *Revista Síntese – Direito Empresarial*, *48*:59 e s.; VERRUCOLI. *Il superamento della personalità giuridica della società di capitale nella "Common Law"*. Milano, p. 189 e s.; SIMÃO FILHO, Adalberto. A superação da personalidade jurídica no processo falimentar. In: *Direito empresarial contemporâneo*. Adalberto Simão Filho e Newton De Lucca (coords.). São Paulo: Juarez de Oliveira, 2000. p. 12, 26 e 27; KOURY, Susy. *A desconsideração da personalidade jurídica*. Rio de Janeiro: Forense, 1993; COELHO, Fábio Ulhoa. *Desconsideração da personalidade jurídica*. São Paulo: Revista dos Tribunais, 1989.

[5] DINIZ, Maria Helena. *Curso de direito civil brasileiro*: direito de empresa. 16. ed. rev. e atual. São Paulo: Saraiva, v. 8, 2024. p. 500; DELGADO, Mário Luiz. A desconsideração da personalidade jurídica antes e depois da lei da liberdade econômica. *Direito civil, diálogos entre a doutrina e a jurisprudência*. Salomão e Tartuce (coords.). São Paulo: Atlas, v. 2, 2021. p. 233-268; CORREIA, Luís Alberto R. A desconsideração da personalidade jurídica: da origem ao sentido atual no Brasil. *Revista Síntese – Direito Civil e Processual Civil*, *106*:98-114; CRUZ e TUCCI, José Rogério. Responsabilidade pela sucumbência no incidente de desconsideração da personalidade jurídica. *Liber Amicorum – Teresa Ancona Lopez*. Simão e Pavinatto (coords.). São Paulo: Alme-

Capítulo 2 • Desconsideração da personalidade jurídica

personalidade jurídica passou a ser mencionada expressamente no Código de Defesa do Consumidor de 1990, na Lei n. 9.605/98 (crimes ambientais), no Código Civil de 2002, na Lei n. 12.846/2013 (anticorrupção), art. 14, na Lei n. 14.230/2021 (Lei de Improbidade Administrativa), arts. 16, § 7º e 17, § 15, no Código de Processo Civil de 2015 e na Lei n. 14.112/2020 (que alterou a Lei n. 11.101/2005, sobre recuperação judicial, a extrajudicial e a falência do empresário e da sociedade empresária).

A personalidade jurídica incentiva o desenvolvimento das atividades econômicas, com redução de riscos. Desconsidera-se a personalidade jurídica da sociedade para possibilitar a transferência da responsabilidade para aqueles que a utilizaram indevidamente. Trata-se de medida protetiva que tem por escopo a preservação da sociedade e a tutela dos direitos de terceiros, que com ela efetivaram negócios. É uma forma de corrigir fraude em que o respeito à forma societária levaria a uma solução contrária à sua função e aos ditames legais. No mesmo teor de ideias, Marçal Justen Filho "reconhece a aplicação de desconsideração, não por um 'defeito' na estrutura da sociedade e, sim, por um defeito quanto à sua utilização. Só pode ser assim, porque a justificativa para a desconsideração reside justamente em ocorrer um descompasso entre a função abstratamente prevista para a pessoa jurídica e a função que ela concretamente realiza"[6]. Nas palavras do

---

dina, 2021. p. 439-446; VIEGAS, Cláudia M. de A. R.; PALHARES, Franchesco Leopoldino. Incidente de desconsideração da personalidade jurídica à luz do novo Código de Processo Civil. *Revista Síntese — Direito de Família*, *98*:45-56; FERREIRA, Hélio R. O incidente de desconsideração inversa da personalidade jurídica. *Revista Síntese — Direito Empresarial*, *54*:22-38; MARTINS, Sérgio P. Martins. Desconsideração da personalidade jurídica da empresa. *Revista Síntese — Direito Empresarial*, *54*:39-55; DOBARRO, Sérgio L. C.; VILLAVERDE, André. Reflexões em torno da teoria da desconsideração da personalidade jurídica no Código de Defesa do Consumidor, a controversa configuração de seu § 5º do art. 28 e sua relação com a função social da empresa. *Revista Jurídica Luso-Brasileira*, n. 2, ano 3, p. 957-994, 2017; PAZINI, Ronaldo Z. A desconsideração da personalidade jurídica como um golpe letal ao direito empresarial. *Revista Síntese — Direito Empresarial*, *51*:41-45; XAVIER, José Tadeu. Primeiras reflexões sobre o incidente de desconsideração da personalidade jurídica. *Revista Síntese — Direito Empresarial*, *48*:59 e s.; VERRUCOLI. *Il superamento della personalità giuridica della società di capitalle nella "Common Law"*. Milano, p. 189 e s.; SIMÃO FILHO, Adalberto. A superação da personalidade jurídica no processo falimentar. In: *Direito empresarial contemporâneo*. Adalberto Simão Filho e Newton De Lucca (coords.). São Paulo: Juarez de Oliveira, 2000. p. 12, 26 e 27; KOURY, Susy. *A desconsideração da personalidade jurídica*. Rio de Janeiro: Forense, 1993; COELHO, Fábio Ulhoa. *Desconsideração da personalidade jurídica*. São Paulo: Revista dos Tribunais, 1989.

[6] DINIZ, Maria Helena. *Curso de direito civil brasileiro*: direito de empresa. 16. ed. rev. e atual. São Paulo: Saraiva, v. 8, 2024. p. 502; DELGADO, Mário Luiz. A desconsideração da persona-

autor[7], "é a ignorância, para casos concretos e sem retirar a validade de ato jurídico específico, dos efeitos da personificação jurídica validamente reconhecida a uma ou mais sociedade, a fim de evitar um resultado incompatível com a função da pessoa jurídica".

Nesse sentido, leciona Alexandre Couto Silva[8]:

a desconsideração da personalidade jurídica não busca a anulação da personalidade jurídica em toda a sua extensão, mas apenas a declaração de sua ineficácia para determinado ato. Também não visa a destruir o princípio da separação da personalidade jurídica da sociedade da dos sócios, funcionando como um reforço ao instituto da pessoa jurídica, atingindo apenas o episódio sem atingir a validade do ato constitutivo da sociedade.

Uma vez esclarecido que, mesmo em face da desconsideração da personalidade jurídica, não se confundem as figuras de sociedade e sócio no

---

lidade jurídica antes e depois da lei da liberdade econômica. *Direito civil, diálogos entre a doutrina e a jurisprudência*. Salomão e Tartuce (coords.). São Paulo: Atlas, v. 2, 2021. p. 233-268; CORREIA, Luís Alberto R. A desconsideração da personalidade jurídica: da origem ao sentido atual no Brasil. *Revista Síntese – Direito Civil e Processual Civil, 106*:98-114; CRUZ e TUCCI, José Rogério. Responsabilidade pela sucumbência no incidente de desconsideração da personalidade jurídica. *Liber Amicorum – Teresa Ancona Lopez*. Simão e Pavinatto (coords.). São Paulo: Almedina, 2021. p. 439-446; VIEGAS, Cláudia M. de A. R.; PALHARES, Franchesco Leopoldino. Incidente de desconsideração da personalidade jurídica à luz do novo Código de Processo Civil. *Revista Síntese – Direito de Família, 98*:45-56; FERREIRA, Hélio R. O incidente de desconsideração inversa da personalidade jurídica. *Revista Síntese – Direito Empresarial, 54*:22-38; MARTINS, Sérgio P. Martins. Desconsideração da personalidade jurídica da empresa. *Revista Síntese – Direito Empresarial, 54*:39-55; DOBARRO, Sérgio L. C.; VILLAVERDE, André. Reflexões em torno da teoria da desconsideração da personalidade jurídica no Código de Defesa do Consumidor, a controversa configuração de seu § 5º do art. 28 e sua relação com a função social da empresa. *Revista Jurídica Luso-Brasileira*, n. 2, ano 3, p. 957-994, 2017; PAZINI, Ronaldo Z. A desconsideração da personalidade jurídica como um golpe letal ao direito empresarial. *Revista Síntese – Direito Empresarial, 51*:41-45; XAVIER, José Tadeu. Primeiras reflexões sobre o incidente de desconsideração da personalidade jurídica. *Revista Síntese – Direito Empresarial, 48*:59 e s.; VERRUCOLI. *Il superamento della personalità giuridica della società di capitale nella "Common Law"*. Milano, p. 189 e s.; SIMÃO FILHO, Adalberto. A superação da personalidade jurídica no processo falimentar. In: *Direito empresarial contemporâneo*. Adalberto Simão Filho e Newton De Lucca (coords.). São Paulo: Juarez de Oliveira, 2000. p. 12, 26 e 27; KOURY, Susy. *A desconsideração da personalidade jurídica*. Rio de Janeiro: Forense, 1993; COELHO, Fábio Ulhoa. *Desconsideração da personalidade jurídica*. São Paulo: Revista dos Tribunais, 1989.

[7] JUSTEN FILHO, Marçal. *Desconsideração da personalidade societária no direito brasileiro*. São Paulo: Revista dos Tribunais, 1987. p. 57.

[8] SILVA, Alexandre Couto. *Desconsideração da personalidade jurídica*: limites para a sua aplicação. São Paulo: Revista dos Tribunais, v. 780:47, dezembro/2000. p. 55-56.

Capítulo 2 • Desconsideração da personalidade jurídica

plano material, resta afastada a identidade de tais entes societários, ainda no plano processual. De igual forma, não se caracteriza a sucessão entre tais entes, no plano material ou processual, pois não há transmissão de posições jurídicas[9].

A admissão da imputação dos efeitos processuais de atos de uma pessoa jurídica a outra, todavia, é considerada pela teoria da desconsideração atributiva ou regulatória. A utilização de tal teoria, contudo, não foi regulada pelo direito brasileiro[10].

A desconsideração da personalidade jurídica para alcançar patrimônio de outras empresas do mesmo grupo econômico tem sido denominada de *desconsideração expansiva*. Por sua vez, quando os bens da pessoa jurídica são alcançados para pagamento de dívidas do sócio, a denominação adotada é desconsideração inversa da personalidade jurídica.

A doutrina e a jurisprudência brasileiras reconhecem duas principais teorias sobre a desconsideração da personalidade jurídica, quais sejam, a teoria maior (objetiva e subjetiva) e a teoria menor.

A chamada *teoria maior objetiva* requer a comprovação de fraude e do abuso dos sócios como requisito para a desconsideração da personalidade jurídica, não bastando mera insolvência ou dissolução irregular da pessoa jurídica; a *teoria maior subjetiva* junta a tais requisitos a existência de elementos anímicos ou intencionais para o ilícito. A *teoria menor*, por sua vez, admite a desconsideração apenas com base no prejuízo causado ao credor pela insolvência da pessoa jurídica, atingindo o patrimônio do sócio, ainda que não se verifique utilização fraudulenta da pessoa jurídica ou abuso da personalidade[11]; logo, a existência do abuso não teria relevância, bastando a insolvência do devedor inadimplente.

---

[9] LEITE, Clarisse Frechiani Lara; OLIVEIRA, Igor Campos. Teoria da desconsideração atributiva e os limites da defesa. In: *Desconsideração da personalidade jurídica*: aspectos materiais e processuais. RODRIGUES, Marcelo Abelha et al. (coord.). Indaiatuba, SP: Foco, 2023, p. 375-401. p. 379.

[10] LEITE, Clarisse Frechiani Lara; OLIVEIRA, Igor Campos. Teoria da desconsideração atributiva e os limites da defesa. In: *Desconsideração da personalidade jurídica*: aspectos materiais e processuais. RODRIGUES, Marcelo Abelha et al. (coord.). Indaiatuba, SP: Foco, 2023, p. 375-401. p. 380-381.

[11] GONÇALVES, Carlos Roberto. *Direito civil brasileiro*: parte geral. 20. ed. São Paulo: Saraiva, v. 1, 2022. p. 277; COELHO, Fábio Ulhoa. *Curso de direito comercial*. 5. ed. São Paulo: Saraiva, v. 2, 2002. p. 43-44; GAGLIANO, Pablo S.; PAMPLONA FILHO, Rodolfo. *Novo curso de direito*

A referida teoria maior objetiva da desconsideração da personalidade jurídica é adotada no direito civil brasileiro e afasta a personalidade jurídica da sociedade para afetar diretamente o patrimônio do sócio, responsável pelo ato ilícito (CC, art. 50), comprovado por meio do incidente próprio (CPC, arts. 133 e s.), sendo que a teoria menor foi a opção em outras áreas do direito, voltadas para proteção de vulneráveis, a exemplo do que se observa no direito do consumidor e no direito do trabalho, requerendo procedimento mais agressivo para proteger hipossuficientes o mero inadimplemento do fornecedor ou do empregador é motivo para afastar a personalidade jurídica e para responsabilizar sócios na satisfação da dívida social com seu patrimônio particular. A teoria menor nesses casos é aplicada por haver óbice ao ressarcimento dos casos do consumidor ou empregado.

Necessário se ressalvar, contudo, a crítica de Marcelo Abelha Rodrigues a tal terminologia. Conforme o referido autor, o que se convencionou denominar de teoria menor no Brasil é o caso de verdadeira responsabilidade patrimonial subsidiária, ou seja, casos em que a própria lei ou a convenção já determinem que o sócio responderá pelas obrigações da pessoa jurídica, responsável principal, no caso de insuficiência patrimonial desta, a exemplo do que dispõem o art. 28, § 5º, do Código de Defesa do Consumidor, e o art. 4º, da Lei n. 9.605/98. A conclusão de tal entendimento é que o responsável subsidiário deve ser inserido na inicial do processo, não cabendo incidente de desconsideração da personalidade jurídica[12].

Também apontando a imprecisão técnica da doutrina e jurisprudência brasileiras na utilização da expressão "teoria menor" para designar casos de responsabilidade patrimonial subsidiária, João Cânovas Bottazzo Ganacin, todavia, defende a possibilidade de utilização do incidente de desconsideração da personalidade jurídica em tais hipóteses por analogia, por ser uma alternativa para implementar o contraditório, quando o responsável subsidiário não tenha sido incluído na inicial do processo. Urge lembrar que em casos de responsabilidade ordinária e subsidiária dos sócios, como os em que se aplica a teoria menor, não haverá implicação o gestor se ele não for

---

civil: parte geral. 23. ed. São Paulo: Saraiva, v. 1, 2021. p. 287.

[12] RODRIGUES, Marcelo Abelha. Utilizar o instituto da desconsideração da personalidade jurídica para atingir alguém que já é responsável patrimonialmente? In: *Desconsideração da personalidade jurídica*: aspectos materiais e processuais. RODRIGUES, Marcelo Abelha et al. (coord.). Indaiatuba, SP: Foco, 2023, p. 265-293. p. 283 e 292.

Capítulo 2 • Desconsideração da personalidade jurídica   71

parte integrante do quadro social, visto que não participa do capital social, salvo em hipóteses de autêntica desconsideração, ou seja, quando se configurar abuso de personalidade jurídica[13].

2.2 FUNÇÃO SOCIAL DA EMPRESA E DESCONSIDERAÇÃO DA PERSONALIDADE JURÍDICA

A Constituição Federal de 1988 expressamente limita a iniciativa privada e a propriedade, materializando o ideal da socialidade[14], quando dispõe sobre a dignidade da pessoa (art. 1º, III), os valores sociais do trabalho e da livre iniciativa (art. 1º, IV) e a função social da propriedade (arts. 5º, XXIII, e 170, III). Desse entendimento é possível concluir pela existência da função social do contrato e da empresa, uma vez que tais institutos estão intimamente ligados à circulação da propriedade.

Conforme o art. 170, também na norma constitucional, que dispõe sobre os princípios gerais da atividade econômica, a ordem econômica é fundada na valorização do trabalho humano e na livre iniciativa, tem por

---

[13] GANACIN, João Cânovas Bottazzo. "Teoria maior" e "Teoria menor": faces da mesma moeda? In: *Desconsideração da personalidade jurídica*: aspectos materiais e processuais. RODRIGUES, Marcelo Abelha et al. (coord.). Indaiatuba, SP: Foco, 2023, p. 699-716. p. 711-713.

[14] REALE, Miguel. *O projeto de Código Civil*: situação atual e seus problemas fundamentais. São Paulo: Saraiva, 1986. p. 6. Sobre o tema, consulte: DINIZ, Maria Helena. *Curso de direito civil brasileiro*. 16. ed. rev. e atual. São Paulo: Saraiva, v. 8, 2024; SANTIAGO, Mariana Ribeiro. *O princípio da função social do contrato*. 2. ed. Curitiba: Juruá, 2008; DINIZ, Maria Helena; SANTIAGO, Mariana Ribeiro. A Lei n. 14.112/2020 e o seu papel na função social da empresa. *Revista de Direito Privado*. São Paulo, Revista dos Tribunais, v. 116, 2023, p. 181-198.

Vide: BETTI, Emílio. *Teoria geral do negócio jurídico*. Trad. Fernando de Miranda. Coimbra: Coimbra, t. I, 1969. p. 94; GOMES, Orlando. *Transformações gerais do direito das obrigações*. São Paulo: Revista dos Tribunais, 1967. p. 1-2; HEDEMMAN, J. W. *Tratado de derecho civil*: derecho de obrigaciones. Trad. José Luis Diez Pastor e Manuel Gonzalez Enriquez. Madri: Revista de Derecho Privado, v. III, 1958. p. 26; AZEVEDO, Antonio Junqueira de. Princípios do novo direito contratual e desregulamentação do mercado: direito de exclusividade nas relações contratuais de fornecimento: função social do contrato e responsabilidade aquiliana do terceiro que contribui para inadimplemento contratual. *Revista dos Tribunais*, São Paulo, a. 87, v. 750, p. 113-120, abr. 1998. p. 116-117; GORLA, Gino. *El contrato (Il contratto)*. Trad. José Ferrandis Vilella. Barcelona: Bosch, 1959. p. 244; GHERSI, Carlos Alberto. *Contratos civiles y comerciales*: partes general y especial. 3. ed., atual. e ampl. Buenos Aires: Astrea, 1994. p. 109; ROSS, Alf. *Direito e justiça*. Trad. Edson Bini. Bauru, SP: EDIPRO, 2000. p. 415; DUGUIT, León. *Las transformaciones del derecho*. Buenos Aires: Heliasta, 1975. p. 180-181; SANTOS, Antônio Jeová. *Função social, lesão e onerosidade excessiva nos contratos*. São Paulo: Método, 2002. p. 104; THEODORO JÚNIOR, Humberto. *O contrato e sua função social*. Rio de Janeiro: Forense, 2003. p. 55-56.

fim assegurar a todos existência digna, conforme os ditames da justiça social, e observa os princípios: da soberania nacional; da propriedade privada; da função social da propriedade; da livre concorrência; da defesa do consumidor; da defesa do meio ambiente; da redução das desigualdades regionais e sociais; da busca do pleno emprego; e do tratamento diferenciado para empresas de pequeno porte.

A livre iniciativa pode ser definida como a possibilidade de agir antes de qualquer outro, sem influência externa, como uma expressão da liberdade. Consagra-se, assim, uma economia de mercado, de natureza capitalista. O valor social, no caso, significa que essa atividade deve ser socialmente útil e que se procurará a realização da justiça social, do bem-estar social, moderando-se os excessos do capitalismo[15].

Conforme José Afonso da Silva[16],

> um regime de justiça social será aquele em que cada um deve poder dispor dos meios materiais para viver confortavelmente segundo as exigências de sua natureza física, espiritual e política. Não aceita as profundas desigualdades, a pobreza absoluta e a miséria. (...) A Constituição de 1988 é ainda mais incisiva no conceber a ordem econômica sujeita aos ditames da justiça social para o fim de assegurar a todos existência digna. Dá à justiça social um conteúdo preciso. Preordena alguns princípios da ordem econômica (...) que possibilitam a compreensão de que o capitalismo concebido há de humanizar-se (se é que isso seja possível).

O referido art. 170, como um todo, estabelece princípios gerais para a atividade econômica, os quais devem ser interpretados de forma harmônica entre si. Mais que isso, os nove incisos deste dispositivo devem ser compreendidos em conformidade aos outros princípios constitucionais, como a dignidade humana e a solidariedade social[17].

---

[15] CRETELLA JR. *Comentários à Constituição de 1988*. 3. ed. rev. Rio de Janeiro: Forense, v. I, 1992. p. 140-141; NUNES, Luiz Antonio Rizzatto. *Curso de direito do consumidor*. 8. ed. rev. e atual. São Paulo: Saraiva, 2013. p. 103-104; SILVA, José Afonso da. *Comentário contextual à Constituição*. 6. ed. atual. São Paulo: Malheiros, 2009. p. 788-789.

[16] SILVA, José Afonso da. *Comentário contextual à Constituição*. 6. ed. atual. São Paulo: Malheiros, 2009. p. 789-790.

[17] NUNES, Luiz Antonio Rizzatto. *Curso de direito do consumidor*. 8. ed. rev. e atual. São Paulo: Saraiva, 2013. p. 102.

Capítulo 2 • Desconsideração da personalidade jurídica 73

A Constituição Federal claramente garante a livre iniciativa e a propriedade privada, mas está fora de dúvida que isso não significa que, sendo proprietário, qualquer um pode se aventurar no mercado praticando a livre iniciativa, sem nenhuma preocupação de ordem ética no sentido de responsabilidade social, ou dispor de seus bens de forma destrutiva para si ou para outrem[18].

A exploração do mercado está, obviamente, calcada na livre iniciativa, garantida constitucionalmente. Todavia, a interpretação conjunta dos princípios da atividade econômica permitem concluir que: a) o mercado de consumo aberto à exploração não pertence ao explorador, mas à sociedade, e existe em função dela; b) o explorador tem responsabilidades a saldar no ato exploratório; c) o lucro é uma decorrência lógica da exploração, mas não pode ser ilimitado ao ponto de caracterizar dano ao mercado e à sociedade; d) o monopólio, o oligopólio e quaisquer outras práticas tendentes à dominação do mercado estão proibidos aos particulares; e e) uma vez que o lucro é legítimo, o risco é exclusivamente do empreendedor, pela sua livre escolha de empreender a atividade voltada para o consumidor, não podendo repassar-lhe esse ônus[19].

O mercado, mesmo enquanto uma ficção econômica, produz efeitos concretos na sociedade. Não é da propriedade, posse ou uso de ninguém em particular ou de um grupo específico, mas pertence à sociedade. Essa eficácia concreta é confirmada por sua exploração diuturna e histórica, a qual, todavia, não pode prejudicar o próprio mercado ou a sociedade. Ele é composto não apenas de empreendedores, mas também pelos consumidores, sem o que ele não existe[20].

Vale ressaltar, nesta oportunidade, as palavras de J. M. Othon Sidou[21]: "a lei não pode permitir que o indivíduo seja absolutamente livre para contratar, porque se o permitisse ele agiria, por índole, no interesse próprio,

---

[18] NUNES, Luiz Antonio Rizzatto. *Curso de direito do consumidor*. 8. ed. rev. e atual. São Paulo: Saraiva, 2013. p. 102-103.
[19] NUNES, Luiz Antonio Rizzatto. *Curso de direito do consumidor*. 8. ed. rev. e atual. São Paulo: Saraiva, 2013. p. 102-103.
[20] NUNES, Luiz Antonio Rizzatto. *Curso de direito do consumidor*. 8. ed. rev. e atual. São Paulo: Saraiva, 2013. p. 103.
[21] SIDOU, J. M. Othon. *A revisão judicial dos contratos e outras figuras jurídicas*. 2. ed. Rio de Janeiro: Forense, 1984. p. 167.

não no interesse social, e aquele que assim não procedesse constituiria de-
certo um caso sintomático à luz da psicanálise".

Haja vista que a própria Constituição de 1988 estabelece que a livre
iniciativa deve ter um valor social, sendo a empresa instrumento legal para
o exercício de iniciativas econômicas, é coerente se reconhecer a função
social da empresa. Já que a livre iniciativa é uma expressão da liberdade, a
possibilidade de agir de forma independente de qualquer outro, sem influ-
ências externas, o valor social deve ser interpretado como utilidade social
da atividade, para fins de realização da justiça social, do bem-estar social[22].

A razão de tal diametral mudança de paradigma são as patologias sociais evidenciadas no século XX, que condenaram o individualismo exacer-
bado à morte[23], a exemplo da crescente desigualdade social, proliferação da
pobreza e da fome, que geraram a necessidade de reconhecimento de clas-
ses vulneráveis econômica e socialmente.

A função social da empresa está comumente ligada à ideia de Estado
Social e suas conquistas, que envolvem, na perspectiva jurídica uma associação da dimensão econômica e social à perspectiva política típica do Estado

---

[22] CRETELLA JR. *Comentários à Constituição de 1988*. 3. ed. rev. Rio de Janeiro: Forense, v. I,
1992. p. 140-141.
[23] SANTIAGO, Mariana Ribeiro. *O princípio da função social do contrato*. 2. ed. Curitiba: Juruá,
2008.
Vide: BETTI, Emílio. *Teoria geral do negócio jurídico*. Trad. Fernando de Miranda. Coimbra:
Coimbra, t. I, 1969. p. 94; GOMES, Orlando. *Transformações gerais do direito das obrigações*. São
Paulo: Revista dos Tribunais, 1967. p. 1-2; HEDEMMAN, J. W. *Tratado de derecho civil: derecho
de obrigaciones*. Trad. José Luis Diez Pastor e Manuel Gonzalez Enriquez. Madri: Revista de
Derecho Privado, v. III, 1958. p. 26; AZEVEDO, Antonio Junqueira de. *Princípios do novo
direito contratual e desregulamentação do mercado: direito de exclusividade nas relações contratuais de fornecimento: função social do contrato e responsabilidade aquiliana do terceiro
que contribui para inadimplemento contratual*. *Revista dos Tribunais*, São Paulo, a. 87, v. 750, p.
113-120, abr. 1998. p. 116-117; GORLA, Gino. *El contrato (Il contratto)*. Trad. José Ferrandis
Vilella. Barcelona: Bosch, 1959. p. 244; GHERSI, Carlos Alberto. *Contratos civiles y comerciales*:
partes general y especial. 3. ed., atual. e ampl. Buenos Aires: Astrea, 1994. p. 109; ROSS, Alf.
Direito e justiça. Trad. Edson Bini. Bauru, SP: EDIPRO, 2000. p. 415; DUGUIT, León. *Las transformaciones del derecho*. Buenos Aires: Heliasta, 1975. p. 180-181; SANTOS, Antônio Jeová.
Função social, lesão e onerosidade excessiva nos contratos. São Paulo: Método, 2002. p. 104;
THEODORO JÚNIOR, Humberto. *O contrato e sua função social*. Rio de Janeiro: Forense,
2003. p. 55-56.

Capítulo 2 • Desconsideração da personalidade jurídica 75

liberal, funcionando como instituto de tutela dos hipossuficientes, na promoção da justiça social[24].

Por sua vez, a previsão expressa, no Código Civil, da função social da propriedade (art. 1.228, §1º) e do contrato (art. 421) permite, por interpretação sistemática e teleológica, a aplicação da socialidade aos institutos correlatos de direito privado, de forma a limitá-los, inclusive no que se refere ao direito empresarial, tendo em vista a unificação do direito obrigacional promovida por tal diploma, por influência do *Codice Civile* italiano. Vale ressaltar que a função social da empresa pode ser deduzida, ainda, dos arts. 116, parágrafo único, e 154, da Lei das Sociedades por Ações (Lei n. 6.404/76), embora se trate de legislação específica sobre tal espécie societária.

Tendo em vista a imprecisão terminológica da expressão "função social da empresa", contudo, surgem especulações sobre o seu real significado, ao sabor inclusive de determinados preconceitos ideológicos[25].

A empresa, no sentido econômico, pode ser definida como uma organização de fatores de produção e gestora de propriedades privadas[26]. Conforme Jaime Santos Briz[27],

la libertad de industria en sentido amplio (como libertad de creación de empresas y libertad de economía) encierra la libertad de competencia, la libertad de contratación, la de producción y la de consumo.

Já a ideia de função pode ser compreendida a partir de uma observação do organismo humano, onde a atividade continuada de cada determinado órgão é fundamental para a conservação e o desenvolvimento do organismo considerado como um todo. De forma semelhante, no âmbito social, o

---

[24] LÔBO, Paulo Luiz Netto. Princípios contratuais. In: LÔBO, Paulo Luiz Netto; LYRA JÚNIOR, Eduardo Messias Gonçalves de (coords.). *A teoria do contrato e o novo Código Civil*. Recife: Nossa Livraria, p. 9-23, 2003. p. 12-13.

[25] BONAVIDES, Paulo. *Do Estado liberal ao Estado social*. 3. ed. Rio de Janeiro: FGV, 1972. p. 203-204.

[26] REQUIÃO, Rubens. A co-gestão: a função social da empresa e o Estado de direito. *Revista Forense*, São Paulo, a. 74, v. 262, p. 31-39, abr.-jun./1978. p. 32.

[27] BRIZ, Jaime Santos. *La contratación privada*: sus problemas en el tráfico moderno. Madri: Montecorvo, 1966. p. 26.

poder individual deve ser exercido considerando-se o conjunto no qual se insere[28].

Já a palavra "social" significa, no conceito de J. W. Hedemman[29], "el punto de partida ideológico de la contraposición entre pobres y ricos o, como frecuentemente se dice en la literatura científica, entre los que tienen bienes y los desheredados".

A função social da empresa, assim, limita a vontade e o interesse dos detentores do capital, constituindo um poder-dever por parte do empresário e dos administradores da empresa, de buscar o equilíbrio entre as forças que cooperam para o desenvolvimento das finalidades empresariais, de modo a atingir as exigências do bem comum[30]. Limitar a empresa através de sua sociabilidade ou função social significa a democratização e moralização do governo da empresa e a realização de uma conduta que atenda aos superiores interesses do país e da sociedade[31].

---

[28] SANTOS, Antonio Jeová Santos. *Função social, lesão e onerosidade excessiva nos contratos*. São Paulo: Método, 2002. p. 103.

[29] HEDEMMAN, J. W. *Tratado de derecho civil:* derecho de obrigaciones. Trad. José Luis Diez Pastor e Manuel Gonzalez Enriquez. Madri: Revista de Derecho Privado, v. III, 1958. p. 26.

[30] SANTIAGO, Mariana Ribeiro; CAMPELLO, Lívia G. B. Função social e solidária da empresa na dinâmica da sociedade de consumo. *Scientia Iuris*, v. 20, n. 1, p. 119-143, abril/2016; SANTIAGO, Mariana Ribeiro. *O princípio da função social do contrato*. 2. ed. Curitiba: Juruá, 2008; TOMASEVICIUS FILHO, Eduardo. A função social da empresa. *Revista dos Tribunais*. São Paulo, a. 92, v. 810, p. 33-50, abr. 2003. p. 40. *Vide*: BETTI, Emílio. *Teoria geral do negócio jurídico*. Trad. Fernando de Miranda. Coimbra: Coimbra, t. I, 1969. p. 94; GOMES, Orlando. *Transformações gerais do direito das obrigações*. São Paulo: Revista dos Tribunais, 1967. p. 1-2; HEDEMMAN, J. W. *Tratado de derecho civil:* derecho de obrigaciones. Trad. José Luis Diez Pastor e Manuel Gonzalez Enriquez. Madri: Revista de Derecho Privado, v. III, 1958, p. 26; AZEVEDO, Antonio Junqueira de. Princípios do novo direito contratual e desregulamentação do mercado: direito de exclusividade nas relações contratuais de fornecimento: função social do contrato e responsabilidade aquiliana do terceiro que contribui para inadimplemento contratual. *Revista dos Tribunais*, São Paulo, a. 87, v. 750, p. 113-120, abr. 1998. p. 116-117; GORLA, Gino. *El contrato (Il contratto)*. Trad. José Ferrandis Vilella. Barcelona: Bosch, 1959. p. 244; GHERSI, Carlos Alberto. *Contratos civiles y comerciales*: partes general y especial. 3. ed., atual. e ampl. Buenos Aires: Astrea, 1994. p. 109; ROSS, Alf. *Direito e justiça*. Trad. Edson Bini. Bauru, SP: EDIPRO, 2000. p. 415; DUGUIT, León. *Las transformaciones del derecho*. Buenos Aires: Heliasta, 1975. p. 180-181; SANTOS, Antônio Jeová. *Função social, lesão e onerosidade excessiva nos contratos*. São Paulo: Método, 2002. p. 104; THEODORO JÚNIOR, Humberto. *O contrato e sua função social*. Rio de Janeiro: Forense, 2003. p. 55-56.

[31] WALD, Arnoldo. O empresário, a empresa e o Código Civil. In: FRANCIULLI NETTO, Domingos et al. (coord.). *O novo Código Civil:* estudos em homenagem ao Prof. Miguel Reale. São Paulo: LTR, p. 838-855, 2003. p. 854.

Capítulo 2 • Desconsideração da personalidade jurídica

A dificuldade de compatibilização entre a função social da empresa e o seu objetivo privado de produção de lucros, bem como o problema de se exigir que as empresas multinacionais e transnacionais tenham afinidade com os interesses locais, regionais ou nacionais são alguns dos argumentos utilizados pelos críticos da ideia de função social da empresa[32].

Obviamente, a interpretação do que venha a ser a função social da empresa deve partir do contexto de que o Brasil possui um sistema econômico capitalista, de matriz constitucional, o que implica dizer que o empresário pode de forma lícita e legítima almejar a obtenção de lucros. A limitação ocorre, todavia, para impedir que a empresa use sua força para atuar de forma a prejudicar o seu entorno, grupos sociais vulneráveis ou uma determinada coletividade, dentro de uma visão de que a empresa também é agente do desenvolvimento nacional. Pagando seus impostos adequadamente, respeitando as legislações trabalhista, consumerista e concorrencial, não praticando crimes financeiros e ambientais, por exemplo, a empresa se direciona para o cumprimento da sua função social.

Nessa linha, o fenômeno da desconsideração da personalidade jurídica também pode ser apontado como um reflexo da função social, onde o interesse dos sócios da empresa deve ser limitado pelo interesse social, evitando-se que a empresa lese terceiros sob a blindagem normativa de que não se confundem a personalidade e o patrimônio da pessoa jurídica e a pessoa física dos sócios[33]. É nesse sentido que o Código Civil estabelece

---

[32] BITELI, Marcos. Da função social para a responsabilidade da empresa. In: VIANA, Rui Geraldo Camargo; NERY, Rosa Maria de Andrade (orgs.). *Temas atuais de direito civil na Constituição Federal*. São Paulo: Revista dos Tribunais, p. 229-276, 2000. p. 239.

[33] SANTIAGO, Mariana Ribeiro; CAMPELLO, Lívia G. B. Função social e solidária da empresa na dinâmica da sociedade de consumo. *Scientia Iuris*, v. 20, n. 1, p. 119-143, abril/2016; SANTIAGO, Mariana Ribeiro. *O princípio da função social do contrato*. 2. ed. Curitiba: Juruá, 2008; JUSTEN FILHO, Marçal. *Desconsideração da personalidade societária no direito brasileiro*. São Paulo: Revista dos Tribunais, 1987. p. 57; REQUIÃO, Rubens. Abuso de direito e fraude através da personalidade jurídica. *Revista dos Tribunais*, São Paulo, ano 2002, v. 803, p. 751-764, set. 2002. p. 753.

Vide: BETTI, Emílio. *Teoria geral do negócio jurídico*. Trad. Fernando de Miranda. Coimbra: Coimbra, t. I, 1969. p. 94; GOMES, Orlando. *Transformações gerais do direito das obrigações*. São Paulo: Revista dos Tribunais, 1967. p. 1-2; HEDEMMAN, J. W. *Tratado de derecho civil*: derecho de obrigaciones. Trad. José Luis Diez Pastor e Manuel Gonzalez Enriquez. Madri: Revista de Derecho Privado, v. III, 1958. p. 26; AZEVEDO, Antonio Junqueira de. Princípios do novo direito contratual e desregulamentação do mercado: direito de exclusividade nas relações contratuais de fornecimento: função social do contrato e responsabilidade aquiliana do terceiro que contri-

expressamente a possibilidade de desconsideração da personalidade jurídica no seu art. 50, tema tratado também nos arts. 133 a 137, do Código de Processo Civil, sendo que tal ideia já estava materializada anteriormente no Código de Defesa do Consumidor, no seu art. 28.

A pessoa jurídica é uma realidade autônoma, capaz de direitos e obrigações, independentemente dos membros que a compõem. Em decorrência disso, seus componentes somente responderão por seus débitos dentro dos limites do capital social, ficando a salvo o patrimônio individual. Se o patrimônio da sociedade personalizada não se identifica com o dos sócios, tal blindagem patrimonial pode ser usada para lesar credores, ou ocorrer abuso de direito, para subtrair-se de um dever.

Ante sua grande independência e autonomia devido ao fato da exclusão da responsabilidade dos sócios, a pessoa jurídica, às vezes, tem-se desviado de seus princípios e fins, cometendo fraudes e desonestidades, provocando reações legislativas, doutrinárias e jurisprudenciais que visam coibir tais abusos, desconsiderando sua personalidade jurídica.

Os tribunais declaram que há diferença de personalidade entre a sociedade e seus sócios, só que a da pessoa jurídica não constitui um direito absoluto por estar sujeita às teorias da fraude contra credores e do abuso de direito, tudo sob a égide do princípio da função social da empresa.

Há a mais completa independência entre os sócios ou associados e as pessoas jurídicas de que fazem parte, inexistindo qualquer responsabilidade daqueles para com as dívidas destas. Somente em raríssimas exceções, previstas em lei, é que o sócio poderá ser demandado pelo pagamento do débito, tendo direito de exigir que sejam primeiro excutidos os bens da sociedade[34].

---

bui para inadimplemento contratual. *Revista dos Tribunais*, São Paulo, a. 87, v. 750, p. 113-120, abr. 1998. p. 116-117; GORLA, Gino. *El contrato (Il contratto)*. Trad. José Ferrandis Vilella. Barcelona: Bosch, 1959. p. 244; GHERSI, Carlos Alberto. *Contratos civiles y comerciales*: partes general y especial. 3. ed., atual. e ampl. Buenos Aires: Astrea, 1994. p. 109; ROSS, Alf. *Direito e justiça*. Trad. Edson Bini. Bauru, SP: EDIPRO, 2000. p. 415; DUGUIT, León. *Las transformaciones del derecho*. Buenos Aires: Heliasta, 1975. p. 180-181; SANTOS, Antônio Jeová. *Função social, lesão e onerosidade excessiva nos contratos*. São Paulo: Método, 2002. p. 104; THEODORO JÚNIOR, Humberto. *O contrato e sua função social*. Rio de Janeiro: Forense, 2003. p. 55-56.

[34] O Tribunal de Alçada Civil de São Paulo assim se pronunciou (*RT, 456*:151): "A penhora de bens de sócios para pagamento de dívida fiscal só se justifica se a impossibilidade do cumprimento das obrigações pela sociedade resulta de atos ou omissões pelos quais sejam os sócios responsáveis".

Convém ressaltar que a desconsideração da personalidade da *associação civil* é possível mas só se limita aos dirigentes[35]. Realmente, a 3ª Turma do STJ decidiu, por unanimidade, a admissibilidade da desconsideração da personalidade jurídica da associação civil, mas a responsabilidade patrimonial deve se limitar aos associados em posição de poder na coordenação da entidade, visto que os demais associados têm pouca influência nas práticas associativas irregulares. Diante das infrutíferas investidas sobre o patrimônio da associação se reconheceu ocorrência de abuso e admitiu a desconsideração para apreender bens dos dirigentes, apesar de não haver no ordenamento jurídico nenhuma norma nesse sentido, visto que a associação ao usar no caso *sub judice* indevidamente marca, desvirtuando seu propósito por visar o lucro (REsp 1812929, rel. Min. Belizze).

A desconsideração da personalidade jurídica corresponsabilizará patrimônio da associação ou da sociedade e os de seus membros, derrubando, temporariamente, a teoria da separação patrimonial na hipótese de ocorrência de ilegalidades.

Pelo Enunciado n. 7 do Centro de Estudos Judiciários do Conselho da Justiça Federal, "Só se aplica a desconsideração da personalidade jurídica quando houver a prática de ato irregular, e, limitadamente, aos administradores ou sócios que nela hajam incorrido" e pelo Enunciado n. 51, "A teoria da desconsideração da personalidade jurídica (*disregard doctrine*) fica positivada no novo Código Civil, mantidos os parâmetros existentes nos microssistemas legais e na construção jurídica sobre o tema". Pelo seu Enunciado n. 146 (aprovado na Jornada de Direito Civil de 2004): "Nas relações civis, interpretam-se restritivamente os parâmetros de desconsideração da personalidade jurídica previstos no art. 50 (desvio de finalidade social ou confusão patrimonial)". Tal Enunciado em nada prejudica o seu Enunciado n. 7, acima mencionado.

Pelo Enunciado n. 91: "A desconsideração da personalidade jurídica de sociedades integrantes de mesmo grupo societário (de fato ou de direito) exige a comprovação dos requisitos do art. 50 do Código Civil por meio do incidente de desconsideração da personalidade jurídica ou na forma do art. 134, § 2º, do Código de Processo Civil" (aprovado na III Jornada de Direito Comercial). Há desconsideração indireta se houver sociedades coligadas, controladoras e controladas, e uma delas se vale disso para lesar credores. A desconsideração se aplica às sociedades que estão no mesmo grupo para alcançar a que praticou a fraude e está encoberta pelas coligadas.

Quando o sócio utiliza patrimônio de pessoa jurídica para realizar pagamentos pessoais, ter-se-á confusão patrimonial, por afastar bons negócios, por falta de transparência nas informações contábeis e ausência de exatidão na apuração do lucro e dar azo à desconsideração da personalidade jurídica, por desvio de finalidade. O certo é estipular uma retirada mensal (pró-labore) para que o sócio pague essas despesas.

[35] RESPONSABILIZAÇÃO subsidiária de sócios não se aplica a associação civil. Notícias STJ – Superior Tribunal de Justiça, 2017. Disponível em: <https://www.stj.jus.br/sites/portalp/Paginas/Comunicacao/Noticias-antigas/2017/2017-04-28_09-27_Responsabilizacao-subsidiaria-de-socios-nao-se-aplica-a-associacao-civil.aspx>. Acesso em: 9-8-2023.

2.3 REGULAMENTAÇÃO DA DESCONSIDERAÇÃO DA PERSONALIDADE JURÍDICA NO CÓDIGO CIVIL

Antes de tratar especificamente da desconsideração da personalidade jurídica, o Código Civil, em seu art. 49-A (com redação da Lei n. 13.874/2019) reafirma a blindagem patrimonial da pessoa jurídica, ao dispor que "a pessoa jurídica não se confunde com os seus sócios, associados, instituidores ou administradores. Parágrafo único. A autonomia patrimonial das pessoas jurídicas é um instrumento lícito de alocação e segregação de riscos, estabelecido pela lei com a finalidade de estimular empreendimentos, para a geração de empregos, tributo, renda e inovação em benefício de todos".

Já em seu art. 50 (§§ 1º e 5º, com a redação da Lei n. 13.874/2019), o Código Civil teve inspiração na doutrina da desconsideração ao estatuir: "Em caso de abuso de personalidade jurídica, caracterizado pelo desvio de finalidade, ou pela confusão patrimonial, pode o juiz a requerimento da parte, ou do Ministério Público quando lhe couber intervir no processo, desconsiderá-la para que os efeitos de certas e determinadas relações de obrigações sejam estendidos aos bens particulares dos administradores ou sócios da pessoa jurídica beneficiados direta ou indiretamente pelo abuso". Logo, o procedimento executivo atinge apenas sócio (minoritário ou não) que tiver sido beneficiado direta ou indiretamente pela fraude. Assim, deve ser afastado da responsabilidade sócio, sem poderes de administração, que não contribuiu para a prática dos atos fraudulentos (STJ, REsp 1.861.306 – SP, rel. Min. Villas Bôas Cueva – 3ªT., j. 2-2-2021). Desvio de finalidade se funda no dolo por ser o uso da pessoa jurídica com o propósito de lesar credores e para a prática de atos ilícitos de qualquer natureza, mas a mera expansão ou alteração da finalidade econômica específica da pessoa jurídica não constitui desvio de finalidade. Confusão patrimonial exige *culpa*, caracterizando-se pela ausência de separação de fato entre os patrimônios caracterizada por: cumprimento repetitivo pela sociedade de obrigações do sócio ou do administrador; transferência de ativos ou de passivos sem efetivar contraprestações, exceto os de valor proporcionalmente insignificante e outros atos de descumprimento de autonomia patrimonial. Há uma prática administrativa imprudente, negligente ou imperita.

Pelo Código Civil (art. 50, §§ 1º e 2º), quando a pessoa jurídica se *desviar dos fins* que determinaram sua constituição, em razão do fato de os sócios ou administradores a utilizarem para alcançar finalidade diversa do

Capítulo 2 • Desconsideração da personalidade jurídica

objetivo societário para prejudicar alguém ou fazer mau uso da finalidade social, ou quando houver *confusão patrimonial* (mistura do patrimônio social com o particular do sócio, causando dano a terceiro) em razão de abuso da personalidade jurídica, o magistrado, a pedido do interessado ou do Ministério Público, está autorizado, com base na prova material do dano, a desconsiderar, episodicamente, a personalidade jurídica, para coibir fraudes e abusos dos sócios que dela se valeram como escudo, sem importar essa medida numa dissolução da pessoa jurídica. Com isso, subsiste o princípio da autonomia subjetiva da pessoa coletiva distinta da pessoa de seus sócios, mas tal distinção é afastada, provisoriamente, para um dado caso concreto.

Ressalte-se que o referido dispositivo legal estende à desconsideração da personalidade jurídica para que se atinja o patrimônio dos administradores da pessoa jurídica, o que pode aferir maior efetividade ao instituto, haja vista a possibilidade de o verdadeiro "dono" da empresa administrá-la sem constar formalmente em seu registro, em prática conhecida como "alaranjamento"[36].

Nesse ponto, há controvérsias sobre a responsabilidade do sócio minoritário, como veremos mais adiante, no caso de desconsideração da personalidade jurídica, considerando que estes possuem menor percentual no capital social da empresa e, consequentemente, limitações em termos de gestão e decisão, tornando-se, por vezes, vulneráveis em relação aos sócios majoritários. Segundo a teoria da responsabilidade total, o sócio minoritário deve ser responsabilizado, com direito de regresso em relação aos sócios majoritários, uma vez que sua condição de vulnerabilidade não se opõe a terceiros. Já a teoria da responsabilidade proporcional entende que o ônus do sócio minoritário se restringe ao capital integralizado por este. Por fim, a teoria da isenção da responsabilidade defende que o sócio minoritário só poderá ser responsabilizado se de fato contribuiu pessoalmente para o abuso de personalidade[37].

---

[36] GAGLIANO, Pablo Stolze; PAMPLONA FILHO, Rodolfo. *Novo curso de direito civil*: parte geral. 23. ed. São Paulo: Saraiva, v. 1, 2021. p. 290.

[37] VITORELLI, Edilson; SILVA, Giovanna Miguel Covre da. Os limites da responsabilidade do sócio minoritário na aplicação do incidente de desconsideração da personalidade jurídica: uma análise empírica das decisões do Tribunal de Justiça de São Paulo. In: *Desconsideração da personalidade jurídica*: aspectos materiais e processuais. RODRIGUES, Marcelo Abelha et al. (coord.). Indaiatuba, SP: Foco, 2023. p. 655-678.

O entendimento da isenção de responsabilidade foi prestigiado pelo Enunciado 07, da I Jornada de Direito Civil do Conselho de Justiça Federal, o qual dispõe: "Só se aplica a desconsideração da personalidade jurídica quando houver a prática de ato irregular e, limitadamente, aos administradores ou sócios que nela hajam incorrido". A jurisprudência, contudo, oscila, tendo, em alguns casos, restringido a condenação do próprio sócio majoritário que não tenha participado dos atos de gestão e, em outros, condenando o sócio minoritário[38].

---

[38] "RECURSO ESPECIAL. CIVIL E PROCESSUAL CIVIL. FALÊNCIA. DESCONSIDERAÇÃO DA PERSONALIDADE JURÍDICA. SÓCIO MAJORITÁRIO. ATOS DE GESTÃO. INEXISTÊNCIA. AUSÊNCIA. POLO PASSIVO. EXCLUSÃO. 1. Para fins de aplicação da Teoria Maior da desconsideração da personalidade jurídica (art. 50 do CC/2002), exige-se a comprovação de abuso caracterizado pelo desvio de finalidade (ato intencional dos sócios com intuito de fraudar terceiros) ou confusão patrimonial, requisitos que não se presumem mesmo em casos de dissolução irregular ou de insolvência da sociedade empresária. 2. Vai muito além da extensão pretendida pelo legislador admitir que os efeitos da desconsideração da personalidade jurídica atinjam o sócio que, a despeito de deter a posição de majoritário, nunca participou dos atos sociais da empresa, menos ainda na condição de administrador. 3. Recurso especial provido" (STJ, REsp n. 1.686.162/SP, rel. Ministro Ricardo Villas Bôas Cueva, Terceira Turma, j. em 26-11-2019, DJe de 3-12-2019).

"AGRAVO INTERNO NO RECURSO ESPECIAL. EMBARGOS À EXECUÇÃO. DESCONSIDERAÇÃO DA PERSONALIDADE JURÍDICA. SOCIEDADE LIMITADA. PROVIDÊNCIA QUE ALCANÇA O PATRIMÔNIO DE TODOS OS SÓCIOS INDISTINTAMENTE. PRECEDENTES. REQUERIMENTO DA PARTE AGRAVADA DE APLICAÇÃO DA MULTA PREVISTA NO § 4º DO ART. 1.021 DO CPC/2015. INAPLICABILIDADE. AGRAVO IMPROVIDO. 1. O entendimento desta Corte é de que 'para os efeitos da desconsideração da personalidade jurídica, não há fazer distinção entre os sócios da sociedade limitada. Sejam eles gerentes, administradores ou quotistas minoritários, todos serão alcançados pela referida desconsideração' (REsp n. 1.250.582/MG, rel. Ministro Luis Felipe Salomão, Quarta Turma, j. em 12-4-2016, DJe de 31-5-2016). 2. A aplicação da multa prevista no § 4º do art. 1.021 do CPC/2015 não é automática, não se tratando de mera decorrência lógica do desprovimento do agravo interno em votação unânime. A condenação do agravante ao pagamento da aludida multa, a ser analisada em cada caso concreto, em decisão fundamentada, pressupõe que o agravo interno mostre-se manifestamente inadmissível ou que sua improcedência seja de tal forma evidente que a simples interposição do recurso possa ser tida, de plano, como abusiva ou protelatória, o que, contudo, não se verifica na hipótese examinada. 3. Agravo interno a que se nega provimento" (STJ, AgInt no REsp n. 1.757.106/SP, rel. Ministro Marco Aurélio Bellizze, Terceira Turma, j. em 2-9-2019, DJe de 13-9-2019).

"CIVIL. PROCESSUAL CIVIL. RECURSO ESPECIAL. RECURSO MANEJADO SOB A ÉGIDE DO NCPC. AGRAVO DE INSTRUMENTO. AÇÃO DE ROMPIMENTO CONTRATUAL E INDENIZAÇÃO POR DANOS MORAIS E MATERIAIS. FASE DE CUMPRIMENTO DE SENTENÇA. RELAÇÃO DE CONSUMO. AUSÊNCIA DE ATIVOS FINANCEIROS DA EMPRESA EXECUTADA. VIOLAÇÃO DO ART. 1.022, II, DO NCPC. NÃO CONFIGURADA. DESCONSIDERAÇÃO DA PESSOA JURÍDICA. ART. 28, § 5º, DO CDC

Capítulo 2 • Desconsideração da personalidade jurídica   83

(TEORIA MENOR) QUE NÃO EXIGE A PRÁTICA DE ATOS FRAUDULENTOS, MAS NÃO POSSUI A HIPÓTESE DE RESPONSABILIZAÇÃO DO ADMINISTRADOR. ART. 50 DO CC (TEORIA MAIOR) QUE PERMITE A RESPONSABILIZAÇÃO DO ADMINISTRADOR NÃO SÓCIO, MAS EXIGE QUE AS OBRIGAÇÕES CONTRAÍDAS TENHAM SIDO REALIZADAS COM EXCESSO DE PODER OU DESVIO DO OBJETO SOCIAL. TRIBUNAL DE ORIGEM QUE NÃO INDICOU NENHUMA PRÁTICA DE ATO IRREGULAR OU FRAUDULENTO PELO ADMINISTRADOR NÃO SÓCIO. RESPONSABILIZAÇÃO INDEVIDA. RECURSO ESPECIAL CONHECIDO E PARCIALMENTE PROVIDO. 1. Aplicabilidade do NCPC a este recurso ante os termos do Enunciado Administrativo n. 3 aprovado pelo Plenário do STJ na sessão de 9-3-2016: Aos recursos interpostos com fundamento no CPC/2015 (relativos a decisões publicadas a partir de 18 de março de 2016) serão exigidos os requisitos de admissibilidade recursal na forma do novo CPC. 2. De acordo com a jurisprudência desta Corte, a contradição ou obscuridade remediáveis por embargos de declaração são aquelas internas ao julgado embargado, devido a desarmonia entre a fundamentação e as conclusões da própria decisão; já a omissão, que enseja o oferecimento de embargos de declaração, consiste na falta de manifestação expressa sobre algum fundamento de fato ou de direito ventilado nas razões recursais. No caso dos autos houve manifestação do Tribunal de origem, ainda que em sentido contrário ao pretendido pela parte. Violação do art. 1.022 do NCPC não configurada. 3. Esta Corte já consolidou o entendimento de que nas relações jurídicas de natureza civil-empresarial, adota-se a teoria maior, segundo a qual a desconsideração da personalidade jurídica é medida excepcional que permite sejam atingidos os bens das pessoas naturais (sócios ou administradores), de modo a responsabilizá-las pelos prejuízos que, em fraude ou abuso, causaram a terceiros, nos termos do art. 50 do CC. 4. É possível atribuir responsabilidade ao administrador não sócio, por expressa previsão legal. Contudo, tal responsabilização decorre de atos praticados pelo administrador em relação as obrigações contraídas com excesso de poder ou desvio do objeto social. 5. A responsabilidade dos administradores, nestas hipóteses, é subjetiva, e depende da prática do ato abusivo ou fraudulento. No caso dos autos, não foi consignada nenhuma prática de ato irregular ou fraudulento do administrador. 6. O art. 50 do CC, que adota a teoria maior e permite a responsabilização do administrador não sócio, não pode ser analisado em conjunto com o § 5º do art. 28 do CDC, que adota a teoria menor, pois este exclui a necessidade de preenchimento dos requisitos previstos no *caput* do art. 28 do CDC permitindo a desconsideração da personalidade jurídica, por exemplo, pelo simples inadimplemento ou pela ausência de bens suficientes para a satisfação do débito. Microssistemas independentes. 7. As premissas adotadas pelo Tribunal de origem não indicaram nenhuma prática de ato irregular ou fraudulento pelo administrador não sócio. 8. Assim, não havendo previsão expressa no código consumerista quanto à possibilidade de se atingir os bens do administrador não sócio, pelo simples inadimplemento da pessoa jurídica (ausência de bens) ou mesmo pela baixa registral da empresa executada, é forçoso reconhecer a impossibilidade de atribuição dos efeitos da desconsideração da personalidade jurídica ao administrador não sócio. 9. Recurso especial conhecido e parcialmente provido" (STJ, REsp n. 1.658.648/SP, rel. Ministro Moura Ribeiro, Terceira Turma, j. em 7-11-2017, *DJe* de 20-11-2017).

"RECURSOS ESPECIAIS. MINISTÉRIO PÚBLICO DE MINAS GERAIS. AFRONTA AO ARTIGO 535 DO CPC. INOBSERVÂNCIA. DANOS MORAIS COLETIVOS. CABIMENTO. RAMIRES TOSATTI JÚNIOR. VIOLAÇÃO AO ARTIGO 535 DO CPC. DESCABIMENTO. LIMITAÇÃO DA DESCONSIDERAÇÃO DA PERSONALIDADE JURÍDICA AOS SÓCIOS QUE EXERCEM CARGO DE GERÊNCIA OU ADMINISTRAÇÃO DA SOCIEDADE LIMITADA. IMPOSSIBILIDADE. MULTA. ARTIGO 538, PARÁGRAFO ÚNICO, DO CPC. AFASTAMENTO. RECURSOS PARCIALMENTE PROVIDOS. 1. Recurso interposto pelo Ministério Público de Minas Gerais. 1.1. O Tribunal *a quo* dirimiu as questões pertinentes ao

Contudo, a jurisprudência não é unânime, o STJ já decidiu que admite a incursão no patrimônio de pessoas físicas, "não há distinção entre os sócios da sociedade empresária no que diz respeito à *disregard doctrine*, de forma que todos eles serão alcançados" (STJ, Ag. Inst. no AREsp 1347243/SP, rel. Min. Marco Aurélio Bellizze, 3ªT., j. 18-3-2019).

Na sociedade de responsabilidade ilimitada (por exemplo, a sociedade em nome coletivo, CC, art. 1.039), a norma requer que as obrigações sejam imputadas solidariamente aos sócios, se a pessoa jurídica for insolvente, pouco importando se houve participação de todos no abuso ou se a dívida for maior do que o montante do capital investido ou fraude. Todavia, a doutrina não associa esse comando legal à desconsideração. Não se pode

---

litígio, afigurando-se dispensável que o órgão julgador examine uma a uma as alegações e os fundamentos expendidos pelas partes. Diante disso, não se observa violação ao art. 535 do CPC. 1.2. Estão presentes os requisitos para a concessão do dano moral coletivo, já que, na espécie, restou demonstrada a prática de ilegalidade perpetrada pelo Grupo empresarial, a qual afeta não apenas a pessoa do investidor (indivíduo), mas todas as demais pessoas (coletividade) que na empresa depositaram sua confiança e vislumbraram a rentabilidade do negócio. 1.3. Diante das nuances que se apresentam no caso em comento, estar-se-ia adequado à função do dano moral coletivo fixar a quantia de R$ 100.000,00 (cem mil reais) a ser revertida ao fundo constante do art. 13 da Lei n. 7.347/85. 2. Recurso interposto por Ramires Tosatti Júnior. 2.1. Não se vislumbra a alegada violação ao art. 535 do CPC, pois não caracteriza, por si só, omissão, contradição ou obscuridade, o fato de o tribunal ter adotado outro fundamento que não aquele defendido pela parte. 2.2. Para os efeitos da desconsideração da personalidade jurídica, não há fazer distinção entre os sócios da sociedade limitada. Sejam eles gerentes, administradores ou quotistas minoritários, todos serão alcançados pela referida desconsideração. 2.3. Nos termos da Súmula 98 desta Corte: 'Embargos de declaração manifestados com notório propósito de prequestionamento não tem caráter protelatório'. Afasta-se, portanto, a multa fixada com base no artigo 538, parágrafo único, do Código de Processo Civil. 3. Recursos parcialmente providos" (STJ, REsp n. 1.250.582/MG, rel. Ministro Luis Felipe Salomão, Quarta Turma, j. em 12-4-2016, *DJe* de 31-5-2016).
"PROCESSUAL CIVIL E CIVIL. RECURSO ESPECIAL. EXECUÇÃO. DESCONSIDERAÇÃO DA PERSONALIDADE JURÍDICA. SOCIEDADE LIMITADA. SÓCIA MAJORITÁRIA QUE, DE ACORDO COM O CONTRATO SOCIAL, NÃO EXERCE PODERES DE GERÊNCIA OU ADMINISTRAÇÃO. RESPONSABILIDADE. 1. Possibilidade de a desconsideração da personalidade jurídica da sociedade limitada atingir os bens de sócios que não exercem função de gerência ou administração. 2. Em virtude da adoção da Teoria Maior da Desconsideração, é necessário comprovar, para fins de desconsideração da personalidade jurídica, a prática de ato abusivo ou fraudulento por gerente ou administrador. 3. Não é possível, contudo, afastar a responsabilidade de sócia majoritária, mormente se for considerado que se trata de sociedade familiar, com apenas duas sócias. 4. Negado provimento ao recurso especial" (STJ, REsp n. 1.315.110/SE, rel. Ministra Nancy Andrighi, Terceira Turma, j. em 28-5-2013, *DJe* de 7-6-2013).

Capítulo 2 • Desconsideração da personalidade jurídica

confundir não só os casos em que membros da sociedade respondam subsidiariamente por débitos sociais não entrando com seus bens particulares para solver o *quantum* devido, enquanto não houver esgotado o patrimônio da pessoa jurídica (CC, art. 1.024), como também aqueles em que a responsabilidade é imputada aos sócios extraordinariamente, como decorrência de abuso da autonomia patrimonial da pessoa jurídica[39].

O Código Civil, na redação dada pela Lei n. 13.874, de 2019, estabelece, ainda, a possibilidade da desconsideração inversa da personalidade jurídica, ao estatuir, em seu art. 50, § 3º: "o disposto no *caput* e nos §§ 1º e 2º deste artigo também se aplica à extensão das obrigações de sócios ou de administradores à pessoa jurídica". Há desconsideração inversa quando sócio usa a pessoa jurídica como escudo, escondendo nela seu patrimônio, muito comum quando um sócio ao se separar de seu cônjuge transfere seus bens para a sociedade, lesando meação do consorte.

Na verdade, o art. 133, § 2º, do Código de Processo Civil, já admitia a *desconsideração inversa*, que consiste em se responsabilizar a pessoa jurídica por obrigações de seu sócio, que, por exemplo, desvia seus bens particulares para o patrimônio social, mediante fraude, para ocultá-los de credores, passando-os para o nome da empresa. Se tal ocorrer, os demais sócios deverão ser citados e poderão dissolver a sociedade ou optar pela expulsão do sócio de má-fé. Logo, na *desconsideração inversa*, não se desconsidera o patrimônio da sociedade para atingir o dos sócios ou administrador, mas para alcançar o da pessoa jurídica, para satisfazer credores dos seus sócios[40]. A

---

[39] THEODORO JÚNIOR, Humberto. *Curso de direito processual civil*, v. III, p. 314; GANACIN, João Canovas Bottazzo. "Teoria maior" e "Teoria menor": faces da mesma moeda? In: *Desconsideração da personalidade jurídica*: aspectos processuais e materiais. RODRIGUES, Marcelo Abelha et al. (coord.). Indaiatuba: Foco, 2023. p. 699-713.

[40] DINIZ, Maria Helena. *Curso de direito civil brasileiro*. 16. ed. rev. e atual. São Paulo: Saraiva, v. 8, 2024; DELGADO, Mário Luiz. A desconsideração da personalidade jurídica antes e depois da lei da liberdade econômica. *Direito civil, diálogos entre a doutrina e a jurisprudência*. Salomão e Tartuce (coords.). São Paulo: Atlas, v. 2, 2021. p. 233-268; CORREIA, Luís Alberto R. A desconsideração da personalidade jurídica: da origem ao sentido atual no Brasil. *Revista Síntese – Direito Civil e Processual Civil, 106*:98-114; CRUZ e TUCCI, José Rogério. Responsabilidade pela sucumbência no incidente de desconsideração da personalidade jurídica. *Liber Amicorum – Teresa Ancona Lopez*. Simão e Pavinatto (coords.). São Paulo: Almedina, 2021. p. 439-446; VIEGAS, Cláudia M. de A. R.; PALHARES, Franchesco Leopoldino. Incidente de desconsideração da personalidade jurídica à luz do novo Código de Processo Civil. *Revista Síntese – Direito de Família, 98*:45-56; FERREIRA, Hélio R. O incidente de desconsideração inversa da personalidade jurídica. *Revista Síntese – Direito Empresarial, 54*:22-38; MARTINS, Sérgio P. Descon-

desconsideração invertida, portanto, vem a possibilitar a responsabilização da empresa por débitos dos sócios, por uso da personalidade jurídica, caracterizado por confusão patrimonial ou desvio de finalidade, transferindo bens pessoais em nome da sociedade, com o objetivo de tutelar seu patrimônio pessoal.

Com a *desconsideração inversa* da personalidade jurídica (CPC, art. 133, § 2º), não se tem por escopo a extinção da pessoa jurídica, ter-se-á suspensão temporária da eficácia do seu ato constitutivo para que, atendendo os credores, os bens de seu patrimônio respondam pelos débitos de seu sócio.

Anteriormente à vigência do Código de Processo Civil, doutrina e jurisprudência[41] já consideravam a desconsideração inversa da pessoa

---

sideração da personalidade jurídica da empresa. *Revista Síntese – Direito Empresarial, 54*:39-55; DOBARRO, Sérgio L. C.; VILLAVERDE, André. Reflexões em torno da teoria da desconsideração da personalidade jurídica no Código de Defesa do Consumidor, a controversa configuração de seu § 5º do art. 28 e sua relação com a função social da empresa. *Revista Jurídica Luso--Brasileira*, n. 2, ano 3, p. 957-994, 2017; PAZINI, Ronaldo Z. A desconsideração da personalidade jurídica como um golpe letal ao direito empresarial. *Revista Síntese – Direito Empresarial, 51*:41-45; XAVIER, José Tadeu. Primeiras reflexões sobre o incidente de desconsideração da personalidade jurídica. *Revista Síntese – Direito Empresarial, 48*:59 e s.; VERRUCOLI. *Il superamento della personalità giuridica della società di capitalle nella "Common Law"*. Milano, p. 189 e s.; SIMÃO FILHO, Adalberto. A superação da personalidade jurídica no processo falimentar. In: *Direito empresarial contemporâneo*. Adalberto Simão Filho e Newton De Lucca (coords.). São Paulo: Juarez de Oliveira, 2000. p. 12, 26 e 27; KOURY, Susy. *A desconsideração da personalidade jurídica*. Rio de Janeiro: Forense, 1993; COELHO, Fábio Ulhoa. *Desconsideração da personalidade jurídica*. São Paulo: Revista dos Tribunais, 1989.

[41] "PROCESSUAL CIVIL E CIVIL. RECURSO ESPECIAL. EXECUÇÃO DE TÍTULO JUDICIAL. ART. 50 DO CC/2002. DESCONSIDERAÇÃO DA PERSONALIDADE JURÍDICA INVERSA. POSSIBILIDADE. I – A ausência de decisão acerca dos dispositivos legais indicados como violados impede o conhecimento do recurso especial. Súmula 211/STJ. II – Os embargos declaratórios têm como objetivo sanear eventual obscuridade, contradição ou omissão existentes na decisão recorrida. Inexiste ofensa ao art. 535 do CPC, quando o Tribunal *a quo* pronuncia-se de forma clara e precisa sobre a questão posta nos autos, assentando-se em fundamentos suficientes para embasar a decisão, como ocorrido na espécie. III – A desconsideração inversa da personalidade jurídica caracteriza-se pelo afastamento da autonomia patrimonial da sociedade, para, contrariamente do que ocorre na desconsideração da personalidade propriamente dita, atingir o ente coletivo e seu patrimônio social, de modo a responsabilizar a pessoa jurídica por obrigações do sócio controlador. IV – Considerando-se que a finalidade da *disregard doctrine* é combater a utilização indevida do ente societário por seus sócios, o que pode ocorrer também nos casos em que o sócio controlador esvazia o seu patrimônio pessoal e o integraliza na pessoa jurídica, conclui-se, de uma interpretação teleológica do art. 50 do CC/2002, ser possível a desconsideração inversa da personalidade jurídica, de modo a atingir bens da sociedade em razão de dívidas contraídas pelo sócio controlador, conquanto preenchi-

jurídica, inclusive, o tema foi objeto do Enunciado n. 283, da Jornada de Direito Civil do Conselho da Justiça Federal, pelo qual: "É cabível a desconsideração da personalidade jurídica denominada 'inversa' para alcançar bens de sócio que se valeu da pessoa jurídica para ocultar ou desviar bens pessoais, com prejuízo a terceiros".

Situações a demandarem a desconsideração inversa da personalidade jurídica podem acontecer em conexão com o direito de família e sucessões, quando, por exemplo, um dos cônjuges adquire bens de grande valor e os registra em nome de pessoa jurídica da qual é sócio, fraudando a eventual partilha; ou quando o pai ou a mãe direcionam bens particulares para o patrimônio da pessoa jurídica à qual estão vinculados visando esquivar-se do pagamento de pensão. alimentícia aos filhos ou frustrar o direito à herança de uns em benefício de outros[42].

---

dos os requisitos previstos na norma. V – A desconsideração da personalidade jurídica configura-se como medida excepcional. Sua adoção somente é recomendada quando forem atendidos os pressupostos específicos relacionados com a fraude ou abuso de direito estabelecidos no art. 50 do CC/2002. Somente se forem verificados os requisitos de sua incidência, poderá o juiz, no próprio processo de execução, 'levantar o véu' da personalidade jurídica para que o ato de expropriação atinja os bens da empresa. VI – À luz das provas produzidas, a decisão proferida no primeiro grau de jurisdição, entendeu, mediante minuciosa fundamentação, pela ocorrência de confusão patrimonial e abuso de direito por parte do recorrente, ao se utilizar indevidamente de sua empresa para adquirir bens de uso particular. VII – Em conclusão, a r. decisão atacada, ao manter a decisão proferida no primeiro grau de jurisdição, afigurou-se escorreita, merecendo assim ser mantida por seus próprios fundamentos. Recurso especial não provido" (STJ, REsp n. 948.117/MS, rel. Ministra Nancy Andrighi, Terceira Turma, j. em 22-6-2010, DJe de 3-8-2010).
[42] DINIZ, Maria Helena. Curso de direito civil brasileiro. 16. ed. rev. e atual. São Paulo: Saraiva, v. 8, 2024; GONÇALVEZ, Carlos Roberto. Direito civil brasileiro: parte geral. 20. ed. São Paulo: Saraiva, v. 1, 2022. p. 282-284; DELGADO, Mário Luiz. A desconsideração da personalidade jurídica antes e depois da lei da liberdade econômica. Direito civil, diálogos entre a doutrina e a jurisprudência. Salomão e Tartuce (coords.). São Paulo: Atlas, v. 2, 2021. p. 233-268; CORREIA, Luís Alberto R. A desconsideração da personalidade jurídica: da origem ao sentido atual no Brasil. Revista Síntese – Direito Civil e Processual Civil, 106:98-114; CRUZ e TUCCI, José Rogério. Responsabilidade pela sucumbência no incidente de desconsideração da personalidade jurídica. Liber Amicorum – Teresa Ancona Lopez. Simão e Pavinatto (coords.). São Paulo: Almedina, 2021. p. 439-446; VIEGAS, Cláudia M. de A. R.; PALHARES, Franchesco Leopoldino. Incidente de desconsideração da personalidade jurídica à luz do novo Código de Processo Civil. Revista Síntese – Direito de Família, 98:45-56; FERREIRA, Hélio R. O incidente de desconsideração inversa da personalidade jurídica. Revista Síntese – Direito Empresarial, 54:22-38; MARTINS, Sérgio P. Martins. Desconsideração da personalidade jurídica da empresa. Revista Síntese – Direito Empresarial, 54:39-55; DOBARRO, Sérgio L. C.; VILLAVERDE, André. Reflexões em torno da teoria da desconsideração da personalidade jurídica no Código de Defesa do

Em tais casos, a penhora das cotas sociais não deve substituir a desconsideração inversa para alcançar os bens da pessoa jurídica, pois o interesse do credor(a) é a satisfação do crédito e não a participação societária ou venda das cotas[43].

O Superior Tribunal de Justiça, ainda, já decidiu pela aplicabilidade da desconsideração inversa da personalidade jurídica para casos de blindagem patrimonial, quando o patrimônio do devedor é vinculado à pessoa jurídica de forma a protegê-lo de medidas executivas[44].

Por outro lado, o art. 50, § 4º, do Código Civil, estabelece o que a doutrina tem denominado de *desconsideração da personalidade jurídica expansiva*, ou indireta, quando, além de se alcançar o patrimônio dos sócios, é possível vincular os bens de outras pessoas jurídicas pertencentes ao mesmo grupo econômico.

Consumidor, a controversa configuração de seu § 5º do art. 28 e sua relação com a função social da empresa. *Revista Jurídica Luso-Brasileira*, n. 2, ano 3, p. 957-994, 2017; PAZINI, Ronaldo Z. A desconsideração da personalidade jurídica como um golpe letal ao direito empresarial. *Revista Síntese — Direito Empresarial*, 51:41-45; XAVIER, José Tadeu. Primeiras reflexões sobre o incidente de desconsideração da personalidade jurídica. *Revista Síntese — Direito Empresarial*, 48:59 e s.; VERRUCOLI. *Il superamento della personalità giuridica della società di capitalle nella "Common Law".* Milano, p. 189 e s.; SIMÃO FILHO, Adalberto. A superação da personalidade jurídica no processo falimentar. In: *Direito empresarial contemporâneo*. Adalberto Simão Filho e Newton De Lucca (coords.). São Paulo: Juarez de Oliveira, 2000. p. 12, 26 e 27; KOURY, Susy. *A desconsideração da personalidade jurídica*. Rio de Janeiro: Forense, 1993; COELHO, Fábio Ulhoa. *Desconsideração da personalidade jurídica*. São Paulo: Revista dos Tribunais, 1989.

[43] SALOMÃO FILHO, Calixto. *O novo direito societário*. 4. ed. São Paulo: Malheiros, 2015. p. 246.

[44] "PROCESSUAL CIVIL E CIVIL. RECURSO ESPECIAL. EXECUÇÃO. DEFICIÊNCIA DE FUNDAMENTAÇÃO. INEXISTÊNCIA. DESCONSIDERAÇÃO DA PERSONALIDADE JURÍDICA INVERSA. POSSIBILIDADE. GRUPO FAMILIAR. DESVIO DE FINALIDADE E CONFUSÃO PATRIMONIAL. COMPROVAÇÃO. 1. Não ocorre a alegada violação dos arts. 489 e 1.022 do CPC, visto que as questões recursais foram efetivamente enfrentadas pelo Tribunal de origem, sendo que não se pode ter como omissa ou carente de fundamentação uma decisão tão somente porque suas alegações não foram acolhidas. 2. Nos termos do Enunciado n. 283/CJF, 'é cabível a desconsideração da personalidade jurídica denominada 'inversa' para alcançar bens de sócio que se valeu da pessoa jurídica para ocultar ou desviar bens pessoais, com prejuízo a terceiros'. 3. Embora se reconheça que a desconsideração inversa da personalidade jurídica seja medida excepcional, no presente caso, ficou suficientemente comprovada a finalidade fraudulenta das negociações envolvendo a empresa recorrida, especialmente quanto ao imóvel em questão. 4. Demonstrados os requisitos de desvio de finalidade e o abuso da personalidade jurídica, utilizada para ocultar e desviar bens pessoais dos executados, ficam preenchidos os requisitos legais para desconsideração da personalidade jurídica, na conformidade do art. 50 do CC. Recurso especial provido em parte" (STJ, REsp n. 2.095.942/PR, rel. Ministro Humberto Martins, Terceira Turma, j. em 18-6-2024, *DJe* de 3-7-2024).

Capítulo 2 • Desconsideração da personalidade jurídica

Ter-se-á desconsideração indireta ou expansiva se vier a alcançar patrimônio de terceiro, que não faz parte da estrutura da sociedade que se almeja desconsiderar, mas que pretendeu com o devedor ocultar bens capazes de satisfazer débitos contraídos. Isso se dá quando se tem "laranja" ou sócio oculto ou grupos econômicos, para responsabilizar aquele que coloca a empresa em nome de terceiro ou sociedade que integra o mesmo grupo econômico[45].

Também de acordo com o Enunciado n. 11, da I Jornada de Direito Processual Civil, promovida pelo Centro de Estudos Judiciários (CEJ) do CJF, com apoio do Superior Tribunal de Justiça (STJ), da Escola Nacional de Formação e Aperfeiçoamento de Magistrados (Enfam) e da Associação dos Juízes Federais do Brasil (Ajufe), "aplica-se o disposto nos arts. 133 a 137 do CPC às hipóteses de desconsideração indireta e expansiva da personalidade jurídica".

Note-se, todavia, que o próprio art. 50, em seu § 4º, esclarece que a mera existência de grupo econômico não autoriza a desconsideração da personalidade jurídica[46], além de especificar, em seu § 5º, que a mera

---

[45] BUENO, Cassio Scarpinella. Do incidente de desconsideração da personalidade jurídica ao incidente de corresponsabilização. In: *Desconsideração da personalidade jurídica*: aspectos materiais e processuais. RODRIGUES, Marcelo Abelha et al. (coord.). Indaiatuba: Foco, 2023. p. 6-7.

[46] Sobre a desconsideração da personalidade jurídica com base em grupo econômico, segue jurisprudência, da lavra do Superior Tribunal de Justiça:

"PROCESSUAL CIVIL. AGRAVO INTERNO NO AGRAVO EM RECURSO ESPECIAL. DESCONSIDERAÇÃO DA PERSONALIDADE JURÍDICA. GRUPO ECONÔMICO CONFIGURADO. CITAÇÃO PRÉVIA. DESNECESSIDADE. PRAZO PRESCRICIONAL. INEXISTÊNCIA. DECISÃO MANTIDA. 1. 'Esta Corte se manifestou em diversas ocasiões no sentido de ser possível atingir, com a desconsideração da personalidade jurídica, empresa pertencente ao mesmo grupo econômico, quando evidente que a estrutura deste é meramente formal' (REsp 1.071.643/DF, rel. Ministro Luis Felipe Salomão, Quarta Turma, *DJe* de 13-4-2009). (...) 3. A desconsideração da personalidade jurídica pode ser postulada a qualquer tempo, não havendo prazo prescricional. 4. Agravo interno a que se nega provimento" (STJ, AgInt no AREsp 491.300/ES, rel. Ministro Antonio Carlos Ferreira, Quarta Turma, j. em 11-11-2019, *DJe* de 19-11-2019).

"AGRAVO INTERNO NO RECURSO ESPECIAL. AÇÃO DE INDENIZAÇÃO. GRATUIDADE DE JUSTIÇA. PEDIDO REALIZADO NO CURSO DA DEMANDA. DEFERIMENTO QUE NÃO POSSUI EFEITO RETROATIVO. PRECEDENTES. LEGITIMIDADE PASSIVA. EMPRESAS DO MESMO GRUPO ECONÔMICO. APLICAÇÃO DA TEORIA DA APARÊNCIA. POSSIBILIDADE. RECURSO IMPROVIDO. (...) 2. Tendo o Tribunal de origem concluído que as empresas pertencem ao mesmo conglomerado econômico, deve ser reconhe-

expansão ou a alteração da finalidade original da atividade econômica não se constitui em desvio de finalidade, evidenciando ainda mais a opção do legislador civil pela teoria maior da desconsideração.

Ao criticar a referida redação do § 5º, do art. 50, do Código Civil, Pablo Stolze Gagliano e Rodolfo Pamplona Filho[47] ensinam:

> Ao dispor que não constitui desvio de finalidade a "alteração da finalidade original da atividade econômica específica da pessoa jurídica", o legislador dificultou sobremaneira o seu reconhecimento: aquele que "expande" a finalidade da atividade exercida – como pretende a primeira parte da norma – pode não desviar, mas aquele que "altera" a própria finalidade original da atividade econômica da pessoa jurídica, muito provavelmente, desvia-se de seu propósito.

---

cida a aplicação da Teoria da Aparência, a qual é amplamente aceita nesta Corte. Precedentes. 3. Agravo interno a que se nega provimento" (STJ, AgInt no REsp 1741835/RS, rel. Ministro Marco Aurélio Bellizze, Terceira Turma, j. em 23-9-2019, *DJe* de 27-9-2019).

"RECURSO ESPECIAL. NEGATIVA DE PRESTAÇÃO JURISDICIONAL. AUSÊNCIA. EXECUÇÃO. RECONHECIMENTO DA EXISTÊNCIA DE GRUPO ECONÔMICO. DESCONSIDERAÇÃO INVERSA DA PERSONALIDADE JURÍDICA. EFEITOS DA DECISÃO. EMBARGOS À EXECUÇÃO OFERECIDOS POR EX-ACIONISTA. HONORÁRIOS DE SUCUMBÊNCIA. JUROS DE MORA. TERMO INICIAL. TAXA APLICÁVEL. JULGAMENTO: CPC/73. 1. Embargos à execução opostos em 19-6-2006, da qual foi extraído o presente recurso especial, interposto em 14-8-2015 e atribuído ao gabinete em 25-8-2016. 2. O propósito recursal é dizer sobre: (i) a negativa de prestação jurisdicional; (ii) os efeitos da desconsideração inversa da personalidade jurídica da recorrente para responder pelos honorários advocatícios de sucumbência arbitrados em embargos à execução oferecidos por sua ex-acionista; (iii) o excesso de execução, especificamente quanto ao termo inicial de incidência dos juros de mora e a taxa aplicável. (...). 5. Essa interdependência entre as demandas – execução e embargos à execução – implica que os efeitos da decisão por meio da qual se reconhece a existência de um grupo econômico e se determina a desconsideração inversa da personalidade jurídica, enquanto medida voltada à maximização da responsabilidade patrimonial do devedor para a satisfação do credor, perduram até a extinção do processo de execução, vigorando, inclusive, nos embargos a ele oferecidos incidentalmente. 6. Hipótese em que, consubstanciada a unidade econômica entre a interessada e a recorrente, apta a incluir a segunda no polo passivo da execução movida contra a primeira, passam a ser ambas tratadas como uma só pessoa jurídica devedora, até a entrega ao credor da prestação consubstanciada no título executado. 7. O fato de a recorrente não ter participado, formalmente, dos embargos à execução oferecidos pela interessada, não tem o condão de afastar sua responsabilidade patrimonial, enquanto integrante do mesmo grupo econômico. (...). 9. Recurso especial conhecido e parcialmente provido" (STJ, REsp 1733403/SP, rel. Ministra Nancy Andrighi, Terceira Turma, j. em 27-8-2019, *DJe* de 29-8-2019).

[47] GAGLIANO, Pablo Stolze; PAMPLONA FILHO, Rodolfo. *Novo curso de direito civil*: parte geral. 23. ed. São Paulo: Saraiva, v. 1, 2021. p. 294

Na lição de Anderson Antonio Fernandes, o Projeto de Lei n. 7.160/2002 propunha complementação do art. 50 (antes da Lei n. 13.874/2019), para recuperar a norma geral do art. 20 do antigo Código Civil, relativa à distinção da personalidade da pessoa jurídica da dos seus sócios, esclarecendo que o magistrado só poderá alcançar quem deu causa ao dano ou quem dele teve proveito, prestigiando assim os elementos subjetivos da responsabilidade civil. Confira-se o mencionado dispositivo[48]:

> "Art. 50. As pessoas jurídicas têm existência distinta da de seus membros.
>
> Parágrafo único. Em caso de desvio de finalidade ou confusão patrimonial praticados com abuso da personalidade jurídica, pode o juiz decidir, a requerimento da parte prejudicada, ou o Ministério Público, quando lhe couber intervir ao processo, que os efeitos de certas e determinadas relações de obrigações sejam estendidos aos bens particulares dos administradores ou sócios da pessoa jurídica, que lhes deram causa ou deles obtiveram proveito"[49].

---

[48] DINIZ, Maria Helena. *Curso de direito civil brasileiro*: direito de empresa. 16. ed. rev. e atual. São Paulo: Saraiva, v. 8, 2024. p. 502-503; DELGADO, Mário Luiz. A desconsideração da personalidade jurídica antes e depois da lei da liberdade econômica. *Direito civil, diálogos entre a doutrina e a jurisprudência*. Salomão e Tartuce (coords.). São Paulo: Atlas, v. 2, 2021. p. 233-268; CORREIA, Luís Alberto R. A desconsideração da personalidade jurídica: da origem ao sentido atual no Brasil. *Revista Síntese – Direito Civil e Processual Civil*, *106*:98-114; CRUZ e TUCCI, José Rogério. Responsabilidade pela sucumbência no incidente de desconsideração da personalidade jurídica. *Liber Amicorum – Teresa Ancona Lopez*. Simão e Pavinatto (coords.). São Paulo: Almedina, 2021. p. 439-446; VIEGAS, Cláudia M. de A. R.; PALHARES, Franchesco Leopoldino. Incidente de desconsideração da personalidade jurídica à luz do novo Código de Processo Civil. *Revista Síntese – Direito de Família*, *98*:45-56; FERREIRA, Hélio R. O incidente de desconsideração inversa da personalidade jurídica. *Revista Síntese – Direito Empresarial*, *54*:22-38; MARTINS, Sérgio P. Martins. Desconsideração da personalidade jurídica da empresa. *Revista Síntese – Direito Empresarial*, *54*:39-55; DOBARRO, Sérgio L. C.; VILLAVERDE, André. Reflexões em torno da teoria da desconsideração da personalidade jurídica no Código de Defesa do Consumidor, a controversa configuração de seu § 5º do art. 28 e sua relação com a função social da empresa. *Revista Jurídica Luso-Brasileira*, n. 2, ano 3, p. 957-994, 2017; PAZINI, Ronaldo Z. A desconsideração da personalidade jurídica como um golpe letal ao direito empresarial. *Revista Síntese – Direito Empresarial*, *51*:41-45; XAVIER, José Tadeu. Primeiras reflexões sobre o incidente de desconsideração da personalidade jurídica. *Revista Síntese – Direito Empresarial*, *48*:59 e s.; VERRUCOLI. *Il superamento della personalità giuridica della società di capitalle nella "Common Law"*. Milano, p. 189 e s.; SIMÃO FILHO, Adalberto. A superação da personalidade jurídica no processo falimentar. In: *Direito empresarial contemporâneo*. Adalberto Simão Filho e Newton De Lucca (coords.). São Paulo: Juarez de Oliveira, 2000. p. 12, 26 e 27; KOURY, Susy. *A desconsideração da personalidade jurídica*. Rio de Janeiro: Forense, 1993; COELHO, Fábio Ulhoa. *Desconsideração da personalidade jurídica*. São Paulo: Revista dos Tribunais, 1989.

[49] O Projeto de Lei n. 7.160/2002 foi arquivado nos termos do artigo 105 do Regimento Interno da Câmara dos Deputados, conforme publicado no Diário da Câmara dos Deputados em 1º-2-2007, p. 144, Col. 01, Suplemento 01 ao n. 21.

Pelo exposto, continua o autor, percebia-se que havia uma tendência em delimitar a desconsideração da personalidade jurídica prevista no art. 50, preservando a empresa e evitando a aplicação indiscriminada da responsabilização, apenas pelo fato de determinado sócio figurar no contrato social. Esse projeto procurava reafirmar o direito, pacífico e consagrado na regra geral de separação entre a pessoa jurídica e seus sócios ou administradores, disciplinando também a exceção, o desvirtuamento da regra geral, segundo a qual a separação não prevaleceria quando o direito de que decorria fosse exercido abusivamente, ou de maneira fraudulenta, com desvio de finalidade ou confusão patrimonial[50].

Por sua vez, a nova redação dada pela Lei da Liberdade Econômica (Lei n. 13.874/2019) ao art. 50 do Código Civil se insere num contexto de tentativa de fortalecimento de garantias de livre mercado. As mudanças, contudo, não se prolongaram para alterar dispositivos do Código de Defesa do Consumidor, aplicando-se, exclusivamente, sobre relações de direito civil,

---

[50] DINIZ, Maria Helena. *Curso de direito civil brasileiro*: direito de empresa. 16. ed. rev. e atual. São Paulo: Saraiva, v. 8, 2024. p. 504; DELGADO, Mário Luiz. A desconsideração da personalidade jurídica antes e depois da lei da liberdade econômica. *Direito civil, diálogos entre a doutrina e a jurisprudência*. Salomão e Tartuce (coords.). São Paulo: Atlas, v. 2, 2021. p. 233-268; CORREIA, Luís Alberto R. A desconsideração da personalidade jurídica: da origem ao sentido atual no Brasil. *Revista Síntese – Direito Civil e Processual Civil, 106*:98-114; CRUZ e TUCCI, José Rogério. Responsabilidade pela sucumbência no incidente de desconsideração da personalidade jurídica. *Liber Amicorum – Teresa Ancona Lopez*. Simão e Pavinatto (coords.). São Paulo: Almedina, 2021. p. 439-446; VIEGAS, Cláudia M. de A. R.; PALHARES, Franchesco Leopoldino. Incidente de desconsideração da personalidade jurídica à luz do novo Código de Processo Civil. *Revista Síntese – Direito de Família, 98*:45-56; FERREIRA, Hélio R. O incidente de desconsideração inversa da personalidade jurídica. *Revista Síntese – Direito Empresarial, 54*:22-38; MARTINS, Sérgio P. Martins. Desconsideração da personalidade jurídica da empresa. *Revista Síntese – Direito Empresarial, 54*:39-55; DOBARRO, Sérgio L. C.; VILLAVERDE, André. Reflexões em torno da teoria da desconsideração da personalidade jurídica no Código de Defesa do Consumidor, a controversa configuração de seu § 5º do art. 28 e sua relação com a função social da empresa. *Revista Jurídica Luso-Brasileira*, n. 2, ano 3, p. 957-994, 2017; PAZINI, Ronaldo Z. A desconsideração da personalidade jurídica como um golpe letal ao direito empresarial. *Revista Síntese – Direito Empresarial, 51*:41-45; XAVIER, José Tadeu. Primeiras reflexões sobre o incidente de desconsideração da personalidade jurídica. *Revista Síntese – Direito Empresarial, 48*:59 e s.; VERRUCOLI. *Il superamento della personalità giuridica della società di capitale nella "Common Law"*. Milano, p. 189 e s.; SIMÃO FILHO, Adalberto. A superação da personalidade jurídica no processo falimentar. In: *Direito empresarial contemporâneo*. Adalberto Simão Filho e Newton De Lucca (coords.). São Paulo: Juarez de Oliveira, 2000. p. 12, 26 e 27; KOURY, Susy. *A desconsideração da personalidade jurídica*. Rio de Janeiro: Forense, 1993; COELHO, Fábio Ulhoa. *Desconsideração da personalidade jurídica*. São Paulo: Revista dos Tribunais, 1989.

Capítulo 2 • Desconsideração da personalidade jurídica

empresarial, econômico, urbanístico e do trabalho (Lei n. 13.874/2019, art. 1º, § 1º).

Em seu próprio art. 2º, a Lei n. 13.874/2019 estabelece como seus princípios: a liberdade como uma garantia no exercício de atividades econômicas; a boa-fé do particular perante o poder público; a intervenção subsidiária e excepcional do Estado sobre o exercício de atividades econômicas; e o reconhecimento da vulnerabilidade do particular perante o Estado. Repete, assim, muitos dos paradigmas constitucionais sobre o assunto (exemplo, arts. 170-174, da CF).

O que se observa, todavia, é que a Lei de Liberdade Econômica apenas expressou o que a doutrina e a jurisprudência majoritárias já entendiam sobre a hermenêutica do mencionado art. 50 do Código Civil, ou seja, a desconsideração é medida de extrema exceção. Mormente após as alterações já realizadas no instituto da desconsideração da personalidade jurídica pelo Código de Processo Civil, a Lei n. 13.874/2019 não traz inovações sobre a matéria.

Nesse sentido, ensina Eduardo Tomasevicius Filho[51]:

> "Considerando a existência de histórico legislativo de tentativas frustradas ou ineficazes de pôr fim à desburocratização, para facilitar o exercício da livre iniciativa, a Lei n. 13.874 dificilmente terá vigor suficiente para impor a mudança desses comportamentos arraigados desde há muito tempo na cultura brasileira. Como visto, existe um vazio normativo na "Declaração de Direitos de Liberdade Econômica", porque quase nada se inovou em relação ao que já existia na Constituição Federal de 1988, no capítulo sobre a ordem econômica. Se já havia regra anterior e nada havia mudado, não será agora com a Lei n. 13.874, que tudo se transformará rapidamente".

Cabe mencionar, ainda, a existência do anteprojeto de lei para revisão e atualização da Lei n. 10.406, de 10 de janeiro de 2002, que institui o Código Civil, o qual pretende a modificação do art. 50, conforme a seguinte proposta de redação:

---

[51] TOMASEVICIUS FILHO, Eduardo. A tal "lei da liberdade econômica". *Revista da Faculdade de Direito*, Universidade de São Paulo, *[S. l.]*, v. 114, p. 101-123, 2019. DOI: 10.11606/issn.2318-8235.v114p101-123. Disponível em: https://www.revistas.usp.br/rfdusp/article/view/176578. Acesso em: 2-11-2022. p. 120.

"Art. 50. Em caso de abuso da personalidade jurídica, caracterizado pelo desvio de finalidade ou pela confusão patrimonial, pode o juiz, a requerimento da parte ou do Ministério Público quando lhe couber intervir no processo, desconsiderá-la para que os efeitos de certas e determinadas relações de obrigações sejam estendidos aos bens de propriedade de administradores, sócios ou associados da pessoa jurídica beneficiados direta ou indiretamente pelo abuso.

§ 1º O disposto neste artigo se aplica a todas as pessoas jurídicas de direito privado, nacionais ou estrangeiras, com atividade civil ou empresária, mesmo que prestadoras de serviço público.

§ 2º Na hipótese de desconsideração da personalidade jurídica de associações, a responsabilidade patrimonial será limitada aos associados com poder de direção ou com poder capaz de influenciar a tomada da decisão que configurou o abuso da personalidade jurídica.

§ 3º É cabível a desconsideração da personalidade jurídica inversa, para alcançar bens de sócio, administrador ou associado que se valeram da pessoa jurídica para ocultar ou desviar bens pessoais, com prejuízo a terceiros.

§ 4º Para os fins do disposto neste artigo, desvio de finalidade é a utilização da pessoa jurídica com o propósito de lesar credores ou para a prática de atos ilícitos de qualquer natureza, inclusive a de abuso de direito.

§ 5º Entende-se por confusão patrimonial a ausência de separação dos patrimônios, caracterizada:

I – pela prática pelos sócios ou administradores de atos reservados à sociedade, ou pela prática de atos reservados aos sócios ou administradores pela sociedade;

II – pelo cumprimento repetitivo pela pessoa jurídica de obrigações do sócio, associados ou administradores, ou vice-versa;

III – pela transferência de ativos ou de passivos sem efetivas contraprestações, exceto os de valor proporcionalmente insignificante; e

IV – por outros atos de descumprimento da autonomia patrimonial.

§ 6º Aos sócios e aos administradores da pessoa jurídica também se aplicam o que dispõem o *caput* e os §§ 1º e 2º deste artigo.

§ 7º A mera existência de grupo econômico, sem a presença dos requisitos de que trata o **caput** deste artigo não justifica a desconsideração da personalidade da pessoa jurídica.

§ 8º Não constitui desvio de finalidade a mera expansão ou a alteração da finalidade original da atividade econômica específica da pessoa jurídica".

Nota-se que o mencionado anteprojeto, quanto ao âmbito do presente estudo, visa promover esclarecimentos na regulamentação civil da desconsideração da personalidade jurídica sobre temas que já estavam assentados no Código de Processo Civil (como a desconsideração inversa), na doutrina e na jurisprudência (como a desconsideração nos casos de associações e pessoas jurídicas com atividade civil em geral, nacionais ou estrangeiras, inclusive prestadoras de serviço público; e a caracterização de mais uma hipótese de confusão patrimonial, qual seja, a prática pelo sócio de atos reservados à sociedade e vice-versa).

A desconsideração de pessoa jurídica tem, portanto, por escopo evitar abusos e fraudes de sócios, administradores gerentes ou representantes, sob o véu da independência patrimonial existente entre entidade e pessoas que a compõem (CC, art. 50; Lei n. 8.078/90, art. 28), possibilitando que o magistrado desconsidere a autonomia da sociedade para que haja responsabilidade patrimonial dos sócios ou administradores por dano causado a terceiro.

Mas será necessário prova específica não só do abuso da personalidade jurídica, ou seja, do desvio de finalidade ou confusão patrimonial, mediante a utilização da pessoa jurídica para lesar credores ou praticar ilicitudes, como também do benefício direto ou indireto do ato, conforme será tratado em capítulo seguinte, acerca do procedimento para a desconsideração da personalidade jurídica.

2.4 DESCONSIDERAÇÃO DA PERSONALIDADE JURÍDICA E INSTITUTOS AFINS

É preciso esclarecer, por sua vez, que a figura da desconsideração da personalidade jurídica não se confunde com a ação revocatória, a ação pauliana, o reconhecimento de fraude à execução ou a nulidade por simulação, embora em todos os casos se verifique a fraude com intenso de prejudicar credores. É necessário, assim, verificar as peculiaridades de cada caso concreto para se decidir qual o melhor instrumento a ser utilizado.

A ação revocatória é a que visa não só a declaração da ineficácia de atos praticados pelo empresário devedor, independentemente ou não de má-fé, antes da decretação de sua falência, retirando seus efeitos, por presunção de fraude, apenas relativamente à massa falida, sem, contudo, anulá-los (art. 129), como também a sua revogação, comprovados a *intentio* de prejudicar credores no conluio fraudulento (*consilium fraudis*) entre devedor e terceiro e o efetivo prejuízo sofrido pela massa falida (art. 130).A Lei n. 11.101/2005 prevê, portanto, duas modalidades de ação revocatória: a) a voltada à declaração da ineficácia daqueles atos (art. 129). A ineficácia poderá ser declarada *ex officio* pelo magistrado por simples despacho interlocutório prolatado nos autos da falência, alegada em defesa ou pleiteada em ação própria ou incidentalmente no curso do processo (art. 129, parágrafo único).

E terceiro de boa-fé poderá propor ação de perdas e danos contra o devedor ou seus garantes (art. 136, § 2º); b) a ação pauliana falencial, ou seja, a que contém pretensão de obter, por meio de ação, a revogação de atos fraudulentos lesivos à massa falida, desde que haja, *scientia fraudis animus nocendi*, comprovação dos danos por ela sofridos (*eventus damni*) e seja proposta pelo administrador judicial a qualquer credor ou ao Ministério Público no prazo decadencial de três anos, computado da decretação da falência (art. 132)[52].

Essa ação visa desfazer, de alguma forma, atos contrários a *par conditio creditorum*. Tais atos geram efeitos em relação ao devedor e ao terceiro, que com ele efetivou negócio. Dentre esses atos, podemos citar os arrolados no art. 129, I a VII: a) pagamento de débitos não vencidos, realizados pelo devedor dentro do termo legal, por qualquer meio extintivo do direito de crédito, ainda que pelo desconto do próprio título; b) pagamento de dívidas vencidas e exigíveis realizado no termo legal, por qualquer forma que não seja a prevista no contrato; c) constituição de direito real de garantia, inclusive a retenção, dentro do termo legal, tratando-se de dívida contraída anteriormente; se os bens dados em hipoteca forem objeto de outras posteriores, a massa falida receberá a parte que caberia ao credor da hipoteca revogada; d) prática de atos a título gratuito, desde dois anos antes da decretação da falência, isto porque, se o patrimônio do devedor constitui a garantia do pagamento do crédito, a sua disposição gratuita apenas poderá dar-se se o ativo contiver bens suficientes para solver todo o passivo; e) renúncia à herança ou a legado, até dois anos da sentença decretatória da falência; logo, se anterior àqueles dois anos, terá eficácia; f) venda ou transferência de estabelecimento sem anuência expressa ou pagamento dos credores, desde que no ativo do devedor não haja suficiência de bens para pagamento do passivo, exceto se, dentro de trinta dias, não houver oposição dos credores, devidamente notificados judicial ou extrajudicialmente;

---

[52] DINIZ, Maria Helena. *Curso de direito civil brasileiro*: direito de empresa. 16. ed. rev. e atual. São Paulo: Saraiva, v. 8, 2024. p. 742; GONÇALVES, Carlos Roberto. *Direito civil brasileiro*: parte geral. 20. ed. São Paulo: Saraiva, v. 1, 2022. p. 280; NEGRÃO, Ricardo. *Manual*, cit., v. 3, p. 403; SPINELLI, Andréa M. R. *Falência*, cit., p. 209-212; BEZERRA FILHO, Manoel Justino. *Nova Lei*, cit., p. 296-313; VENOSA, Sílvio de S. *Manual dos contratos e obrigações unilaterais da vontade*. São Paulo: Atlas, 1997. p. 91; FAZZIO JÚNIOR, Waldo. *Nova Lei*, cit., p. 307-324. Falência no direito português: ASCENSÃO, José de Oliveira. *Direito civil*. São Paulo: Saraiva, v. 1, 2010. p. 160-173.

Capítulo 2 • Desconsideração da personalidade jurídica

g) registros de direitos reais e de transferência de propriedade *inter vivos*, por título oneroso ou gratuito, ou a averbação relativa a imóveis, realizados após a decretação da falência, a não ser que tenha havido prenotação anterior (Lei n. 6.015/73, art. 215)[53].

Pelo art. 131, os atos referidos no art. 129, I a III e VI, não serão declarados ineficazes, nem revogados se previstos e realizados na forma definida no plano de recuperação judicial ou extrajudicial.

Têm legitimidade passiva para serem réus na ação revocatória (art. 133): os participantes do ato ou os que, em razão dele, foram pagos, garantidos ou beneficiados; os terceiros adquirentes de má-fé, que tiverem ciência da *intentio* do devedor de prejudicar credores; os herdeiros ou legatários dos partícipes ou dos beneficiados com o ato[54].

A ação revocatória obedece ao rito ordinário e corre perante o juízo da falência (art. 134).

Se procedente a ação, a sentença determinará, reconhecendo a ineficácia ou a revogação do ato, o retorno dos bens à massa falida em espécie, com todos os acessórios, ou do seu valor mercadológico, acrescido de perdas e danos (art. 135). A declaração de ineficácia e a da revogação trazem em si a devolução dos bens ao ativo da massa e não ao falido. Nítido é o objetivo restitutório das duas modalidades de ação revocatória, por serem instrumentos processuais pró-massa falida. As partes voltarão a seu estado anterior, e o contratante de boa-fé fará *jus* à devolução dos bens ou dos valores entregues ao devedor (art. 136)[55].

---

[53] DINIZ, Maria Helena. *Curso de direito civil brasileiro*: direito de empresa. 16. ed. rev. e atual. São Paulo: Saraiva, v. 8, 2024. p. 742-743; NEGRÃO, Ricardo. *Manual*, cit., v. 3, p. 403; SPINELLI, Andréa M. R. *Falência*, cit., p. 209-212; BEZERRA FILHO, Manoel Justino. *Nova Lei*, cit., p. 296-313; VENOSA, Sílvio de S. *Manual dos contratos e obrigações unilaterais da vontade*. São Paulo: Atlas, 1997. p. 91; FAZZIO JÚNIOR, Waldo. *Nova Lei*, cit., p. 307-324. Falência no direito português: ASCENSÃO, José de Oliveira. *Direito civil*. São Paulo: Saraiva, v. 1, 2010. p. 160-173.

[54] DINIZ, Maria Helena. *Curso de direito civil brasileiro*: direito de empresa. 16. ed. rev. e atual. São Paulo: Saraiva, v. 8, 2024; NEGRÃO, Ricardo. *Manual*, cit., v. 3, p. 403; SPINELLI, Andréa M. R. *Falência*, cit., p. 209-212; BEZERRA FILHO, Manoel Justino. *Nova Lei*, cit., p. 296-313; VENOSA, Sílvio de S. *Manual dos contratos e obrigações unilaterais da vontade*. São Paulo: Atlas, 1997. p. 91; FAZZIO JÚNIOR, Waldo. *Nova Lei*, cit., p. 307-324. Falência no direito português: ASCENSÃO, José de Oliveira. *Direito civil*. São Paulo: Saraiva, v. 1, 2010. p. 160-173.

[55] DINIZ, Maria Helena. *Curso de direito civil brasileiro*: direito de empresa. 16. ed. rev. e atual. São Paulo: Saraiva, v. 8, 2024. p. 743; NEGRÃO, Ricardo. *Manual*, cit., v. 3, p. 403; SPINELLI,

Já a fraude contra credores (CC, arts. 158 a 165), assim como a simulação (CC, art. 167), são exemplos de vícios sociais, em contraponto ao que o Código Civil enumerou como vícios de consentimento, quais sejam, erro (CC, arts. 138 a 144), dolo (CC, arts. 145 a 150), coação (CC, arts. 151 a 155), estado de perigo (CC, art. 156) e lesão (CC, art. 157). No caso dos vícios de consentimento, a própria declaração de vontade é atingida e distorcida, por influência exógena; quanto aos vícios sociais, verifica-se a desconformidade do resultado do negócio com a lei, por razão endógena ao agente[56].

Os casos de vícios de consentimento e de fraude contra credores são passíveis de anulabilidade, conforme o já citado art. 171, do Código Civil ("além dos casos expressamente declarados na lei, é anulável o negócio jurídico: (...) II – por vício resultante de erro, dolo, coação, estado de perigo, lesão ou fraude contra credores"). O prazo decadencial para a anulação do negócio jurídico é de quatro anos, pelo que se depreende da análise do art. 178, do Código Civil, onde se lê: "é de quatro anos o prazo de decadência para pleitear-se a anulação do negócio jurídico, contado: I – no caso de coação, do dia em que ela cessar; II – no de erro, dolo, fraude contra credores, estado de perigo ou lesão, do dia em que se realizou o negócio jurídico (...)".

A fraude contra credores, de especial interesse nesta oportunidade, é a prática maliciosa, pelo devedor, de atos que desfalcam o seu patrimônio, com o escopo de colocá-lo a salvo de uma execução por dívidas em detrimento dos direitos creditórios alheios. Dois são seus elementos: a) o objetivo (*eventus damni*), que é todo ato prejudicial ao credor, não só por tornar o devedor insolvente ou por ter sido realizado em estado de insolvência, devendo haver nexo causal entre o ato do devedor e a sua insolvência, que o impossibilita de garantir a satisfação do crédito, como também por reduzir a garantia, tornando-a insuficiente para atender ao crédito; e b) o

---

Andréa M. R. *Falência*, cit., p. 209-212; BEZERRA FILHO, Manoel Justino. *Nova Lei*, cit., p. 296-313; VENOSA, Sílvio de S. *Manual dos contratos e obrigações unilaterais da vontade*. São Paulo: Atlas, 1997. p. 91; FAZZIO JÚNIOR, Waldo. *Nova Lei*, cit., p. 307-324. Falência no direito português: ASCENSÃO, José de Oliveira. *Direito civil*. São Paulo: Saraiva, v. 1, 2010. p. 160-173.

[56] PEREIRA, Caio Mário da Silva. *Instituições de direito civil*: introdução ao direito civil. 20. ed. Rio de Janeiro: Forense, v. I, 2004. p. 513; NADER, Paulo. *Curso de direito civil*: parte geral. Rio de Janeiro: Forense, 2003. p. 469.

Capítulo 2 • Desconsideração da personalidade jurídica   99

subjetivo (*consilium fraudis*), que é a má-fé, a intenção de prejudicar o credor, ilidindo os efeitos da cobrança. Contudo, não mais se exige a *scientia fraudis* para anular negócio gratuito ou remissão de dívida com fraude contra credores. Mesmo que o devedor ou o beneficiário da fraude ignorem que tal ato reduzirá a garantia ou provocará a insolvência, esse negócio jurídico será suscetível de nulidade relativa. A causa da anulação é objetiva, por ser suficiente que haja a redução do devedor ao estado de insolvência[57].

Especificamente para a anulação do negócio celebrado em fraude contra credores, o instrumento jurídico é a ação pauliana ou revocatória, ação de natureza jurídica pessoal e constitutiva que segue o rito processual ordinário.

São pressupostos da ação pauliana ou revocatória: a) ser o crédito do autor anterior ao ato fraudulento; b) que o ato que se pretende revogar tenha causado prejuízos; c) que haja intenção de fraudar, presumida pela consciência do estado de insolvência; d) pode ser intentada contra o devedor insolvente, contra a pessoa que com ele celebrou a estipulação fraudulenta, ou terceiros adquirentes que hajam procedido de má-fé (CC, art. 161); e) prova da insolvência do devedor[58].

---

[57] DINIZ, Maria Helena. *Curso de direito civil brasileiro*. 41. ed. São Paulo: Saraiva, v. 1, 2024. p. 543-546.

Vide, também: PAES, Paulo Roberto Tavares. *Fraude contra credores*. São Paulo: Revista dos Tribunais, 1993; RODRIGUES, Silvio. *Direito civil*: parte geral. 32. ed. atual. São Paulo: Saraiva, v. 1, 2002; LINTZ, Sebastião. Da fraude contra credores. *Revista do Curso de Direito da Universidade Federal de Uberlândia, 14*:45-8; OLIVEIRA, Lauro Laertes de. *Da ação pauliana*, 1989; CAHALI, Yussef Said. *Fraude contra credores*, 1999; THEODORO JÚNIOR, Humberto. Lesão e fraude contra credores no Projeto do novo Código Civil brasileiro. *RT, 771*:11; PALU, Oswaldo Luiz. A fraude contra credores e as ações pauliana e revocatória. *Justitia, 155*:96; GRINBERG, Mauro. Fraude contra credores. *Justitia, 81*:173; FERNANDES, Iara de Toledo. Fraude contra credores, *RPGESP, 29*:213; TERRA, Marcelo. Patologia nos negócios imobiliários: uma proposta de releitura das fraudes contra credores e de execução. *Revista do Advogado, 145*:128-140; ADCOAS, n. 83.720, 1982; n. 90.307, 1983; *RT, 748*: 226, *672*:178, *637*:154, *644*:110, *553*:248, *619*:126, *605*:173, *600*:258; *EJSTJ, 11*:60 e 73. Consulte: Lei n. 11.101/2005, arts. 129, 130, 168 a 178.

[58] DINIZ, Maria Helena. *Curso de direito civil brasileiro*. 41. ed. São Paulo: Saraiva, v. 1, 2024. p. 546-548.

Vide: DINAMARCO, Cândido Rangel. Fraude contra credores alegada nos embargos de terceiros. *RJTJSP, 97*:8-31; NERY JR., Nelson. Fraude contra credores e os embargos de terceiro. *Revista Brasileira de Direito Processual*. Forense, 1981, p. 30 e 55-70; FORNACIARI JR., Clito.

Poderão ser acionados por terem celebrado estipulação fraudulenta com o devedor insolvente: a) herdeiros do adquirente, com a restrição do art. 1.792 do Código Civil; b) contratante ou adquirente de boa-fé, sendo o ato a título gratuito, embora não tenha o dever de restituir os frutos percebidos (CC, art. 1.214) nem o de responder pela perda ou deterioração da coisa, a que não deu causa (CC, art. 1.217), tendo, ainda, o direito de ser indenizado pelas benfeitorias úteis e necessárias que fez (CC, art. 1.219); c) adquirente de boa-fé, sendo o negócio oneroso, hipótese em que, com a revogação do ato lesivo e restituição do bem ao patrimônio do devedor, entregar-se-á ao contratante acionado a contraprestação que forneceu, em espécie ou no equivalente. Quem receber bem do devedor insolvente, por ato oneroso ou gratuito, conhecendo seu estado de insolvência, será obrigado a devolvê-lo, com os frutos percebidos e percipiendos (CC, art. 1.216), tendo, ainda, de indenizar os danos sofridos pela perda ou deterioração da coisa, exceto se demonstrar que eles sobreviriam se ela estivesse em poder do devedor (CC, art. 1.218). Todavia, resguardado estará seu direito à indenização das benfeitorias necessárias que, porventura, tiver feito no bem (CC, art. 1.220)[59].

Perdem os credores a legitimação ativa para movê-la, se o adquirente dos bens do devedor insolvente que ainda não pagou o preço, que é o corrente (correspondente ao do mercado), depositá-lo em juízo, com citação de

---

Sem insolvência não há fraude à execução. *Tribuna do Direito*, julho de 2003; AMERICANO, Jorge. *Da ação pauliana*. São Paulo: Saraiva, 1932; BRUDCHI, Gilberto Gomes. Fraude de execução (polêmicas). In: *Processo de execução* (coord. Bruschi). São Paulo: RCS, 2005; HANADA, Nelson. *Da insolvência e sua prova na ação pauliana*. São Paulo, 1982. p. 101 e s. *Vide*: CP, art. 179; CPC/2015, arts. 789, 792, 774, I, e 856, § 3º; Lei n. 5.172/66, art. 185; *RJTJSP, 85*:268, 95:34; *RJE, 4*:23; CC, art. 206, § 49; Decreto-lei n. 1.003/38; *RT, 96*:683, *95*:842, *80*:305; *RF, 251*:242; *RT, 645*:10, *644*:71, *527*:266, *540*:124, *541*:156; JSTJ, *5*:53 e 66, *11*:73, *14*:66. A fraude contra credores pode ser reconhecida em embargos de terceiro, desde que da relação processual nessa via incidental tenha também participado o executado, haja vista que não se pode anular um ato jurídico bilateral sem que estejam presentes todas as partes nele envolvidas (TAMG, ADCOAS, n. 82.903, 1982). A Súmula 195 do STJ prescreve: "Em embargos de terceiro não se anula ato jurídico, por fraude contra credores". A fraude à execução é alienação *pendente lite* (*RJ, 155*:54; *JSTF, 96*:77; *RITARGS, 89*:197; *RT, 669*:186, *684*:98, *689*:167 e *741*:318), e a contra credores consiste na redução de garantia geral ou desfalque patrimonial. *Vide*: CC francês, art. 1.167; CC italiano, art. 2.901; CC espanhol, art. 1.291; CC português, arts. 610 a 616; CC paraguaio, arts. 312 a 314.

[59] DINIZ, Maria Helena. *Curso de direito civil brasileiro*. 41. ed. São Paulo: Saraiva, v. 1, 2024. p. 543-546.

todos os interessados (CC, art. 160). Se for inferior, o adquirente, para conservar os bens, poderá depositar a quantia correspondente ao valor real (CC, art. 160, parágrafo único). A lei concede uma chance para sanar o defeito original, possibilitando uma regularização da situação, efetuando-se o depósito até mesmo depois de julgada procedente a ação pauliana. Com isso, não se ultima a fraude contra credores, pois não houve diminuição patrimonial. Para que não haja nulidade relativa do negócio jurídico lesivo a credor, será mister que o adquirente: a) ainda não tenha pago o preço real, justo ou corrente; b) promova o depósito judicial desse preço; e c) requeira a citação de todos os interessados, para que tomem ciência do depósito. Com isso assegurará a satisfação dos credores, não se justificando a rescisão contratual, pois ela não trará qualquer vantagem aos credores defraudados, que, no processo de consignação em pagamento, poderão, se for o caso, contestar o preço alegado, hipótese em que o magistrado deverá determinar a perícia avaliatória[60].

O principal efeito da ação pauliana é revogar o negócio lesivo aos interesses dos credores, repondo o bem no patrimônio do devedor, cancelando a garantia real concedida (CC, art. 165 e parágrafo único) em proveito do acervo sobre que se tenha de efetuar o concurso de credores, possibilitando a efetivação do rateio, aproveitando a todos os credores e não apenas ao que a intentou[61].

Para o caso de simulação, todavia, o legislador pátrio aferiu a possibilidade de nulidade, segundo se compreende a partir do art. 167, do referido diploma legal, que dispõe:

Art. 167. "É nulo o negócio jurídico simulado, mas subsistirá o que se dissimulou, se válido for na substância e na forma.

§ 1º Haverá simulação nos negócios jurídicos quando:

I – aparentarem conferir ou transmitir direitos a pessoas diversas daquelas às quais realmente se conferem, ou transmitem;

II – contiverem declaração, confissão, condição ou cláusula não verdadeira;

III – os instrumentos particulares forem antedatados, ou pós-datados.

§ 2º Ressalvam-se os direitos de terceiros de boa-fé em face dos contraentes do negócio jurídico simulado".

---

[60] DINIZ, Maria Helena. *Curso de direito civil brasileiro*. 41. ed. São Paulo: Saraiva, v. 1, 2024. p. 543-546.

[61] DINIZ, Maria Helena. *Curso de direito civil brasileiro*. 41. ed. São Paulo: Saraiva, v. 1, 2024. p. 546-548.

A simulação é uma declaração enganosa da vontade que visa produzir efeito diverso do ostensivamente indicado, iludindo-se terceiro através de uma falsa aparência, que acoberta a verdadeira feição do negócio jurídico. Nota-se, na simulação, uma conformação da vontade das partes do negócio com o escopo de prejudicar terceiro que ignora a real situação[62]. Como ensina Alberto Trabucchi[63], "la verdadera situación resulta de la declaración reservada entre las partes que se emitió al momento de concluirse el negocio aparente"[64].

Os negócios simulados inegavelmente são bastante frequentes na prática, vezes intencionando contornar uma proibição oriunda de norma inderrogável pela vontade das partes, ora no intuito de se esquivar de gravames fiscais, fraudar credores etc.[65]

Deve-se frisar, nesta oportunidade, que a simulação não implica necessariamente numa fraude. Conforme afirma Emilio Betti[66], trata-se "de duas qualificações heterogêneas, dependentes de dois aspectos diversos, sob os quais o negócio pode ser considerado. A fraude, e de uma maneira geral a ilicitude, exprime uma qualificação do interesse que determina em concreto a celebração do negócio (§ 9º), apreciado em conexão com a causa típica.

---

[62] DINIZ, Maria Helena. *Curso de direito civil brasileiro*. 41. ed. São Paulo: Saraiva, v. 1, 2024. p. 531-532; RUGGIERO, Roberto de. *Instituições de direito civil*. Campinas/SP: Bookseller, v. 1, 1999. p. 328. Na linguagem comum, "simular" significa fingir o que não é, como diz Francesco Ferrara (Della simulazione dei negozi giuridici. 5. ed. Roma: Athenaeum. p. 1), "fare aparire ciò che non è, dimostrare una cosa che realmente non existe". *Vide*: MIRANDA, Custódio P. Ubaldino. *A simulação no direito civil*. São Paulo, 1980; MIRANDA, Custódio P. Ubaldino. Autonomia e natureza jurídica do acordo simulatório na simulação nos negócios jurídicos. *Revista do IASP*, *23*:65 a 72; TORRES, Heleno T. Teoria da simulação de atos e negócios jurídicos. Doutrinas essenciais, v. II, p. 547-610; LEME, Lino de M. Negócio simulado. Doutrinas essenciais, v. II, p. 663-68; *RT*, *697*:93, *703*:149, *829*:367; *RJTJSP*, *131*:65, *154*:196; *RJ*, *104*:165, *160*:161.

[63] TRABUCCHI, Alberto. *Instituciones de derecho civil*. Parte general. Negocio jurídico. Familia. Empresas y Sociedades. Derechos reales. Madrid: Editorial Revista de Derecho Privado, 1967. p. 162.

[64] "A verdadeira situação resulta da declaração confidencial entre as partes emitida no momento da conclusão do aparente negócio" (Tradução livre).

[65] TRABUCCHI, Alberto. *Instituciones de derecho civil*. Parte general. Negocio jurídico. Familia. Empresas y Sociedades. Derechos reales. Madrid: Editorial Revista de Derecho Privado, 1967. p. 163; RUGGIERO, Roberto de. *Instituições de direito civil*. Campinas/SP: Bookseller, v. 1, 1999. p. 328.

[66] BETTI, Emilio. *Teoria geral do negócio jurídico*. Campinas/SP: Servanda Editora, 2008. p. 568.

Capítulo 2 • Desconsideração da personalidade jurídica

A simulação, pelo contrário, exprime, simplesmente, uma divergência, ou uma repugnância, entre aquele interese e a causa".

Entre as características da simulação, é possível enumerar: a) falsa declaração bilateral da vontade; b) vontade exteriorizada que diverge da interna ou real, não correspondendo à intenção das partes; c) acerto com a outra parte, sendo, portanto, intencional o desacordo entre a vontade interna e a declarada; d) objetivo de iludir terceiro[67].

Embora na simulação se observe uma divergência entre a vontade real e a vontade declarada, não se trata de vício de consentimento porque o agente tem a percepção do resultado que a vontade procura realizar. Mas existe no negócio simulado um defeito que a doutrina classifica como vício social, pela ausência de conformidade entre a declaração de vontade e a ordem legal, em razão do resultado daquela ou da técnica de sua realização[68].

Quanto à natureza do engano, como ensina Silvio Rodrigues[69], ou conforme o conteúdo, como prefere Orlando Gomes[70], a simulação se classifica em absoluta ou relativa. De acordo com Arnoldo Wald[71], a simulação é absoluta "quando as partes não pretendem praticar, na realidade, ato jurídico algum e o ato simulado não encobre a realização de qualquer outro". Como exemplo de simulação absoluta, o citado autor cita a venda simulada, em que o vendedor transfere ficticiamente a coisa, no intuito de evitar que esta seja objeto de penhora por parte dos seus credores.

Por outro lado, a simulação relativa, também conhecida como dissimulação, ocorre quando, a par do contrato simulado, existe um pacto dissimulado, que o primeiro visa ocultar[72].

---

[67] DINIZ, Maria Helena. *Curso de direito civil brasileiro*. 41. ed. São Paulo: Saraiva, v. 1, 2024. p. 532.

[68] PEREIRA, Caio Mário da Silva. *Instituições de direito civil*: introdução ao direito civil. 20. ed. Rio de Janeiro: Forense, v. I, 2004. p. 535.

[69] RODRIGUES, Silvio. *Direito civil*: parte geral. 32. ed. atual. São Paulo: Saraiva, v. 1, 2002. p. 297.

[70] GOMES, Orlando. *Introdução ao Direito Civil*. 13. ed. Rio de Janeiro: Forense, 1998. p. 428.

[71] WALD, Arnoldo. *Direito civil*: introdução e parte geral. 9. ed. rev., ampl. e atual. São Paulo: Saraiva, 2002. p. 206.

[72] DINIZ, Maria Helena. *Curso de direito civil brasileiro*. 41. ed. São Paulo: Saraiva, v. 1, 2024. p. 538.

A simulação relativa se subdivide em subjetiva ou objetiva. No primeiro caso, tem-se como foco os participantes do negócio, sendo que a pessoa que figura no negócio não é a mesma que deverá se beneficiar do seu resultado. Como lembra Orlando Gomes[73], o sujeito aparente nesses casos denomina-se "testa de ferro" ou "homem de palha". Trata-se do que a doutrina classifica como interposição de pessoa. Já na simulação relativa objetiva, o enfoque está na natureza, no objeto ou em um dos elementos do contrato. A natureza do negócio é mascarada quando, por exemplo, ostentando uma venda, na verdade as partes realizam uma doação. O objeto será dissimulado quando, declarando vender um bem, a verdadeira venda ocorre sobre coisa diversa. Já a adulteração de elemento do contrato se observa, por exemplo, nos casos de alteração da data da celebração do pacto[74].

O ponto comum entre simulação e dissimulação, segundo Washington de Barros Monteiro[75], é que "em ambas, o agente quer o engano; na simulação, quer enganar sobre a existência de situação não verdadeira, na dissimulação, sobre a inexistência de situação real. Se a simulação é um fantasma, a dissimulação é uma máscara".

Enumerando as consequências da simulação, Nelson Nery Junior e Rosa Maria de Andrade Nery[76] asseveram que a questão da simulação passou a ser de ordem pública, de interesse social. Isso implica dizer que a simulação: a) independe de ação judicial para ser reconhecida; b) pode ser alegada como objeção de direito material (defesa) e deve ser reconhecida de ofício pelo juiz (CC, art. 168, parágrafo único), a qualquer tempo e grau ordinário de jurisdição; c) é insuscetível de confirmação pelas partes (CC, art. 172) ou de convalidação pelo decurso do tempo (CC, art. 169); e d) tem os efeitos do seu reconhecimento retroativos à data da realização do negócio jurídico simulado (eficácia *ex tunc*).

No caso da simulação relativa, entretanto, o Código Civil, no seu citado art. 167, determina que o negócio dissimulado subsiste, se lícito. Nesse

---

[73] GOMES, Orlando. *Introdução ao Direito Civil*. 13. ed. Rio de Janeiro: Forense, 1998. p. 429.

[74] DINIZ, Maria Helena. *Curso de direito civil brasileiro*. 41. ed. São Paulo: Saraiva, v. 1, 2024. p. 539-540.

[75] MONTEIRO, Washington de Barros. *Curso de direito civil*: parte geral. 39. ed. rev. e atual. São Paulo; Saraiva, v. 1, 2003. p. 254.

[76] NERY JR., Nelson; NERY, Rosa Maria de Andrade. *Código Civil comentado*. 3. ed. rev. e ampl. São Paulo: RT, 2005. p. 258.

Capítulo 2 • Desconsideração da personalidade jurídica

sentido, Roberto de Ruggiero[77] ressalva que "isto desde que no negócio simulado se contenham todos os elementos substanciais e formais que são necessários para a existência do dissimulado (assim: uma venda simulada para mascarar uma doação, o que nasce é a doação, desde que seja lícita uma doação entre as partes), se tenha observado a formalidade da escritura pública etc.)".

A desconsideração e a fraude à execução decorrem de atos fraudulentos. Na fraude à execução o ato de disposição viciado ocorre depois de iniciado o processo judicial ou arbitral e seu reconhecimento conduz à inexecução do ato relativamente ao credor.

No tocante à fraude à execução, determina o Código de Processo Civil (art. 792) que esta se observa quando: a) pendente sobre o bem ação fundada em direito real ou com pretensão reipersecutória, desde que a pendência do processo tenha sido averbada no respectivo registro público, se houver; b) pendente processo de execução com averbação no registro do bem; c) pendente hipoteca judiciária ou outro ato de constrição judicial originário do processo onde foi arguida a fraude, averbado(a) no registro do bem; d) em curso ação capaz de reduzir o devedor à insolvência, ao tempo da alienação ou da oneração do bem; ou e) nos demais casos expressos em lei.

Ao tratarem da fraude à execução, Fredie Didier[78] et al. ensinam:

A fraude à execução é a manobra do devedor que causa dano não apenas ao credor (como na fraude pauliana), mas também à atividade jurisdicional executiva. Trata-se de instituto tipicamente processual. É considerada mais grave do que a fraude contra credores, vez que cometida no curso de processo judicial, executivo o apto a ensejar futura execução, frustrando os seus resultados. Isso deixa evidente o intuito de lesar o credor, a ponto de ser tratada com mais rigor.

A fraude à execução pressupõe um processo. Dessa forma, a alienação ou oneração de bem em fraude à execução é considerada ineficaz em relação ao exequente, permitindo que este persiga o bem e o submeta à

---

[77] RUGGIERO, Roberto de. *Instituições de direito civil*. Campinas/SP: Bookseller, v. 1, 1999. p. 332.

[78] DIDIER, Fredie et al. *Curso de direito processual civil*. 7. ed. Salvador: Juspodivm, v. IV, 2017. p. 388.

satisfação do crédito, sem a necessidade de interposição de nova ação, bastando a alegação e comprovação da fraude nos autos da própria execução[79].

O Código de Processo Civil (art. 792, § 4º) ressalva a possibilidade de interposição de embargos de terceiro por parte do adquirente do bem, o qual deverá ser intimado para tal fim, como diligência prévia à declaração da fraude contra credores nos autos.

A fraude à execução, assim como os casos de fraude contra credores, passível de ação pauliana, são exemplos da atenuação do próprio princípio da relatividade dos efeitos do contrato, tendo em vista a relação com o terceiro qualificado como credor prejudicado.

Vale lembrar que fraude à execução é crime tipificado no art. 179, do Código Penal, o qual dispõe: "Fraudar execução, alienando, desviando, destruindo ou danificando bens, ou simulando dívidas: Pena – detenção, de seis meses a dois anos, ou multa. Parágrafo único – Somente se procede mediante queixa".

A fraude à execução é considerada, ainda, ato atentatório à dignidade da justiça (CPC, art. 774, I), ensejando imposição de multa em montante não superior a vinte por cento do valor atualizado do débito em execução, a ser revertida em proveito do exequente, exigível nos próprios autos do processo, sem prejuízo de outras sanções de natureza processual ou material.

A lei (CPC, art. 712, § 3º), apesar da desconsideração e da fraude à execução serem institutos diversos, apesar de fundados em negócios fraudulentos, tenta regular ambos conjuntamente. Todavia esse fundamento comum não autoriza considerar a fraude à execução, antes de desconsideração, ao se retroagir a fraude à execução à data de citação da sociedade desconsiderada, ou seja, antes da integração do sócio à execução, que ocorre após a desconsideração: a norma processual dá a entender que a desconsideração já existe. Se a pretensão à desconsideração for rejeitada, não haverá fraude à execução relativamente a sócio. Se acolhida for ter-se-á fraude à execução, desde a citação, que é anterior à desconsideração. Com isso

---

[79] BEDAQUE, José Roberto dos Santos. Cognição e decisões do juiz no processo executivo. In: *Processo e Constituição*: estudos em homenagem ao professor José Carlos Barbosa Moreira. Luiz Fux, Nelson Nery Jr. e Teresa Arruda Alvim Wambier (coords.). São Paulo: RT, 2006. p. 364.

surge a impressão de que a lei confunde desconsideração com prescrição, pois a contagem do prazo a partir da citação da pessoa a ser desconsiderada apenas teria sentido para o caso de prescrição de execução e não para fraude à execução, que envolve terceiro adquirente que não tem nenhuma relação com a sociedade. O artigo acima mencionado passa a ideia de que decisão declaratória tem efeito retroativo, mantendo a fraude à execução sob condição suspensiva até que surja a decisão sobre desconsideração. Só se pode configurar fraude à execução se presentes os requisitos previstos nos arts. 792 e 137 do CPC, além da prova da insolvência do executado e má-fé do adquirente. Se o sócio não for chamado para integrar a execução em que a sociedade é devedora não há fraude à execução em caso de alienação ou oneração de bens. Se se tratar de desconsideração inversa será preciso citar a sociedade para integrar a execução em que o executado é sócio para depois se falar em fraude à execução[80].

As figuras analisadas, assim, não se confundem por si só com a desconsideração da personalidade jurídica, pois esta não visa à desconstituição de negócios jurídicos específicos, mas atinge todo o patrimônio dos sócios, haja vista a episódica superação da blindagem da pessoa jurídica.

Nos casos em que for possível a anulação do negócio jurídico específico que causou o prejuízo ao credor, esta deve ser a opção adotada pelo Poder Judiciário, ao invés da desconsideração da personalidade jurídica, em nome do princípio da menor onerosidade da execução para o devedor (CPC, art. 805). Como nas hipóteses de fraude contra a execução e simulação o reconhecimento da nulidade pode ocorrer sem a instauração do incidente processual, a opção por tais vias também se lastreia na celeridade processual.

2.5 DESCONSIDERAÇÃO DA PERSONALIDADE NAS SOCIEDADES LIMITADAS UNIPESSOAIS

Ponto que poderia ensejar dúvidas quanto à possibilidade de desconsideração da personalidade jurídica é o caso das sociedades limitadas unipessoais.

---

[80] ROCHA, Silvio Luís Ferreira da. Contratos. In: CAMBLER, Everaldo (coord.). *Curso avançado de direito civil*. São Paulo: Revista dos Tribunais, v. 3, 2002. p. 38; SOUZA, Gilson A. *Desconsideração da personalidade jurídica*: aspectos materiais e processuais. RODRIGUES, Marcelo Abelha et al. (coord.). Indaiatuba: Foco, 2023. p. 107-11.

O instituto da empresa individual de responsabilidade limitada – EI-RELI ingressou no ordenamento jurídico brasileiro através da Lei n. 12.441/2011, a qual inseriu o art. 980-A no Código Civil, atualmente revogado pela Lei n. 14.382/2022.

As empresas individuais limitadas eram regidas no que coubesse pelas normas alusivas à sociedade limitada e poderiam resultar da concentração de quotas de outra modalidade societária num único sócio, independentemente dos motivos conducentes àquela concentração. O seu nome empresarial era formado pela inclusão do termo Eireli após a firma ou denominação social (CC, 980-A, §§1º a 6º). E pelos Enunciados n. 3 e 4 da I Jornada de Direito Comercial não era sociedade unipessoal, mas um novo ente distinto da pessoa do empresário e da sociedade empresária e uma vez subscrito e efetivamente integralizado o capital, a Eireli não sofria nenhuma influência decorrente de alterações do salário-mínimo.

Tratou a Lei n. 12.441/2011 de uma tentativa de regularizar uma situação da realidade empresarial brasileira, onde muitas vezes os casais ou demais familiares constituíam uma sociedade meramente formal, com o intuito de limitar a responsabilidade patrimonial da empresa, pela inexistência de uma figura jurídica eficiente para a proteção dos interesses do empresário individual. Em praças comerciais como a de São Paulo, contudo, a nova figura legal não foi efetiva, deixando de contar com a adesão empresarial, principalmente porque o capital social mínimo exigido para sua constituição era de cem salários-mínimos, a ser totalmente integralizado quando da constituição, o que foi considerado muito elevado[81].

Ocorre que a Lei de Liberdade Econômica (Lei n. 13.874/2019) promoveu alterações também nessa seara, para criação da sociedade limitada unipessoal, inserida no Código Civil, nos seus §§ 1º e 2º, do art. 1.052. Dessa forma, a sociedade limitada passou a poder ser constituída apenas por uma pessoa, nesse caso sendo aplicadas ao documento de constituição as disposições compatíveis sobre contrato social, sem limitação mínima ou máxima para a constituição do capital social, ou a integralização imediata

---

[81] TOMASEVICIUS FILHO, Eduardo. A tal "lei da liberdade econômica". *Revista da Faculdade de Direito*, Universidade de São Paulo, *[S. l.]*, v. 114, p. 101-123, 2019. DOI: 10.11606/issn.2318-8235.v114p101-123. Disponível em: https://www.revistas.usp.br/rfdusp/article/view/176578. Acesso em: 2-11-2022. p. 115.

Capítulo 2 • Desconsideração da personalidade jurídica

dele. No mais, a sociedade unipessoal segue as regras previstas para as sociedades limitadas em geral.

Note-se que, como o art. 980-A, que tratava da empresa individual de responsabilidade limitada – EIRELI, só foi revogado em 2022, pela Lei n. 14.382, este instituto conviveu até então com a figura da sociedade limitada unipessoal, de forma a causar imprecisões técnicas e conflitos no ordenamento jurídico brasileiro.

Com a revogação do art. 44, VI, do CC e do Título I-A do Livro II da Parte Especial pela Lei n. 14.382/2022 e do art. 1.033, IV, do CC pela Lei 14.195/2021 sempre se poderá transformar as *Eirelis* em *sociedades limitadas unipessoais*, independentemente de qualquer alteração em seu ato constitutivo, pois a DREI disciplinará tal transformação (CC, arts. 1.052, §§ 1º e 2º, 1.113 a 1.115; Lei n. 14.195/2021, art. 41, parágrafo único).

Será que para desconsiderar personalidade jurídica de sociedade limitada unipessoal será necessária a prévia instauração de incidente de desconsideração da personalidade jurídica inversa?

A 3ª Turma do STJ (REsp 1874256 – rel. Min. Nancy Andrighi) considerou que a instauração prévia do incidente (CPC, arts. 133 e s.) é indispensável, tanto para autorizar a busca de bens pessoais do empresário, havendo débito da sociedade, quanto na situação inversa, que requer penhora de patrimônio empresarial para pagar obrigações do empresário individual. Isto porque os patrimônios não se confundem, salvo na hipótese de fraude, quando, por exemplo, o empresário abusa de blindagem patrimonial da pessoa jurídica, para ocultar seus pertences pessoais. Conclui a relatora que com a prévia instauração do incidente será possível garantir o exercício do contraditório e da ampla defesa da pessoa jurídica ou da pessoa natural que a constituiu, demonstrando a presença ou a ausência dos pressupostos específicos para a superação momentânea da autonomia patrimonial. E ao determinar o processamento do incidente na execução promovida contra o titular da sociedade, reformou o acórdão do TJSP que deferiu, sem a prévia instauração de incidente de desconsideração da personalidade jurídica inversa, penhora de bens de uma Eireli para assegurar pagamento de débitos contraídos pela pessoa natural que a titulariza.

Em relação à possibilidade e ao procedimento para desconsideração da personalidade jurídica, dessa forma, a sociedade unipessoal seguirá todas as normas aplicáveis às sociedades limitadas em geral, inclusive na hipótese de desconsideração inversa, que visa a alcançar o patrimônio da pessoa jurídica em face de débito da pessoa física titular.

2.6 QUESTÃO DA RESPONSABILIDADE DO SÓCIO MINORITÁRIO PELA DESCONSIDERAÇÃO DA PERSONALIDADE JURÍDICA

É preciso lembrar que nem todo sócio define o destino da sociedade a que pertence. A sociedade anônima distingue aquele que tem influência nos seus rumos daquele que a usa como mero investimento não exercendo a gestão, o que não ocorre com a sociedade limitada. Consequentemente, conforme o tipo societário haverá uma maior ou menor participação dos sócios na vida da sociedade. Por isso é importante delimitar as funções e atribuições de sócios, para evitar ulterior problema da desconsideração da personalidade jurídica com o escopo de alcançar o patrimônio de sócios, em caso de abuso de direito ou de fraude.

Tal problemática surge na aplicação da teoria menor da desconsideração jurídica, que não requer desvio de finalidade e confusão patrimonial, ao sócio que entra na sociedade como beneficiário de um *vesting*, ou seja, como titular do direito de adquirir participação societária na empresa, que pode ser responsabilizado mesmo que não tenha o comando da empresa.

Cabe ao contrato social ou acordo de sócios disciplinar a situação do sócio e a do sócio administrador. Por isso, não pode haver uma responsabilização automática de sócios, sem que faça um estudo da organização da sociedade e há necessidade de se regulamentar minuciosamente a função dos sócios.

A Lei da Liberdade Econômica ao incluir no CC o art. 49-A e ao dar nova redação ao art. 50, trouxe delimitação conceitual aos termos "desvio de finalidade" e "confusão patrimonial", fornecendo critérios solucionadores de dúvidas sobre desconsideração da personalidade jurídica, dando realce ao princípio da presunção da boa-fé nos atos praticados no exercício da atividade econômica (art. 3º, V, da Lei n. 13.874/2019), levando a uma interpretação restritiva, já que o princípio da autonomia patrimonial da pessoa jurídica não pode ser interpretado extensivamente, por ser uma exceção[82].

---

[82] MAXIMILIANO, Carlos. *Hermenêutica e aplicação do direito*. Rio de Janeiro: Forense, 2011. p. 392.

Capítulo 2 • Desconsideração da personalidade jurídica

A Quarta Turma do STJ entende que a desconsideração abrange apenas sócios administradores e os que comprovadamente contribuírem para a prática da fraude ou do abuso (STJ, Ag. Inst. no AREsp n. 1735.099/SP, rel. Min. Raul Araújo, 4ªT., j. 24-4-2023). Assim se sócio minoritário não contribuiu para a prática de atos fraudulentos não pode ter responsabilidade pela desconsideração da personalidade jurídica (STJ, REsp 1861.306/SP, rel. Min. Ricardo Villas Bôas Cueva, 3ªT., j. 2-2-2021. No mesmo sentido: REsp 1315.110/SE, 3ªT., rel. Min. Nancy Andrighi, *DJe* de 7-6-2013)[83].

Logo, a desconsideração apenas poderá alcançar sócios que participaram da conduta ilícita ou dela tiraram proveito, independentemente de ser majoritário, minoritário, controlador ou não (STJ, REsp 1325.663, rel. Min. Nancy Andrighi). Os bens particulares de sócio minoritário, que não tem poder de gestão, estarão livres de execução, salvo se participou da fraude[84].

A lei se omitiu a respeito dos limites da desconsideração sobre o patrimônio do sócio minoritário, que têm sido apreciados jurisprudencialmente. É preciso norma que: ressalte a relevância da diferenciação entre sócio majoritário e minoritário para a desconsideração; estipule a medida da sua responsabilização pela confusão patrimonial ou fraude; delimite conceitualmente a locução "sócio minoritário"; defina a sua situação diante de credores da sociedade etc.

Realmente, o conceito "sócio minoritário" diz respeito àquele que tem menor percentual no capital social, sendo mais vulnerável relativamente ao sócio majoritário. Qual a relevância dessa sua condição perante credores e terceiros e quais os limites da desconsideração sobre seu patrimônio? Poderia ele pleitear sua responsabilização até certo valor, ou deverá arcar com débito maior do que sua participação societária?

---

[83] SANTOS, Renan. A desconsideração da personalidade jurídica contra sócio minoritário e o STJ. In: *Migalhas de Peso*. Disponível em: https://www.migalhas.com.br/depeso/393557/desconsideracao-da-personalidade-juridica-contra-socio-e-stj.

[84] GAÍNO, Itamar. *Responsabilidade dos sócios na sociedade limitada*. São Paulo: Saraiva, 2009; VITORELLI, Edilson; SILVA, Giovanna M. C. da. Os limites de responsabilidade do sócio minoritário na aplicação de incidente de desconsideração da personalidade jurídica: uma análise empírica das decisões do Tribunal de Justiça de São Paulo. In: *Desconsideração da personalidade jurídica*: aspectos materiais e processuais. RODRIGUES, Marcelo Abelha et al. (coord.). Indaiatuba: Foco, 2023.

Existem três doutrinas sobre a sua responsabilidade em caso de desconsideração: a) a teoria da responsabilização total, que entende que o sócio minoritário, independentemente do seu percentual no capital social, deve arcar com todo o ônus se, por exemplo, a empresa quebrar e deixar débitos não pagos, ainda que tire benefício ínfimo[85], já que, ao ingressar na empresa, tem responsabilidade solidária em relação aos demais e assume os riscos (STJ, REsp 1250.582/MG, rel. Min. Luis Felipe Salomão, 4ª T., j. 12-4-2016); b) a teoria da responsabilização proporcional com direito de regresso, pela qual se o minoritário vier a quitar toda a dívida, terá direito de regresso contra os demais sócios na proporção de participação no capital social[86]; c) a que sustenta que não se aplica a desconsideração ao minoritário, sem poderes de gestão, se não participou do desvio de finalidade ou confusão patrimonial, caso em que seu patrimônio particular estará resguardado.

Ante a lacuna da lei e a controvérsia do texto, ante o critério do *justum*, parece que melhor seria a aplicação da teoria da responsabilidade proporcional, que se imputa a qualquer tipo de sócio o dever de pagar aos credores a totalidade das dívidas, tendo o direito de buscar o retorno do *quantum* que despendeu, perante os demais na medida de sua participação no capital social[87].

Logo, a circunstância de 1 (um) sócio ser minoritário não leva à conclusão de que ele não tem poderes de gestão, nem responde com seu patrimônio pessoal. Ante o disposto no CC/50, o órgão judicante pode, a requerimento da parte, ou do MP quando lhe couber intervir no processo que a desconsideração se estenda aos bens particulares dos administradores ou sócios da pessoa jurídica. Logo, poder-se-á incluir no polo passivo da demanda qualquer sócio majoritário ou minoritário, pouco importando se havia ou não poderes de gestão, bastando prova de que o sócio tenha sido beneficiado, direta ou indiretamente, pelo abuso ou irregularidade empresarial.

---

[85] SALAMA. *A responsabilidade limitada no Brasil*. São Paulo: Malheiros, 2014. p. 453.

[86] COELHO, Fábio Ulhoa. *Manual de direito comercial*. São Paulo: Saraiva, 2011. p. 183.

[87] Consulte: VITORELLI et al. Os limites da responsabilidade do sócio minoritário na aplicação do incidente de desconsideração jurídica. In: *Desconsideração da personalidade jurídica*: aspectos materiais e processuais. RODRIGUES, Marcelo Abelha et al. (coord.). Indaiatuba: Foco, 2023. p. 655-667.

Capítulo 2 • Desconsideração da personalidade jurídica 113

No que atina à *disregard doctrine*, não se distingue sócio da sociedade, que pode insurgir-se se incluído no polo passivo da ação em cumprimento de sentença após a desconsideração da personalidade jurídica da empresa devedora, alegando que não se beneficiou, direta ou indiretamente, com a conduta ilícita, abusiva ou fraudulenta (TJPR, 13ª Câmara Cível, 0008243-48.2019.8.16.000, rel. Des. Rosana A. de Carvalho, j. 21-8-2019; STJ, Súmula 83)[88].

---

[88] *Vide*: GABALDO, Giuliane. A desconsideração da personalidade jurídica e o sócio minoritário. *Migalhas de Peso*. Disponível em: https://migalhas.com.br/depeso/38204/a-desconsideracao-da-personalidade-juridica-e-o-socio-minoritario.

Vide: "AGRAVO INTERNO NO AGRAVO EM RECURSO ESPECIAL. EMBARGOS À EXECUÇÃO. 1. DESCONSIDERAÇÃO DA PERSONALIDADE JURÍDICA. SÓCIO MINORITÁRIO. INDIFERENÇA. PREENCHIMENTO DOS REQUISITOS. REEXAME DE PROVAS. SÚMULA 7/STJ. 2. EX-SÓCIO. INAPLICÁVEIS AS REGRAS DOS ARTS. 1.003 E 1.032 DO CC. SÚMULA 83/STJ. 3. AGRAVO DESPROVIDO. 1. Nos termos da jurisprudência desta Corte Superior, não há distinção entre os sócios da sociedade empresária no que diz respeito à *disregard doctrine*, de forma que todos eles serão alcançados. Assim, tendo o acórdão *a quo* asseverado estarem preenchidos os requisitos para a desconsideração da personalidade jurídica, torna-se inviável infirmar tais conclusões sem que se esbarre no óbice da Súmula 7/STJ. 2. Não se aplicam os arts. 1.003 e 1.032 do CC para os casos de desconsideração da personalidade jurídica, a qual tem como fundamento o abuso de direito efetivado quando da parte ainda integrava o quadro societário da pessoa jurídica alvo da execução. Acórdão recorrido em harmonia com a jurisprudência desta Corte Superior, atraindo a incidência da Súmula 83/STJ. 3. Agravo interno desprovido" (STJ, AgInt no AREsp n. 1.347.243/SP, rel. Ministro Marco Aurélio Bellizze, Terceira Turma, j. em 18-3-2019, *DJe* de 22-3-2019).

"RECURSO ESPECIAL. AÇÃO DE INDENIZAÇÃO POR DANOS MORAIS E MATERIAIS. CUMPRIMENTO DE SENTENÇA. DESCONSIDERAÇÃO DA PERSONALIDADE JURÍDICA. HERDEIRA. SÓCIO MINORITÁRIO. PODERES DE GERÊNCIA OU ADMINISTRAÇÃO. ATOS FRAUDULENTOS. CONTRIBUIÇÃO. AUSÊNCIA. RESPONSABILIDADE. EXCLUSÃO. 1. Recurso especial interposto contra acórdão publicado na vigência do Código de Processo Civil de 1973 (Enunciados Administrativos n. 2 e 3/STJ). 2. Cuida-se, na origem, de ação de indenização por danos morais e materiais na fase de cumprimento de sentença. 3. A questão central a ser dirimida no presente recurso consiste em saber se a herdeira do sócio minoritário que não teve participação na prática dos atos de abuso ou fraude deve ser incluída no polo passivo da execução. 4. A desconsideração da personalidade jurídica, em regra, deve atingir somente os sócios administradores ou que comprovadamente contribuíram para a prática dos atos caracterizadores do abuso da personalidade jurídica. 5. No caso dos autos, deve ser afastada a responsabilidade da herdeira do sócio minoritário, sem poderes de administração, que não contribuiu para a prática dos atos fraudulentos. 6. Recurso especial não provido" (STJ, REsp n. 1.861.306/SP, rel. Ministro Ricardo Villas Bôas Cueva, Terceira Turma, j. em 2-2-2021, *DJe* de 8-2-2021).

"CIVIL E SOCIETÁRIO. AGRAVO INTERNO NO RECURSO ESPECIAL. DESCONSIDERAÇÃO DA PERSONALIDADE JURÍDICA. EX-SÓCIO MINORITÁRIO. AUSÊNCIA DE PODERES DE GERÊNCIA OU ADMINISTRAÇÃO. INEXISTÊNCIA DE IMPUTAÇÃO DE

Consequentemente, não mais se poderá asseverar que todos os sócios devem responder, com seu patrimônio pessoal, pelas dívidas da sociedade se a desconsideração se der, pois por esta só responderão os que, comprovadamente, foram beneficiados pelo ato abusivo ou tiveram conhecimento desse ato fraudulento ensejador da *disregard of legal entity*.

ATOS FRAUDULENTOS. EXCLUSÃO DE RESPONSABILIDADE. AGRAVO INTERNO NÃO PROVIDO. 1. A desconsideração da personalidade jurídica, em regra, deve atingir somente os sócios administradores ou quem comprovadamente contribuiu para a prática dos atos caracterizadores do abuso da personalidade jurídica. Precedentes. 2. As obrigações que geram solidariedade entre cedente e cessionário, nos termos do art. 1.003 do CC, são aquelas vinculadas diretamente às quotas sociais, não alcançando outras decorrentes da eventual prática de ato ilícito. Precedentes. 3. No caso dos autos, foi afastada a responsabilidade de ex-sócia ao fundamento de que jamais participou da gestão da sociedade, tampouco teve sua conduta vinculada à prática de ato abusivo ou fraudulento. Ao assim concluir, o acórdão recorrido harmoniza-se com o entendimento desta Corte Superior, atraindo a incidência da Súmula 83/STJ. 4. Agravo interno não provido" (STJ, AgInt no REsp n. 1.924.918/SP, rel. Ministro Raul Araújo, Quarta Turma, j. em 12-12-2022, *DJe* de 14-12-2022).

"AGRAVO DE INSTRUMENTO. Ação de Indenização. Fase de cumprimento de sentença. Oposição de Exceção de Pré-Executividade por sócia minoritária contra decisão que deferiu a desconsideração da personalidade jurídica da Empresa executada. INCONFORMISMO da executada deduzido no Recurso, anunciando o propósito de prequestionamento. REJEIÇÃO. Desconsideração da personalidade jurídica que atinge administradores ou sócios da pessoa jurídica, *ex vi* do art. 50 do Código Civil. Decisão mantida. RECURSO NÃO PROVIDO" (TJSP; Agravo de Instrumento 2226747-76.2017.8.26.0000; rel. Daise Fajardo Nogueira Jacot; Órgão Julgador: 27ª Câm. Dir. Priv.; Foro de Osasco – 6ª Vara Cível; data do julgamento: 31-7-2018; data de registro: 13-8-2018).

"AGRAVO DE INSTRUMENTO. AÇÃO DECLARATÓRIA DE INEXIGIBILIDADE DE CAMBIAIS C/C DANOS MORAIS. CUMPRIMENTO DE SENTENÇA. DECISÃO INTER-LOCUTÓRIA QUE REJEITOU EXCEÇÃO DE PRÉ-EXECUTIVIDADE, RECONHECEN-DO A LEGITIMIDADE DA PARTE. INSURGÊNCIA DO SÓCIO INCLUÍDO NO POLO PASSIVO DA AÇÃO EM CUMPRIMENTO DE SENTENÇA APÓS DESCONSIDERAÇÃO DA PERSONALIDADE JURÍDICA DA EMPRESA DEVEDORA. INSURGÊNCIA DA PAR-TE SOMENTE QUANTO A LEGITIMIDADE. DEFESA DE QUE FOI INCLUÍDO NO CONTRATO SOCIAL COMO FORMALIDADE QUE SE FAZIA NECESSÁRIA. ALEGA-ÇÃO DE NÃO TER SE BENEFICIADO COM A EMPRESA E DE SER SÓCIO MINORITÁ-RIO. INDIFERENÇA. SITUAÇÕES QUE NÃO AFASTAM SUA RESPONSABILIDADE PELO ADIMPLEMENTO DAS OBRIGAÇÕES CONTRAÍDAS PELA EMPRESA QUE TEVE SUA PERSONALIDADE DESCONSIDERADA. DECISÃO MANTIDA. AGRAVO DE INS-TRUMENTO CONHECIDO E NÃO PROVIDO" (TJPR, Agravo de Instrumento n. 0008243-48.2019.8.16.0000, Órgão Julgador: 13ª Câmara Cível, rel. Desembargadora Rosana Andriguetto de Carvalho, data do julgamento: 21-8-2019).

Capítulo 3
FORMA PROCEDIMENTAL DA DESCONSIDERAÇÃO DA PERSONALIDADE JURÍDICA

3.1 NATUREZA JURÍDICA

O CPC/2015 veio abarcar normas sobre a forma procedimental da desconsideração da personalidade jurídica, evitando que haja ativismo judicial, usurpando as funções do Poder Legislativo, ao fazer uso de técnica procedimental equivocada, ao ampliar inadvertidamente as hipóteses de aplicação desse instituto, desestimulando a atividade empresarial e, até mesmo, a participação no capital social das sociedades. Realmente, não havia entendimento unívoco sobre a ocorrência da desconsideração durante o processo e ocorriam fatos oriundos da ampliação da responsabilidade pela desconsideração no curso da demanda, não havendo, às vezes, citação prévia das pessoas atingidas, afrontando norma constitucional segundo a qual ninguém pode ser privado de seus bens sem o devido processo legal[1].

Especificamente sobre o incidente de desconsideração da personalidade jurídica, o Código de Processo Civil estabelece:

Art. 133. "O incidente de desconsideração da personalidade jurídica será instaurado a pedido da parte ou do Ministério Público, quando lhe couber intervir no processo.

§ 1º O pedido de desconsideração da personalidade jurídica observará os pressupostos previstos em lei.

§ 2º Aplica-se o disposto neste Capítulo à hipótese de desconsideração inversa da personalidade jurídica."

Art. 134. "O incidente de desconsideração é cabível em todas as fases do processo de conhecimento, no cumprimento de sentença e na execução fundada em título executivo extrajudicial.

---

[1] Sobre o tema, consulte: DINIZ, Maria Helena. *Curso de direito civil brasileiro*. 16. ed. rev. e atual. São Paulo: Saraiva, v. 8, 2024.

§ 1º A instauração do incidente será imediatamente comunicada ao distribuidor para as anotações devidas.

§ 2º Dispensa-se a instauração do incidente se a desconsideração da personalidade jurídica for requerida na petição inicial, hipótese em que será citado o sócio ou a pessoa jurídica.

§ 3º A instauração do incidente suspenderá o processo, salvo na hipótese do § 2º.

§ 4º O requerimento deve demonstrar o preenchimento dos pressupostos legais específicos para desconsideração da personalidade jurídica."

Art. 135. "Instaurado o incidente, o sócio ou a pessoa jurídica será citado para manifestar-se e requerer as provas cabíveis no prazo de 15 (quinze) dias."

Art. 136. "Concluída a instrução, se necessária, o incidente será resolvido por decisão interlocutória.

Parágrafo único. Se a decisão for proferida pelo relator, cabe agravo interno."

Art. 137. "Acolhido o pedido de desconsideração, a alienação ou a oneração de bens, havida em fraude de execução, será ineficaz em relação ao requerente."

Ainda ao tratar do tema da responsabilidade patrimonial, o Código de Processo Civil especifica que:

Art. 795. "Os bens particulares dos sócios não respondem pelas dívidas da sociedade, senão nos casos previstos em lei.

§ 1º O sócio réu, quando responsável pelo pagamento da dívida da sociedade, tem o direito de exigir que primeiro sejam excutidos os bens da sociedade.

§ 2º Incumbe ao sócio que alegar o benefício do § 1º nomear quantos bens da sociedade situados na mesma comarca, livres e desembargados, bastem para pagar o débito.

§ 3º O sócio que pagar a dívida poderá executar a sociedade nos autos do mesmo processo.

§ 4º Para a desconsideração da personalidade jurídica é obrigatória a observância do incidente previsto neste Código."

A inovação legislativa do Código de Processo Civil enseja perguntas sobre qual a natureza jurídica do procedimento da desconsideração jurídica.

Perquirir sobre a natureza jurídica de um instituto significa, em termos gerais, buscar a sua essência, sua substância, que a ele segue

Capítulo 3 • Forma procedimental da desconsideração da personalidade jurídica 117

indissoluvelmente atrelada, pelo que se detecta uma afinidade com uma grande categoria jurídica, na qual pode ser incluído, à guisa de classificação[2].

Pode-se requerer a desconsideração da personalidade jurídica na petição inicial (CPC, art. 134, § 2º), podendo o autor da ação fazer uso da técnica de litisconsórcio eventual, se quiser incluir no polo passivo a sociedade ou o sócio, se houver desconsideração inversa.

Considerando-se que o pedido de responsabilização dos sócios, por via da desconsideração da personalidade jurídica, pode constar na petição inicial, sendo estes arrolados como réus juntamente com a pessoa jurídica devedora, ter-se-ia o caso de litisconsórcio passivo.

O litisconsórcio ocorre quando duas ou mais pessoas litigam no mesmo processo, de forma simultânea, como autoras ou rés, com afinidade de interesses, caracterizando a pluralidade subjetiva da lide. Isso se justifica nos casos em que: a) entre elas houver comunhão de direitos ou de obrigações relativamente à lide; b) entre as causas houver conexão pelo pedido ou pela causa de pedir; ou c) ocorrer afinidade de questões por ponto comum de fato ou de direito (CPC, art. 113). Trata-se de uma determinação de direito material, com consequências em economia processual, celeridade, eficiência e harmonia dos julgados[3].

O litisconsórcio pode ser classificado conforme quatro critérios: a) posição dos litisconsortes; b) momento de formação; c) obrigatoriedade ou não de sua formação; e d) exigência ou não de uniformidade decisória. Quanto à posição dos litisconsortes, classifica-se em ativo (de demandantes), passivo (de demandados) ou recíproco ou misto (de demandantes e demandados); quanto ao momento de formação, inicial (desde a petição inicial) ou ulterior (incidental no processo); quanto à obrigatoriedade, facultativo (independência dos litisconsortes em relação à parte contrária) ou necessário (obrigatório para o andamento do processo, conforme o CPC,

---

[2] DE PLÁCIDO E SILVA. *Vocabulário jurídico*: J-P. 12. ed. Rio de Janeiro: Forense, v. III, 1996. p. 230; DINIZ, Maria Helena. *Dicionário jurídico*. 2. ed. rev., atual. e aum. São Paulo: Saraiva, v. 3, 2005. p. 381.

[3] MARINONI, Luiz Guilherme; ARENHART, Sérgio Cruz; MITIDIERO, Daniel. *Código de Processo Civil comentado*. 6. ed. rev., atual. e ampl. São Paulo: Revista dos Tribunais, 2020. p. 280; NERY JR., Nelson; NERY, Rosa Maria de Andrade. *Código de Processo Civil comentado*. 19. ed. rev., atual. e ampl. São Paulo: Revista dos Tribunais, 2020. p. 467.

art. 114); quanto à uniformidade decisória, litisconsórcio simples (sem exigência de decisão uniforme para os litisconsortes) ou unitário (com decisão uniforme para os consortes, nos termos do CPC, art. 116)[4].

O próprio art. 113, §§ 1º e 2º, do Código de Processo Civil, entretanto, faz a ressalva de que o litisconsórcio facultativo pode ser limitado em qualquer fase do processo, se: a) comprometer a rápida solução do litígio; b) dificultar a defesa; ou c) dificultar o cumprimento da sentença, tendo em vista que nesses casos a celeridade, que é uma das finalidades do instituto, estaria prejudicada. O requerimento de limitação interrompe o prazo para manifestação ou resposta.

O Código de Processo Civil disciplina com mais detalhes o litisconsórcio necessário, que pode ocorrer por disposição de lei ou pela própria natureza da relação jurídica em litígio, quando a eficácia da sentença dependerá da citação de todos os envolvidos (CPC, art. 114). Nesses casos, se a sentença de mérito for proferida sem a participação dos litisconsortes necessários, será: a) nula, no caso de litisconsórcio necessário e unitário; ou b) ineficaz nos demais casos, em relação aos que não foram citados para o processo. Para fins de afastamento da eventual nulidade, o juiz determinará ao autor que requeira a citação de todos que devam ser litisconsortes (CPC, art. 115).

À exceção do litisconsórcio unitário, os litisconsortes atuam como litigantes distintos e independentes em relação à parte adversa, de forma que os atos e as omissões de cada um não prejudicam os demais, embora os possam beneficiar (CPC, art. 117). Assim, cada litisconsorte deve ser regularmente intimado dos atos do processo de forma a promover adequadamente o seu andamento (CPC, art. 118).

Por sua vez, a processualização da desconsideração, nos termos propostos pelos arts. 133 a 137, do Código de Processo Civil, passa a ser tida como uma nova modalidade de intervenção de terceiro, que ocorre quando um terceiro, alguém que nada pede e contra quem nada fora pedido, ingressa num processo em andamento, para ocupar a posição de parte ou

---

[4] MARINONI, Luiz Guilherme; ARENHART, Sérgio Cruz; MITIDIERO, Daniel. *Código de Processo Civil comentado*. 6. ed. rev., atual. e ampl. São Paulo: Revista dos Tribunais, 2020. p. 280; NERY JR., Nelson; NERY, Rosa Maria de Andrade. *Código de Processo Civil comentado*. 19. ed. rev., atual. e ampl. São Paulo: Revista dos Tribunais, 2020. p. 467.

Capítulo 3 • Forma procedimental da desconsideração da personalidade jurídica   119

assistente simples da parte[5]. O Código de Processo Civil disciplina como intervenção de terceiros a assistência (arts. 119 a 124), a denunciação da lide (arts. 125 a 129), o chamamento ao processo (arts. 130 a 132), o incidente de desconsideração da personalidade jurídica (arts. 133 a 137) e o *amicus curiae* (art. 138).

A assistência pode ser simples ou litisconsorcial. A assistência simples ocorre quando o assistente atua como auxiliar da parte principal, exercendo os mesmos poderes e sujeitando-se aos mesmos ônus processuais, podendo se tornar substituto processual da parte principal, caso esta seja revel ou omissa (CPC, art. 121). Nessa espécie de assistência, não é possível elidir o direito da parte principal de reconhecer a procedência do pedido, desistir da ação, renunciar ao direito ou de transigir (CPC, art. 122). Transitada em julgado, a sentença fará coisa julgada contra o assistente, exceto se foi impedido de produzir provas suscetíveis de influir na sentença ou se o assistido deixou de utilizar, por dolo ou culpa, provas que poderiam interferir na decisão (CPC, art. 123). Já a assistência litisconsorcial ocorre quando a sentença influir na relação jurídica entre o assistente e o adversário do assistido (art. 124).

A denunciação da lide ocorre quando o terceiro é incluído no processo por requerimento de uma das partes, que contém contra ele uma pretensão indenizatória, no caso de condenação. Funciona de forma equivalente a uma ação de regresso antecipada, valorizando-se a economia processual. Eventualmente, se a denunciação não for promovida ou for indeferida, o direito regressivo poderá ser exercido por ação autônoma (CPC, art. 125). Se o denunciante for o autor do processo, a citação do denunciado será requerida na petição inicial e este poderá assumir a posição de litisconsorte (CPC, arts. 126 e 127). Se o denunciante for o réu, a citação do denunciado será requerida na contestação, gerando igualmente litisconsórcio entre estes, se o denunciado contestar o pedido do autor. Não havendo contestação por parte do denunciado ou confessando este os fatos alegados na inicial, o denunciante poderá restringir a sua atividade à ação regressiva (CPC, arts. 126 a 128). Caso o denunciante seja vencido na ação principal, segue-se o julgamento da denunciação da lide (CPC, art. 129).

---

[5] MARINONI, Luiz Guilherme; ARENHART, Sérgio Cruz; MITIDIERO, Daniel. *Código de Processo Civil comentado*. 6. ed. rev., atual. e ampl. São Paulo: Revista dos Tribunais, 2020. p. 286.

O chamamento ao processo é requerido pelo réu, na contestação, para incluir terceiro no processo, que seja responsável principal ou solidário pelo cumprimento da obrigação (CPC, art. 130 e 131). Nesses casos, com a procedência da ação, a sentença valerá como título executivo em favor do réu que satisfizer a dívida, em relação ao devedor principal ou codevedores (CPC, art. 132).

Já no caso do *amicus curiae*, um terceiro é admitido no processo em face da relevância, especificidade ou repercussão social da matéria em litígio, por decisão irrecorrível, de ofício ou a requerimento das partes. Tal terceiro pode se caracterizar como pessoa natural ou jurídica, órgão ou entidade especializada, devendo o juiz da causa definir os seus poderes no processo. Todavia, sua atuação é limitada, uma vez que não está autorizado a interpor recursos, exceto nos casos de embargos de declaração ou quando o julgamento se referir ao incidente de resolução de demandas repetitivas (CPC, art. 138).

A natureza jurídica do incidente de desconsideração da personalidade jurídica fica evidente a partir da análise da localização dos dispositivos sobre o tema dentro do próprio Código de Processo Civil, que inseriu o instituto no seu Título III, intitulado "Da intervenção de terceiros". Sendo inegável a distinção entre a pessoa jurídica e a pessoa física dos seus membros, desconsiderar a personalidade jurídica é, de fato, estender os efeitos patrimoniais de uma sentença a quem não figurou formalmente como parte no processo[6].

As diversas modalidades de intervenção de terceiro podem ser classificadas em objetivamente ampliativas e não ampliativas. No primeiro caso, há a apresentação de nova demanda, ampliando o objeto do processo para uma nova pretensão a ser julgada; no segundo, mantém-se inalterado o objeto do processo. São ampliativas as figuras da denunciação da lide, o chamamento ao processo e o incidente de desconsideração da personalidade jurídica. Assistência e *amicus curiae* são consideradas intervenções não ampliativas, que podem por isso ocorrer em qualquer fase do processo[7].

---

[6] BARROSO, Carlos Eduardo Ferraz de Mattos. *Processo civil*: teoria geral do processo e processo de conhecimento. 17. ed. São Paulo: Saraiva, 2019. p. 17.

[7] SIQUEIRA, Thiago Ferreira. A defesa do réu no incidente de desconsideração da personalidade jurídica. In: *Desconsideração da personalidade jurídica*: aspectos materiais e processuais. RODRIGUES, Marcelo Abelha et al. (coord.). Indaiatuba, SP: Foco, 2023, p. 403-425. p. 408-409.

Há uma diferença, contudo, entre intervenções objetivamente ampliativas. A denunciação da lide e o chamamento ao processo possuem momentos específicos nos quais devem ser manejados no processo, ou seja, até a contestação, sob pena de preclusão, garantindo ao terceiro a oportunidade da ampla defesa e ao mesmo tempo respeitando a regra da estabilização da demanda. O incidente de desconsideração da personalidade jurídica, entretanto, por determinação do Código de Processo Civil, pode ocorrer em todas as fases do processo, independentemente da vontade do réu (intervenção coata), mesmo em se tratando de intervenção objetivamente ampliativa, o que significa oportunizar o amplo direito de defesa em face de questões preclusas para o réu no processo originário, como será tratado a seguir[8].

3.2 REQUERIMENTO E PROCESSAMENTO DA DESCONSIDERAÇÃO DA PERSONALIDADE JURÍDICA

A desconsideração poderá ser pleiteada em qualquer momento processual, seja na fase de conhecimento, seja na de cumprimento de sentença ou nas execuções fundadas em título executivo extrajudicial.

Embora o objetivo primordial do incidente de desconsideração seja a condenação para fins de responsabilização, não há impedimento para que seja instaurado em casos de tutela meramente declaratória ou constitutiva. Da mesma forma, é possível a instauração do incidente em procedimentos especiais e em ações coletivas[9].

Os motivos conducentes à desconsideração são os previstos legalmente como: desvio de finalidade nas atividades da pessoa jurídica, confusão patrimonial, provocando, na prática de atos ilícitos, enriquecimento indevido de sócios, insolvência ou inatividade da pessoa jurídica. Tais causas deverão ser provadas pelo sócio, administrador ou pessoa jurídica (se inversa for a desconsideração).

---

[8] SIQUEIRA, Thiago Ferreira. A defesa do réu no incidente de desconsideração da personalidade jurídica. In: *Desconsideração da personalidade jurídica*: aspectos materiais e processuais. RODRIGUES, Marcelo Abelha et al. (coord.). Indaiatuba, SP: Foco, 2023, p. 403-425. p. 409-411.
[9] RODRIGUES FILHO, Otávio Joaquim. *Desconsideração da personalidade jurídica e processo*. 2. ed. São Paulo: Revista dos Tribunais, 2023. p. 181-183.

O CPC/2015, art. 133, §§ 1º e 2º, trata da forma de requerimento da desconsideração da personalidade jurídica, adotando, para tanto, o pedido incidental feito pela parte ou pelo Ministério Público, quando lhe couber intervir, pois o órgão judicante não poderá desconsiderar *ex officio*[10].

Se não for caso de se apresentar o pedido da desconsideração na inicial, o litigante poderá pleitear a instauração do incidente, demonstrando o preenchimento dos requisitos legais (CPC, arts. 133 e s., e 134, § 4º) exigidos pelo art. 50 do CC.

A formulação de pedido incidental é cabível em qualquer fase do processo de conhecimento, no cumprimento de sentença e na execução fundada em título executivo extrajudicial (CPC, art. 134). Pode dar-se, portanto, incidentalmente e apenas no processo em que foi requerido, e tem valia somente para as partes litigantes, durante o andamento daquele processo, logo, fora da seara processual, sua personalidade jurídica permanece intacta. Mas se requerida for a desconsideração na petição inicial, dispensada estará a instauração do incidente, sendo, então, citado o sócio ou a pessoa jurídica para se defender em contestação. Assim sendo, se for requerida pela parte quando o processo estiver em andamento, inclusive na fase recursal (CPC, art. 932, VI), ter-se-á incidente do processo dependente de pedido da parte ou do Ministério Público quando lhe couber intervir. A desconsideração é uma espécie de incidente do processo, sendo, portanto, um processo novo, que surge de um já existente, nele se incorporando.

Esse incidente provoca a suspensão do processo (CPC, art. 134, § 3º) e a citação do sócio ou da pessoa jurídica para defender-se da acusação de má utilização da pessoa jurídica, podendo vir a responder em nome próprio pelas obrigações da sociedade, ré originária do processo[11].

---

[10] Nesse sentido: NERY JR., Nelson; NERY, Rosa Maria de Andrade. *Código de Processo Civil comentado*. 19. ed. rev., atual. e ampl. São Paulo: Revista dos Tribunais, 2020. p. 532. Em sentido contrário, admitindo a possibilidade de instauração do incidente de ofício, sempre que o direito material não exigir a iniciativa da parte para a desconsideração: MARINONI, Luiz Guilherme; ARENHART, Sérgio Cruz; MITIDIERO, Daniel. *Código de Processo Civil comentado*. 6. ed. rev., atual. e ampl. São Paulo: Revista dos Tribunais, 2020. p. 299.

Pela lei, a insuficiência patrimonial da sociedade ou a sua inadimplência não são causas que autorizam a desconsideração.

[11] Há posições doutrinárias e jurisprudenciais no sentido de que a suspensão do processo não ocorre em relação ao devedor originário (Enunciado 110 da II Jornada de Direito Processual Civil da Justiça Federal; PEREIRA, Antonio Marcos Borges da Silva. Impossibilidade de suspensão da execução contra a parte devedora originária no incidente de desconsideração da personalidade jurídica. *Migalhas de Peso*, 20-9-2024).

Capítulo 3 • Forma procedimental da desconsideração da personalidade jurídica   123

Pelo vigente CPC é imprescindível a citação prévia do sócio ou da sociedade (TJSP, AI n. 2101763-15.2020.8.26.0000; TJRS, AI n. 209530-73.2019.8.21.7000; TJMG, Ap. Civ. n. 1.0000.17.021395-3/002; TJRJ, AI n. 0038598-57.2019.8.19.0000; TJDFT, 2ª Turma Cível, AI 0703773-45.2020.8.07.0000-DF; TJSP, 18ª Câm. Dir. Priv., AI 2150548-08.2020.8.26.000-SP)[12].

---

[12] "Agravo interno no agravo. Execução. Desconsideração de personalidade jurídica do banco, determinada a inclusão dos sócios no polo passivo da demanda originária em fase de execução. 1. A alegada negativa de prestação jurisdicional não se vislumbra, uma vez rebatido, pela Corte estadual, o argumento de que omisso o acórdão quanto à necessidade de apresentação de quadro societário atualizado do executado e de prévia oitiva das pessoas chamadas a responder pelo débito. 2. No que diz respeito à aventada ilegitimidade passiva *ad causam* do ora agravante (sob o argumento de não ser mais sócio do banco executado, tendo se retirado e renunciado ao cargo de diretor em maio de 1999), constata-se que o óbice da Súmula 7/STJ inviabiliza o exame da controvérsia. 3. Nos termos da jurisprudência do STJ: (i) 'sob a égide do CPC/73, a desconsideração da personalidade jurídica pode ser decretada sem a prévia citação dos sócios atingidos, aos quais se garante o exercício postergado ou diferido do contraditório e da ampla defesa', e (ii) 'de acordo com a Teoria Menor, a incidência da desconsideração se justifica: a) pela comprovação da insolvência da pessoa jurídica para o pagamento de suas obrigações, somada à má administração da empresa (art. 28, *caput*, do CDC); ou b) pelo mero fato de a personalidade jurídica representar um obstáculo ao ressarcimento de prejuízos causados aos consumidores, nos termos do § 5º do art. 28 do CDC' (REsp n. 1.735.004-SP, rel. Min. Nancy Andrighi, 3ª Turma, j. em 26-6-2018, *DJe* de 29-6-2018). 4. A Corte estadual atestou o fato de a personalidade jurídica representar um obstáculo ao ressarcimento de prejuízos causados aos consumidores, razão pela qual considerou incidente a teoria menor da desconsideração da personalidade jurídica à espécie, o que encontra amparo na jurisprudência desta Corte. 5. Agravo interno não provido" (STJ – 4ª Turma, AgInt no Agravo em Recurso Especial n. 1.575.588-RJ, rel. Min. Luis Felipe Salomão, j. 20-2-2020).

"Incidente de desconsideração da personalidade jurídica. Execução de título extrajudicial. Rejeição do incidente. Inconformismo da exequente. Acolhimento. Encerramento prematuro do incidente. Necessidade de citação dos sócios da agravada e de abertura da instrução probatória. Inteligência dos arts. 135 e 136 do Código de Processo Civil. Nítida relação de consumo. Requisitos autorizadores da medida que devem ser avaliados com base no art. 28 do Código de Defesa do Consumidor. Decisão cassada. Recurso provido" (TJSP, 5ª Câm. Dir. Priv., Agravo de Instrumento n. 2101763-15.2020.8.26.0000-SP, rel. Des. J. L. Mônaco da Silva, j. 6-7-2020).

"Agravo de instrumento. Decisão que deferiu o requerimento de bloqueio de ativos dos sócios pelo Bacen-Jud e efetuou consulta via InfoJud e Renajud. Incidente de desconsideração da personalidade jurídica. Imposição de contraditório por força dos arts. 135 e 9º do Código de Processo Civil. Ausência de citação ou intimação dos sócios após a determinação de sua inclusão no polo passivo da ação. Impossibilidade. Cerceamento de defesa configurado. Necessidade de citação dos sócios. Recurso ao qual se dá provimento" (TJRJ – 6ª Câmara Cível, Agravo de Instrumento n. 0038598-57.2019.8.19.0000-RJ, rel. Des. Teresa de Andrade, j.17-2-2020).

"Processual civil. Civil. Agravo de instrumento. Cumprimento de sentença. Incidente de des-

Nada obsta que se faça o pedido originário de desconsideração, apresentando-se no momento da propositura da demanda, dando azo ao litisconsórcio passivo, desde o início do processo, caso em que o sócio ou administrador (ou, eventualmente, a pessoa jurídica, havendo desconsideração inversa) farão parte do processo desde o seu início, sendo citados para apresentar sua defesa, e o órgão judicante decidirá não só sobre a responsabilidade, mas também sobre o objeto da demanda. E tal decisão poderá dar-se durante o curso do processo, sob a forma de interlocutória, ou ao final do feito.

Instaurado o incidente, o sócio, ou a pessoa jurídica, será citado (CPC, art. 135) para manifestar-se e requerer a instrução, no prazo de 15 (quinze) dias.

O prazo de 15 (quinze) dias para a defesa, instituído pelo Código de Processo Civil, deverá ser adaptado em relação à área em que estiver sendo

---

consideração da personalidade jurídica. Indisponibilidade de bens dos sócios. Averbação nos registros do veículo. Incabível. Necessidade de citação dos sócios da empresa. Exercício do contraditório e da ampla defesa. Trata-se de agravo de instrumento interposto contra decisão que indeferiu o pedido de expedição de ofício ao Detran-DF a fim de se averbar nos registros dos automóveis de propriedade de um dos sócios da empresa executada a indisponibilidade de venda. 2. Sob a égide do Código de Processo Civil de 2015, a desconsideração da personalidade jurídica possui natureza de intervenção de terceiro, devendo ser instaurado o respectivo incidente e observados os ditames dos arts. 133 a 137 daquele diploma processual, sendo necessária a citação do sócio da empresa devedora ou da pessoa jurídica para se manifestar e requerer as provas cabíveis. Somente após o encerramento da fase instrutória, o magistrado deve resolver o incidente por decisão interlocutória. 3. Não tendo o magistrado apreciado o incidente de desconsideração da personalidade jurídica e, consequentemente, atribuído responsabilidade aos sócios pelo adimplemento da obrigação, revela-se prematura e indevida a adoção de qualquer medida constritiva contra o patrimônio dos sócios da empresa. 4. Recurso conhecido e desprovido" (TJDFT, 7ª Turma Cível, Agravo de Instrumento n. 0703773-45.2020.8.07.0000-DF, rel. Des. Sandoval Oliveira, j. 10-6-2020).

O STF, em 2022, ao julgar o mandado de segurança n. 35506/DF, confirmou, apesar de não haver nenhuma norma a respeito na ordem jurídica, a competência dos Tribunais de Contas da União para proceder à desconsideração de pessoa jurídica, responsabilizando diretamente sócios e administradores no intuito de coibir o abuso de direito e garantir a recomposição do erário, fazendo uso da Teoria dos Poderes Implícitos segundo a qual os órgãos estatais podem dispor de atribuições instrumentais para assegurar o pleno exercício dos fins da Constituição Federal nos casos que defraudam a Administração Pública, prejudicando ao erário, ante o art. 71, II, da CF que prescreve que cabe aos Tribunais de Contas julgar qualquer pessoa jurídica ou física, pública ou privada, que causar irregularidade que lese cofres públicos.

Capítulo 3 • Forma procedimental da desconsideração da personalidade jurídica 125

aplicado. No processo do trabalho, por exemplo, a defesa é apresentada em mesa de audiência[13].

O direito de defesa do réu na desconsideração não pode ser limitado. É preciso lembrar que, não se configurando caso de identidade entre a pessoa jurídica e o sócio ou mesmo sucessão entre estes, do ponto de vista processual, a natureza jurídica atribuída pelo Código de Processo Civil ao incidente é de intervenção de terceiro. O terceiro, assim, não poderia ter seu patrimônio invadido sem a oportunidade da ampla defesa, até mesmo porque cabe exclusivamente ao autor da ação escolher o momento processual da apresentação do incidente de desconsideração da personalidade (intervenção de terceiros coata). Como consequência, as preclusões e mesmo a coisa julgada operadas contra a parte originária do processo, a pessoa jurídica, não se aplicam ao réu do incidente de desconsideração da personalidade jurídica, que poderá rediscutir o mérito da própria obrigação e questões preliminares em geral, além de contestar a existência dos requisitos para a desconsideração no caso concreto, ainda que presumida e informalmente o sócio participe da construção da defesa da pessoa jurídica devedora[14].

Quanto à questão probatória, é importante frisar que não basta para aquele que apresenta o incidente de desconsideração da personalidade jurídica alegar de forma genérica a ocorrência de fraude sem a indicação concreta de quais condutas poderão ser consideradas como confusão patrimonial ou desvio de finalidade. A fraude, assim, não se presume, devendo ser

---

[13] GAGLIANO, Pablo Stolze; PAMPLONA FILHO, Rodolfo. *Novo curso de direito civil*: parte geral. 23. ed. São Paulo: Saraiva, v. 1, 2021. p. 303.

[14] LEITE, Clarisse Frechiani Lara; OLIVEIRA, Igor Campos. Teoria da desconsideração atributiva e os limites da defesa. In: *Desconsideração da personalidade jurídica*: aspectos materiais e processuais. RODRIGUES, Marcelo Abelha et al. (coord.). Indaiatuba, SP: Foco, 2023, p. 375-401. p. 380, 393 e 396; SIQUEIRA, Thiago Ferreira. A defesa do réu no incidente de desconsideração da personalidade jurídica. In: *Desconsideração da personalidade jurídica*: aspectos materiais e processuais. RODRIGUES, Marcelo Abelha et al. (coord.). Indaiatuba, SP: Foco, 2023, p. 403-425. Em sentido contrário, admitindo a extensão da preclusão em casos de abusos muito intensos da personalidade: GRECO, Leonardo. *Comentários ao Código de Processo Civil*. São Paulo: Saraiva, v. XVI, 2020. p. 189; RODRIGUES, Marcelo Abelha. *Responsabilidade patrimonial pelo adimplemento das obrigações*: introdução ao estudo sistemático da responsabilização patrimonial. Indaiatuba, SP: Foco, 2023. p. 194.

comprovada no processo, seguindo a norma geral de distribuição do ônus da prova prevista no art. 373 do Código de Processo Civil[15].

O referido artigo, contudo, em seu §1º, permite que "nos casos previstos em lei ou diante de peculiaridades da causa relacionadas à impossibilidade ou à excessiva dificuldade de cumprir o encargo (...) ou à maior facilidade de obtenção da prova do fato contrário, poderá o juiz atribuir o ônus da prova de modo diverso, desde que o faça por decisão fundamentada, caso em que deverá dar à parte a oportunidade de se desincumbir do ônus que lhe foi atribuído".

A inversão do ônus da prova prevista no art. 373, § 1º, do Código de Processo Civil, pode se justificar nos casos de desconsideração da personalidade jurídica, tendo em vista a impossibilidade para o credor de ter acesso aos documentos contábeis, fiscais e bancários da empresa devedora, que poderiam se prestar à comprovação da fraude.

O incidente será decidido por meio de decisão interlocutória, que poderá ser discutida em segunda instância em via de agravo de instrumento (CPC/2015, art. 1.015, IV)[16]. Mas se o incidente for instaurado em sede recursal, o recurso cabível será o agravo interno (CPC, art. 1.021) se a

---

[15] PEREIRA, Carlos Frederico Bastos. Aspectos probatórios do incidente de desconsideração da personalidade jurídica. In: *Desconsideração da personalidade jurídica*: aspectos materiais e processuais. RODRIGUES, Marcelo Abelha et al. (coord.). Indaiatuba, SP: Foco, 2023, p. 355-374. p. 358-361.

[16] Sobre o trânsito em julgado e preclusão sobre a decisão da desconsideração da personalidade jurídica: "RECURSO ESPECIAL. EXECUÇÃO. NEGATIVA DE PRESTAÇÃO JURISDICIONAL. SÚMULA 284/STF. DESCONSIDERAÇÃO DA PERSONALIDADE JURÍDICA. PEDIDO FORMULADO DUAS VEZES NA PRÓPRIA EXECUÇÃO. MESMA CAUSA DE PEDIR. PRECLUSÃO. OCORRÊNCIA. DOCUMENTOS E FATOS NOVOS. SÚMULA 7/STJ. 1. Incidente de desconsideração da personalidade jurídica apresentado em 14-7-2017. Recurso especial interposto em 26-6-2023. Autos conclusos à Relatora em 14-2-2024. 2. O propósito recursal consiste em definir (i) se houve negativa de prestação jurisdicional e (ii) se o trânsito em julgado de decisão que indefere pedido de desconsideração da personalidade jurídica obsta que outro incidente dessa natureza seja apresentado no curso da mesma execução. 3. A ausência da indicação precisa acerca de quais argumentos deduzidos perante o Tribunal de origem não teriam sido enfrentados no acórdão recorrido impede o conhecimento da alegação de negativa de prestação jurisdicional. Incidência da Súmula 284/STF. 4. O trânsito em julgado da decisão que aprecia pedido de desconsideração da personalidade jurídica torna a questão preclusa para as partes da relação processual, inviabilizando a dedução de novo requerimento com base na mesma causa de pedir. 5. Recurso especial não provido" (STJ, REsp n. 2.123.732/MT, relatora Ministra Nancy Andrighi, Terceira Turma, julgado em 19-3-2024, *DJe* de 21-3-2024).

Capítulo 3 • Forma procedimental da desconsideração da personalidade jurídica   127

decisão for proferida pelo relator (CPC/2015, art. 136 e parágrafo único)[17]. Importante mencionar, nesse tema, a peculiaridade do processo do trabalho, onde as decisões interlocutórias são irrecorríveis pela via do agravo de instrumento[18].

Se se resolver o incidente em conjunto à sentença, ante a suspensão do processo principal, o caso *sub judice* deverá ser reexaminado em apelação cível (CPC, art. 1.009).

A concessão do prazo de defesa no incidente de desconsideração da personalidade jurídica suscitou dúvidas sobre a possibilidade de esvaziamento do património dos sócios da pessoa jurídica devedora, a partir do momento em que toma conhecimento da possibilidade de desconsideração.

A concessão do prazo, todavia, está de acordo com os ditames constitucionais, tendo em vista que, em seu art. 5º, a Constituição Federal estabelece: "(...) LIV – ninguém será privado da liberdade ou de seus bens sem o devido processo legal; LV – aos litigantes, em processo judicial ou

---

[17] E pelo Conselho da Justiça Federal, na Jornada de Direito Civil, em seus Enunciados: a) n. 281: "A aplicação da teoria da desconsideração, descrita no art. 50 do Código Civil, prescinde da demonstração de insolvência da pessoa jurídica"; b) n. 282: "O encerramento irregular das atividades da pessoa jurídica, por si só, não basta para caracterizar abuso de personalidade jurídica"; c) n. 283: "É cabível a desconsideração da personalidade jurídica denominada 'inversa' para alcançar bens de sócio que se valeu da pessoa jurídica para ocultar ou desviar bens pessoais, com prejuízo a terceiros"; d) n. 284: "As pessoas jurídicas de direito privado sem fins lucrativos ou de fins não econômicos estão abrangidas no conceito de abuso de personalidade jurídica"; e e) n. 285: "A teoria de desconsideração, prevista no art. 50 do Código Civil, pode ser invocada pela pessoa jurídica em seu favor".

E, pelo Enunciado n. 17 da Jornada Paulista de Direito Comercial: "Na falência, é admissível a responsabilidade patrimonial do sócio da falida nos casos de confusão patrimonial que justifiquem a desconsideração da personalidade jurídica, observado o contraditório prévio e o devido processo legal".

Segundo os Enunciados do Fórum Permanente de Processualistas Civis:

a) 123: "É desnecessária a intervenção do Ministério Público, como fiscal da ordem jurídica, no incidente de desconsideração da personalidade jurídica, salvo nos casos em que deva intervir obrigatoriamente, previstos no art. 179 (art. 178 do novo CPC)".

b) 125: "Há litisconsórcio passivo facultativo quando requerida a desconsideração da personalidade jurídica juntamente com outro pedido formulado na petição inicial ou incidentalmente no processo em curso".

c) 248: "Quando a desconsideração da personalidade jurídica for requerida na petição inicial, incumbe ao sócio ou à pessoa jurídica, na contestação, impugnar não somente a própria desconsideração, mas também os demais pontos a causa".

[18] GAGLIANO, Pablo Stolze; PAMPLONA FILHO, Rodolfo. *Novo curso de direito civil*: parte geral. 23. ed. São Paulo: Saraiva, v. 1, 2021. p. 304.

administrativo, e aos acusados em geral são assegurados o contraditório e ampla defesa, com os meios e recursos a ela inerentes".

Sobre os princípios constitucionais acima citados, nunca é despiciendo recordar que, antes mesmo de se constituírem em instrumentos de garantia do direito individual, perfazem-se em importantes ferramentas da conservação plena do Estado Democrático de Direito e, portanto, atendem ao interesse público.

Por tal razão, os referidos princípios foram transportados para o Código de Processo Civil, que dispõe, em seu art. 7º: "É assegurada às partes paridade de tratamento em relação ao exercício de direitos e faculdades processuais, aos meios de defesa, aos ônus, aos deveres e à aplicação de sanções processuais, competindo ao juiz zelar pelo efetivo contraditório".

Em relação ao princípio da ampla defesa, Nelson Nery Jr.[19] ensina que

> significa permitir às partes a dedução adequada de alegações que sustentem sua pretensão (autor) ou defesa (réu) no processo judicial (civil, penal, eleitoral, trabalhista) e no processo administrativo, com a consequente possibilidade de fazer a prova dessas mesmas alegações e interpor os recursos cabíveis contra as decisões judiciais e administrativas.

Sobre o princípio do contraditório, Rodrigo Mazzei e Tiago Figueiredo Gonçalves[20] afirmam:

> Em termos singelos, efetivar o contraditório significa, em primeiro, dar ciência de todos os atos processuais às partes envolvidas no conflito. Em segundo, assegurar-lhes oportunidades isonômicas de se manifestarem (= reagirem), principalmente quando de alguma forma necessitam agir contra atos que lhe causem prejuízos, numa ordem dialética que contrapõe o direito de ação ao direito de defesa. Em terceiro, terem por assegurado e concretizado o poder de influência na formação do convencimento do julgador. Num processo cooperativo, cuja conformação remete a uma comunidade de trabalho, a ideia de contraditório qualificado, composto pela tríade ciência-reação-influência, integra o seu âmago.

---

[19] NERY JR., Nelson. *Princípios do processo na Constituição Federal*. 9. ed. rev., ampl. e atual. São Paulo: RT, 2009. p. 244.

[20] MAZZEI, Rodrigo; GONÇALVES, Tiago Figueiredo. Ensaio sobre a tutela provisória no incidente de desconsideração da personalidade jurídica. In: *Desconsideração da personalidade jurídica*: aspectos materiais e processuais. RODRIGUES, Marcelo Abelha et al. (coord.). Indaiatuba, SP: Foco, 2023, p. 323-335. p. 327.

Capítulo 3 • Forma procedimental da desconsideração da personalidade jurídica   129

O respeito aos referidos princípios constitucionais, em nome da segurança jurídica, não significa, por sua vez, perda de efetividade, haja vista que a opção do legislador no Código de Processo Civil foi pela simplificação da técnica processual para o incidente para a desconsideração, o que pode conferir a efetividade do processo, em equilíbrio com a segurança jurídica[21].

Sucumbência no incidente de desconsideração da personalidade jurídica (CPC, arts. 85 a 90) é a obrigação processual devida pelo vencido a pagar os honorários ao advogado vencedor e as despesas processuais imposta por um ato decisório na ação incidental, mesmo havendo rejeição do incidente[22], cujo *quantum* é avaliado por arbitramento. Isto é assim porque a sucumbência deve ser articulada com o princípio da causalidade, visto não ser justo que aquele para quem o processo foi necessário arque com o ônus sucumbencial, mesmo sendo improcedente o pedido, interposto ante o irregular encerramento da pessoa jurídica. Quem deu causa à instauração do incidente deverá pagar honorários advocatícios, salvo se a ação incidental for resolvida por decisão interlocutória (CPC, art. 136). Mas há casos excepcionais em que o órgão judicante poderá impor a condenação em honorários sucumbenciais não só porque o termo "sentença" do art. 85 do CPC é empregado genericamente, mas também porque o CPC (art. 338, parágrafo único) prevê a imposição de honorários por decisão interlocutória[23].

Por fim, sobre a possibilidade da desconsideração da personalidade jurídica em processos administrativos, entende-se que a utilização do incidente de desconsideração está em consonância com os princípios fundamentais do direito administrativo, quais sejam, legalidade, impessoalidade, moralidade, publicidade e eficiência, todos previstos no art. 37, *caput*, da Constituição Federal, desde que respeitados os princípios do contraditório e da ampla defesa.

Conforme Paulo Henrique dos Santos Lucon[24],

---

[21] RODRIGUES FILHO, Otávio Joaquim. *Desconsideração da personalidade jurídica e processo.* 2. ed. São Paulo: Revista dos Tribunais, 2023. p. 178.

[22] CARRILHO LOPES, Bruno V. *Honorários advocatícios no processo civil.* São Paulo: Saraiva, 2008. p. 257-259; STJ, 3ªT., n. 1845.536/SC, rel. Min. Nancy Andrighi.

[23] CRUZ E TUCCI, José R. Responsabilidade pela sucumbência no incidente de desconsideração da personalidade jurídica. In: *Liber Amicorum.* LOPES, Teresa Ancona et al. (coord.). São Paulo: Almedina, 2021. p. 439-446.

[24] LUCON, Paulo Henrique dos Santos. Desconsideração da personalidade jurídica nos processos administrativos: princípios regentes da desconsideração no Código de Processo Civil de

Com efeito, pois, se a função bloqueadora do princípio da moralidade administrativa e da supremacia do interesse público exigem a adoção de medidas contra o abuso da personalidade jurídica, as funções bloqueadora e integrativa do contraditório exigem que ao terceiro seja assegurada a oportunidade de demonstrar que a desconsideração não se justifica no caso. Nesse contexto é que o incidente de desconsideração da personalidade jurídica se adequa aos processos administrativos na medida em que ele apenas permite a afetação da esfera jurídica de terceiro após ser assegurado a ele o contraditório e a ampla defesa (CPC, art. 135). O incidente de desconsideração da personalidade jurídica, assim, pode ser suscitado e instaurado em qualquer fase de processo administrativo, pela administração pública ou outro interessado (concorrentes em um processo licitatório, por exemplo), e deve, respeitado o contraditório e a ampla defesa, destinar-se a apurar eventuais violações às normas que disciplinam a administração pública por meio do uso desvirtuado de uma personalidade jurídica. Assim, por exemplo, poderá a administração pública em um processo administrativo licitatório estender a declaração de inidoneidade imposta a uma pessoa jurídica a outra criada com o propósito de acobertá-la.

Com a edição da Lei Anticorrupção (Lei n. 12.846/2013) pacificou-se o entendimento sobre o tema. O art. 14, da referida lei, dispõe: "A personalidade jurídica poderá ser desconsiderada sempre que utilizada com abuso do direito para facilitar, encobrir ou dissimular a prática dos atos ilícitos previstos nesta Lei ou para provocar confusão patrimonial, sendo estendidos todos os efeitos das sanções aplicadas à pessoa jurídica aos seus administradores e sócios com poderes de administração, observados o contraditório e a ampla defesa"[25].

2015 e sua aplicação aos regimes especiais. In: *Desconsideração da personalidade jurídica*: aspectos materiais e processuais. RODRIGUES, Marcelo Abelha et al. (coord.). Indaiatuba, SP: Foco, 2023, p. 927-945. p. 937.

[25] Sobre a aplicação da desconsideração com lastro na Lei Anticorrupção, segue jurisprudência do STJ:

"PROCESSUAL CIVIL. AGRAVO EM RECURSO ESPECIAL. IMPROBIDADE ADMINISTRATIVA. LEI ANTICORRUPÇÃO. IMPUGNAÇÃO DOS TERMOS DA DECISÃO DE INADMISSIBILIDADE DO APELO ESPECIAL. AGRAVO CONHECIDO PARA REAUTUAÇÃO EM RECURSO ESPECIAL. DECISÃO.

Trata-se de agravo em recurso especial interposto por CARTELLONE INVERSIONES S/A, em face de decisão proferida pelo Tribunal Regional Federal da 4ª Região que inadmitiu o recurso especial manejado contra acórdão assim ementado (fls. 574/575 e-STJ):

AGRAVO DE INSTRUMENTO. ADMINISTRATIVO. LEI ANTICORRUPÇÃO. PRAÇA DE PEDÁGIO DA LAPA. MEDIDAS CAUTELARES.

Capítulo 3 • Forma procedimental da desconsideração da personalidade jurídica   131

- Considerando o que dispõe a legislação, as acionárias VEREDA – ADMINISTRAÇÃO E EMPREENDIMENTOS LTDA, TUCUMANN ENGENHARIA E EMPREENDIMENTOS LTDA, PPI – PARTICIPAÇÕES EM PROJETOS DE INFRAESTRUTURA S.A e PATTAC EMPREENDIMENTOS E PARTICIPAÇÕES S.A., em princípio não podem ser consideradas coligadas, de modo que não é possível a sua responsabilização na forma do § 2º do art. 4º da Lei n. 12.846/2013 (Lei Anticorrupção).

- No presente momento processual, as provas existentes levam à conclusão pela probabilidade, ao menos em parte, do direito pleiteado pelo Ministério Público Federal, o que indica a correção da imposição das medidas liminares objurgadas.

- As medidas até então impostas são proporcionais e razoáveis, estando fundadas nas provas até então produzidas e no perigo de demora do feito. As quantias serão depositadas em conta judicial, de modo que nada perderão as acionistas no caso de eventual improcedência dos pedidos.

Ademais, a continuidade da empresa não restou prejudicada pelas imposições feitas.

- O uso abusivo das regras de direito societário, a caracterizar abuso da personalidade jurídica, justifica a desconsideração para fins de responsabilização, notadamente se a pessoa jurídica é utilizada sistematicamente para a prática de ilícitos.

- Não parece ter relevância o fato de as pessoas jurídicas controladas terem sido criadas antes da entrada em vigor da Lei n. 12.846/2013, mas sim se os supostos atos ilícitos ocorreram durante a vigência da Lei Anticorrupção, ou projetaram efeitos sob a égide do referido diploma, a atrair a incidência do § 2º do art. 4º, dispositivo que impõe a responsabilidade solidária da empresa controladora.

Houve a oposição de embargos de declaração, os quais foram rejeitados nos seguintes termos (fls. 661/662 e-STJ):

EMBARGOS DECLARATÓRIOS. HIPÓTESES. OCORRÊNCIA. OMISSÃO PREQUES-TIONAMENTO.

- São cabíveis embargos de declaração contra qualquer decisão judicial para esclarecer obscuridade, eliminar contradição, suprir omissão ou corrigir erro material, consoante dispõe o art. 1.022 do CPC.

- A modificação do julgado é admitida apenas excepcionalmente e após o devido contraditório (art. 1.023, § 2º, do CPC).

- Não há a necessidade de o julgador mencionar os dispositivos legais e constitucionais em que fundamenta sua decisão, tampouco todos os citados pelas partes.

- O que justifica a responsabilização ou não de empresas coligadas no caso não é a influência ou preponderância destas na administração da sociedade e sim seu percentual de participação acionária, conforme art. 1.099 do Código Civil.

- A ACP n. 50456502620164047000 é ação típica de improbidade administrativa, enquanto a presente demanda discute a aplicação de sanções por força da Lei Anticorrupção (Lei n. 12.846/2013), não sendo configurada litispendência entre as demandas.

- Conforme documentação nos autos de origem, a Goetze Lobato Engenharia S.A., antes de deixar o quadro societário da CADOP em 20-4-2016, possuía apenas 7, 23% das ações, de modo que tampouco pode ser enquadrada na definição de sociedade coligada do art. 1.099 do Código Civil.

- Embargos de declaração da CARTELLONE INVERSIONES S.A. acolhidos para fins de pre-questionamento e para suprir as omissões, nos termos da fundamentação, mantendo desprovido o agravo de instrumento.

Fora isso, conforme será tratado a seguir, no âmbito do contencioso administrativo fiscal federal, a Procuradoria Geral da Fazenda Nacional (PGFN) editou a Portaria PGFN n. 948/2017, instituindo o Procedimento Administrativo de Reconhecimento de Responsabilidade (PARR), que funciona de forma análoga ao incidente processual estabelecido pelo novo

---

- Embargos de declaração da Goetze Lobato Engenharia S.A. acolhidos para suprir omissão.

No recurso especial, interposto com fundamento na alínea *a* do permissivo constitucional, o recorrente aponta violação aos seguintes dispositivos: a) arts. 489, § 1º, e 1.022, do CPC/2015, pois o Tribunal de origem não se manifestou sobre temas importantes suscitados oportunamente; b) arts. 4º da Lei n. 12.846/2013 e 6º da LINDB, defendendo a impossibilidade de aplicação retroativa da Lei n. 12.846/2013 para fins de responsabilização da parte ora recorrente; c) arts. 1.099 do CC; 2º, § 2º, da LINDB e 118 da Lei n. 6.404/76, sustentando que, não obstante a importância do documento apontado pela Agravante para comprovação da existência de controle compartilhado da CAMINHOS DO PARANÁ, o mesmo foi totalmente ignorado durante o julgamento do agravo de instrumento (fl. 718 e-STJ).

O Estado do Paraná, Goetze Lobato Engenharia S.A., Vereda – Administração e Empreendimentos, PATTAC Empreendimentos e Participações S.A., CODINEX Empreendimentos LTDA e GRIN Investimentos LTDA e o Ministério Público Federal apresentaram contrarrazões às fls. 753/756; 763/777; 779/795; 797/811; 814/826 e 847/859 e-STJ, respectivamente.

O Tribunal de origem não admitiu o recurso especial à consideração de que: a) não há falar em negativa de prestação jurisdicional; b) o entendimento expendido no acórdão recorrido está em consonância com a jurisprudência desta Corte Superior, de modo que incide a Súmula 83/STJ; c) a pretensão recursal demanda o revolvimento do conjunto fático-probatório dos autos, o que é vedado em sede de recurso especial a teor da Súmula 7/STJ; d) a alegação de que o julgado violaria preceitos de lei federal relacionados à matéria esbarra no fato de que a decisão do Tribunal, por versar sobre medida antecipatória, de caráter provisório (*fumus boni juris*) passível de confirmação ou revogação quando da decisão final, não se enquadra no conceito de 'causa decidida', requisito necessário para o cabimento do recurso especial (Súmula 735 do STF) – fls. 875/876 e-STJ.

O agravo em recurso especial impugnou todos os fundamentos da decisão de inadmissibilidade.

O Estado do Paraná e o Departamento de Estradas de Rodagem do Paraná, VEREDA – Administração e Empreendimentos LTDA, o Ministério Público Federal, PATTAC Empreendimentos e Participações S.A., e Goetze Lobato Engenharia S.A., apresentaram contraminuta às fls. 955/957, 966/978, 981/992, 994/1009 e 1011/1017 e-STJ.

É o relatório. Decido.

Na hipótese dos autos, considerando o preenchimento dos requisitos de admissibilidade do agravo e as peculiaridades do caso concreto, o agravo deve ser provido para que seja realizada a sua reautuação como recurso especial.

Ante o exposto, com fulcro no art. 253, parágrafo único, II, *d*, do RISTJ, conheço do agravo para determinar sua autuação como recurso especial. (...)" (STJ, REsp n. 2.003.130, Ministro Mauro Campbell Marques, *DJe* de 16-5-2022).

Capítulo 3 • Forma procedimental da desconsideração da personalidade jurídica   133

Código de Processo Civil, com o objetivo de apurar a responsabilidade de terceiros no âmbito administrativo, nos casos de dissolução irregular de pessoa jurídica devedora de créditos inscritos em dívida ativa administrados pela PGFN.

3.3 POSSIBILIDADE DE CONCESSÃO DA TUTELA PROVISÓRIA

A tutela provisória consagra prestação jurisdicional cognitiva sumária, precedendo a decisão final do processo, para garantir a efetividade do direito em litígio. Por tal característica, esse instituto constitui-se em importante arma na batalha contra a procrastinação e a morosidade processual. Contrapõe-se, assim, à tutela definitiva, de cognição exauriente, que, esgotando o contraditório, produz coisa julgada material.

A partir dessa definição, questiona-se na doutrina se seria possível o deferimento de tutela provisória em sede de desconsideração da personalidade jurídica, ou se de alguma forma a concessão de tal medida ofenderia a segurança jurídica que o Código de Processo Civil buscou dar ao tema.

De forma antecedente a essa análise, é preciso esclarecer quais são os tipos de tutela provisória regulados no direito processual brasileiro. O próprio Código de Processo Civil, em seu art. 294, determina que é possível tutela provisória: a) de urgência, cautelar ou antecipada; ou b) de evidência.

A concessão da tutela de urgência, liminarmente ou após justificação prévia, está regulada pelos arts. 300 a 310, do Código de Processo Civil, sendo condicionada à observação dos elementos probabilidade do direito e perigo de dano ou o risco ao resultado útil do processo, com possibilidade de fixação de caução real ou fidejussória idônea para eventual ressarcimento de danos.

No caso de tutela de urgência de natureza antecipada exige-se, ainda, a demonstração da reversibilidade dos efeitos da decisão. Sobre essa matéria, Luiz Guilherme Marinoni, Sérgio Cruz Arenhart e Daniel Mitidiero ensinam[26], de forma crítica:

> No exato momento em que o art. 300, § 3º, CPC, veda a concessão de antecipação da tutela quando "houver perigo de irreversibilidade dos efeitos da decisão", ele vai à contramão da lógica do provável que preside a tutela provisória. Justamente por essa razão, tendo a técnica antecipatória o objeti-

---

[26] MARINONI, Luiz Guilherme; ARENHART, Sérgio Cruz; MITIDIERO, Daniel. *Código de Processo Civil comentado*. 6. ed. rev., atual. e ampl. São Paulo: Revista dos Tribunais, 2020. p. 415.

vo de combater o perigo na demora capaz de produzir um ato ilícito ou um fato danoso – talvez irreparável – ao direito provável, não há como não admitir a concessão dessa tutela sob o simples argumento de que ela pode trazer um prejuízo irreversível ao réu. Seria como dizer que o direito provável deve sempre ser sacrificado diante da possibilidade de prejuízo irreversível ao direito improvável – o que é obviamente um contrassenso.

É preciso lembrar, como ensina Rogéria Fagundes Dotti[27], que "em todas as hipóteses de desconsideração da personalidade jurídica, o indeferimento da tutela provisória tende a gerar um dano muito maior do que aquele decorrente da sua concessão. O risco de dano inverso, com efeito, é muito significativo nos ambientes típicos de fraude, má-fé e ocultação de patrimônio".

Como exemplos de tutela de urgência de natureza cautelar são comumente mencionados o arresto, que visa a resguardar de um perigo de dano o direito à tutela ressarcitória; o sequestro, que visa a proteger de um perigo de dano a tutela do direito à coisa; o arrolamento de bens, que visa a descrever, apreender e depositar determinada universalidade de bens exposta a um risco de dano; o registro de protesto contra alienação de bem, que visa a assegurar a frutuosidade da tutela do direito à reparação ou ao ressarcimento diante de um perigo de dano; e qualquer outra medida idônea para asseguração do direito[28].

A tutela de evidência, por sua vez, está regulada no art. 311, do Código de Processo Civil, e pode ser concedida, independentemente da demonstração de perigo de dano ou de risco ao resultado útil do processo, nos seguintes casos: a) abuso do direito de defesa ou o manifesto propósito protelatório da parte; b) possibilidade de comprovação documental dos fatos, em teses provenientes de julgamento de casos repetitivos ou súmula vinculante; c) pedido reipersecutório fundado em prova documental adequada do contrato de depósito; e d) quando o réu não oponha prova capaz de gerar dúvida razoável sobre o direito do autor. A decisão de forma liminar só é cabível nos casos "b" e "c", em face da força da prova documental.

---

[27] DOTTI, Rogéria Fagundes. Tutela provisória na desconsideração da personalidade jurídica: a soma de presunções e os indícios. In: *Desconsideração da personalidade jurídica*: aspectos materiais e processuais. RODRIGUES, Marcelo Abelha et al. (coord.). Indaiatuba, SP: Foco, 2023, p. 337-353. p. 350.

[28] MARINONI, Luiz Guilherme; ARENHART, Sérgio Cruz; MITIDIERO, Daniel. *Código de Processo Civil comentado*. 6. ed. rev., atual. e ampl. São Paulo: Revista dos Tribunais, 2020. p. 416.

Capítulo 3 • Forma procedimental da desconsideração da personalidade jurídica   135

Esclarecendo a diferença entre tutela de evidência e julgamento antecipado da lide, Nelson Nery Jr. e Rosa Maria de Andrade Nery[29] afirmam:

> Assim como uma das vertentes da tutela antecipatória do CPC/73, a tutela da evidência não se confunde com o julgamento antecipado da lide (CPC 355). Neste, o juiz julga o próprio mérito da causa, de forma definitiva, proferindo sentença de extinção do processo com apreciação da lide (CPC 487). No julgamento antecipado da lide há sentença de mérito, impugnável por apelação e sujeita à coisa julgada material, na tutela da evidência há decisão interlocutória, impugnável por agravo e não sujeita à coisa julgada material.

A I Jornada de Direito Processual Civil, promovida pelo Centro de Estudos Judiciários (CEJ) do CJF, com apoio do Superior Tribunal de Justiça (STJ), da Escola Nacional de Formação e Aperfeiçoamento de Magistrados (Enfam) e da Associação dos Juízes Federais do Brasil (Ajufe), aprovou, no seu Enunciado n. 42, o entendimento de que "é cabível a concessão de tutela provisória de urgência em incidente de desconsideração da personalidade jurídica".

Tal posicionamento descarta a possibilidade de aplicação da tutela provisória de evidência, mas não esclarece se a tutela de urgência autorizada é de natureza cautelar e/ou antecipada, ponto central do debate.

Há consenso na doutrina quanto à possibilidade de concessão da tutela de urgência de natureza cautelar. A probabilidade do direito, que seria a pretensão do credor compreendida como verossímil, deve estar explícita na análise das provas acostadas aos autos, que, no caso da desconsideração da personalidade jurídica devem estar atreladas ao desvio de finalidade e à confusão patrimonial. Quanto ao fundado receio de dano irreparável ou de difícil reparação, deve ser comprovado pelo credor que os sócios da pessoa jurídica já se movimentam no sentido de dilapidação dos seus patrimônios pessoais[30].

---

[29] NERY JR., Nelson; NERY, Rosa Maria de Andrade. *Código de Processo Civil comentado*. 19. ed. rev., atual. e ampl. São Paulo: Revista dos Tribunais, 2020. p. 888.

[30] "PROCESSUAL CIVIL. RECURSO ESPECIAL. ACÓRDÃO COMBATIDO. TUTELA DE URGÊNCIA. DEFERIMENTO. NATUREZA PRECÁRIA E PROVISÓRIA DO *DECISUM*. REAVALIAÇÃO. INADMISSIBILIDADE. 1. O Superior Tribunal de Justiça, em sintonia com o disposto na Súmula 735 do STF, firmou o entendimento de que, via de regra, 'não é cabível recurso especial para reexaminar decisão que defere ou indefere liminar ou antecipação de

O mesmo consenso, contudo, não se nota em relação à tutela de natureza antecipada.

O foco da tutela de urgência de natureza antecipada é adiantar o provimento jurisdicional, incidindo sobre o próprio direito reclamado, ou seja, aprecia-se *initio litis* o mérito do pedido e antecipam-se seus efeitos. No

---

tutela, em razão da natureza precária da decisão, sujeita à modificação a qualquer tempo, devendo ser confirmada ou revogada pela sentença de mérito' (STJ, AgRg no AREsp n. 438.485/SP, rel. Ministro Humberto Martins, *DJe* de 17-2-2014). 2. O juízo de mérito desenvolvido em sede liminar, fundado na mera verificação da ocorrência do *periculum in mora* e da relevância jurídica da pretensão deduzida pela parte interessada, não enseja o requisito constitucional do esgotamento das instâncias ordinárias, indispensável ao cabimento dos recursos extraordinário e especial, conforme exigido expressamente na Constituição Federal – 'causas decididas em única ou última instância'. 3. Esta Corte de Justiça admite a mitigação do referido Enunciado, especificamente quando a própria medida importar em ofensa direta à lei federal que disciplina a tutela provisória (art. 300 do CPC/2015). 4. Hipótese em que o Tribunal *a quo*, nos autos de incidente de desconsideração da personalidade jurídica, analisou os requisitos do art. 300 do CPC/2015 e, com base no suporte fático-probatório constante nos autos, considerou 'que os elementos fáticos que levaram o juiz de origem a liminarmente reconhecer o Grupo Econômico e decretar a indisponibilidade de bens (bacenjud, renajud e CNIB), no âmbito do incidente de desconsideração da personalidade jurídica, estão assentados em fundamentos bastante plausíveis'. 5. A desconstituição do entendimento adotado pelo acórdão recorrido demandaria o revolvimento do arcabouço probatório, providência incompatível com a via do recurso especial em virtude do óbice da Súmula 7 do STJ. 6. Agravo interno desprovido" (STJ, AgInt no REsp n. 1.848.826/PE, rel. Ministro Gurgel de Faria, Primeira Turma, j. em 26-4-2021, *DJe* de 12-5-2021).

"AGRAVO INTERNO NO AGRAVO EM RECURSO ESPECIAL. INCIDENTE DE DESCONSIDERAÇÃO DE PERSONALIDADE JURÍDICA. TUTELA PROVISÓRIA DE BLOQUEIO DE BENS DOS SÓCIOS. NÃO OCORRÊNCIA DE DESCONSIDERAÇÃO DE PERSONALIDADE JURÍDICA. MERA INSTAURAÇÃO DE INCIDENTE. TUTELA PROVISÓRIA NÃO IMPUGNADA NA INSTÂNCIA *A QUO* NEM NO APELO NOBRE. IMPOSSIBILIDADE DE REABRIR DISCUSSÃO NESTE RECURSO. INOVAÇÃO RECURSAL. AGRAVO INTERNO DESPROVIDO. 1. Rejeita-se a apontada violação ao art. 50 do Código Civil de 2002 e aos arts. 134 a 137 do CPC/2015, pois o eg. Tribunal *a quo* não desconsiderou a personalidade jurídica da agravante, mas, tão somente em sede de agravo de instrumento, confirmou decisão que admitiu a instauração de incidente de desconsideração da personalidade jurídica e confirmou tutela provisória para bloquear bens dos sócios da sociedade empresária agravante. 2. Tanto no apelo nobre como no presente agravo interno, a sociedade empresária insiste na tese de que houve a indevida desconsideração da personalidade jurídica, sem o devido processo legal e contraditório, o que não corresponde à realidade dos autos. 3. Considerando que, nas razões do agravo de instrumento interposto no eg. Tribunal *a quo*, não se impugnou o capítulo referente à tutela provisória, e semelhante deficiência recursal se verificou no recurso especial, não é possível avançar em tal matéria no presente agravo interno, pois representaria inovação recursal. 4. Agravo interno desprovido" (AgInt no AREsp n. 1.043.266/DF, rel. Ministro Raul Araújo, Quarta Turma, j. em 6-6-2017, *DJe* de 20-6-2017).

Capítulo 3 • Forma procedimental da desconsideração da personalidade jurídica   137

caso específico do incidente de desconsideração da personalidade da pessoa jurídica isso implicaria em executar os sócios ou torná-los réus antes da possibilidade de defesa, razão pela qual o tema tem causado controvérsia na doutrina.

Conforme Rodrigo Dalla Pria e Danilo Monteiro de Castro[31], a antecipação da tutela não seria cabível no incidente de desconsideração da personalidade jurídica, por expressa vedação do art. 795, § 4º, do Código de Processo Civil[32], além da suspensão contida no art. 134, § 3º, do mesmo diploma legal[33-34]. Por este entendimento, com o qual concordamos, a

---

[31] PRIA, Rodrigo Dalla; CASTRO, Danilo Monteiro de. Tutelas provisórias no âmbito do incidente de desconsideração da personalidade jurídica: dos requisitos necessários à concessão de arresto (art. 301, CPC). In: *Desconsideração da personalidade jurídica*: aspectos materiais e processuais. RODRIGUES, Marcelo Abelha et al. (coord.). Indaiatuba, SP: Foco, 2023, p. 307-321. p. 319.

[32] Art. 795. "Os bens particulares dos sócios não respondem pelas dívidas da sociedade, senão nos casos previstos em lei.

(...)

§ 4º Para a desconsideração da personalidade jurídica é obrigatória a observância do incidente previsto neste Código."

[33] Art. 134. "O incidente de desconsideração é cabível em todas as fases do processo de conhecimento, no cumprimento de sentença e na execução fundada em título executivo extrajudicial.

§ 1º A instauração do incidente será imediatamente comunicada ao distribuidor para as anotações devidas.

§ 2º Dispensa-se a instauração do incidente se a desconsideração da personalidade jurídica for requerida na petição inicial, hipótese em que será citado o sócio ou a pessoa jurídica.

§ 3º A instauração do incidente suspenderá o processo, salvo na hipótese do § 2º."

[34] Em sentido contrário, a favor da concessão de tutela de urgência de natureza antecipada no incidente de desconsideração da personalidade jurídica, *vide*: MAZZEI, Rodrigo; GONÇAL-VES, Tiago Figueiredo. Ensaio sobre a tutela provisória no incidente de desconsideração da personalidade jurídica. In: *Desconsideração da personalidade jurídica*: aspectos materiais e processuais. RODRIGUES, Marcelo Abelha et al. (coord.). Indaiatuba, SP: Foco, 2023, p. 323-335. "RECURSO ESPECIAL. FALÊNCIA. INCIDENTE DE DESCONSIDERAÇÃO DE PERSO-NALIDADE JURÍDICA. TUTELA ANTECIPADA. REQUISITOS DOS ARTS. 273 DO CPC/73 E 50 DO CC. PREENCHIMENTO. JUÍZO DE COGNIÇÃO SUMÁRIA. REEXA-ME DE FATOS E PROVAS. INADMISSIBILIDADE. 1. Incidente apresentado em 27-5-2014. Recurso especial interposto em 29-3-2016. 2. O propósito recursal é verificar o preenchimento dos requisitos autorizadores da concessão de tutela antecipada em incidente de desconsideração da personalidade jurídica de sociedades em processo de falência. 3. Para alteração de julgamento levado a efeito pelo Tribunal de origem, quando se trata de desconsideração da personalidade jurídica determinada em juízo de cognição sumária, é imprescindível que a de-

suspensão do processo principal, determinada pelo art. 134, § 3º, do Código de Processo Civil, impediria a inclusão do nome dos sócios no polo passivo destes autos até a finalização do incidente de desconsideração da personalidade jurídica, o que seria incompatível com a antecipação da tutela.

3.4 POLÊMICA DA APLICAÇÃO DO INCIDENTE DE DESCONSIDERAÇÃO DA PERSONALIDADE JURÍDICA NOS JUIZADOS ESPECIAIS

Ponto que merece especial atenção é a possibilidade de desconsideração da personalidade jurídica em sede de juizados especiais.

Como embrião do atual modelo de juizados especiais cíveis e criminais, é possível citar os Conselhos de Conciliação e Arbitragem, criados em 1982, no Rio Grande do Sul, objetivando solucionar menores conflitos que geravam um volume de demandas para o Judiciário. A partir de tal iniciativa, foi editada a Lei n. 7.244/84, criando o que se denominou à época de juizados especiais de pequenas causas, no intuito de facilitar e acelerar o acesso à justiça aos menos favorecidos, o que representou um verdadeiro divisor de águas no processo civil brasileiro[35].

Com a promulgação da Constituição Federal de 1988, a ideia de um procedimento específico para causas de menor complexidade se consolidou no seu art. 98, I, que previu a criação de Juizados Especiais: "a União, no Distrito Federal e nos Territórios, e os Estados criarão: I – juizados especiais, providos por juízes togados, ou togados e leigos, competentes para a conciliação, o julgamento e a execução de causas cíveis de menor complexidade e

---

cisão impugnada esteja em descompasso evidente com os dispositivos que regem a matéria, sobretudo quanto aos arts. 273 do CPC/73 e 50 do CC, circunstâncias não verificadas no particular. 4. Isso porque, na espécie, a Corte *a quo* julgou presentes, no contexto próprio das medidas antecipatórias de tutela jurisdicional, os requisitos autorizadores da desconsideração da personalidade jurídica das sociedades falidas, reconhecendo haver claros indícios de que a recorrente foi beneficiada pela distribuição indevida de recursos e que tinha conhecimento da movimentação financeira suspeita levada a cabo pela sociedade. 5. O reexame de fatos e provas em recurso especial é inadmissível. 6. Recurso especial não provido" (STJ, REsp n. 1.726.564/ MG, rel. Ministro Marco Aurélio Bellizze, rel. para acórdão Ministra Nancy Andrighi, Terceira Turma, j. em 15-5-2018, *DJe* de 8-6-2018).

[35] ROGÉRIO, Thais Fernanda Silva; COUTINI, Israel Matheus Cardozo Silva Coutini; SÁ, Pedro Teófilo de. Juizados Especiais cíveis: abordagem histórica e principiológica. *Colloquium Socialis*, Presidente Prudente, v. 01, n. Especial 2, jul./dez., 2017, p. 298-304.

Capítulo 3 • Forma procedimental da desconsideração da personalidade jurídica   139

infrações penais de menor potencial ofensivo, mediante os procedimentos oral e sumaríssimo, permitidos, nas hipóteses previstas em lei, a transação e o julgamento de recursos por turmas de juízes de primeiro grau". Seguindo o comando constitucional, foi editada a Lei n. 9.099/95 (Lei dos Juizados Especiais Cíveis e Criminais), regulando os juizados especiais estaduais e, posteriormente, a Lei n. 10.259/2001 (Juizado Especial Federal) e a Lei n. 12.153/2009 (Juizado Especial da Fazenda Pública), direcionadas às causas sem complicações de ordem previdenciária e tributária.

A aludida evolução legislativa, segundo Nildomar da Silveira Soares[36]:

> representou mais uma tentativa do Constituinte brasileiro de oferecer ao cidadão, em especial ao mais pobre, meios de acesso à Justiça com a necessária simplicidade, celeridade, brevidade e, acima de tudo, com a economia de gastos, este dispêndio que impregna a Justiça brasileira.

Os efeitos da criação dos juizados especiais cíveis e criminais em termos de democratização da justiça e cidadania são inegáveis, pois tais instrumentos efetivam o acesso à justiça das pessoas economicamente hipossuficientes, solucionando demandas simples de forma mais célere, ampliando, inclusive, a credibilidade do Poder Judiciário junto à sociedade brasileira[37].

É nesse sentido que se notam, na mencionada Lei n. 9.099/95, algumas peculiaridades e proibições, que visam garantir a celeridade e a informalidade na composição da lide, bem como realizar uma verdadeira triagem dos casos compatíveis com dito procedimento diferenciado.

De início, pode-se mencionar o prestígio da oralidade nos juizados especiais, além dos princípios da simplicidade e da informalidade (Lei n. 9.099/95, art. 2º). Inclusive, o pedido pode ser realizado de forma oral pelo autor da ação e reduzido a termo pela secretaria do juizado (Lei n. 9.099/95, art. 14). Além disso, há uma limitação expressa na Lei n. 9.099/95 sobre quem pode propor ação perante os juizados especiais: a) as pessoas físicas capazes, excluídos os cessionários de direito de pessoas

---

[36] SOARES, Nildomar da Silveira. *Juizado especial cível*: a justiça na era moderna. 3. ed. São Paulo: LTr, 1996. p. 23.

[37] ROGÉRIO, Thais Fernanda Silva; COUTINI, Israel Matheus Cardozo Silva Coutini; SÁ, Pedro Teófilo de. Juizados Especiais cíveis: abordagem histórica e principiológica. *Colloquium Socialis*, Presidente Prudente, v. 01, n. Especial 2, jul./dez., 2017, p. 298-304.

jurídicas; b) as pessoas enquadradas como microempreendedores individuais, microempresas e empresas de pequeno porte; c) as pessoas jurídicas qualificadas como Organização da Sociedade Civil de Interesse Público; d) as sociedades de crédito ao microempreendedor (art. 8º).

O âmbito de atuação dos juizados especiais também está restrito às causas cujo valor não exceda a quarenta vezes o salário-mínimo; à ação de despejo para uso próprio; e às ações possessórias sobre bens imóveis de valor até quarenta vezes o salário-mínimo, por força do art. 3º da Lei n. 9.099/95.

Por outro lado, não há obrigatoriedade da representação da parte por meio de advogado, nas causas em que o valor seja inferior a vinte salários-mínimos (Lei n. 9.099/95, art. 9º) e a audiência de conciliação poderá ser conduzida por juiz togado ou leigo (Lei n. 9.099/95, arts. 7º, 21 e 22).

Entre essas peculiaridades, encontra-se a proibição de qualquer espécie de intervenção de terceiros no processo, imposta no art. 10, da Lei n. 9.099/95, que dispõe: "não se admitirá no processo qualquer forma de intervenção de terceiro nem de assistência. Admitir-se-á o litisconsórcio".

Há também previsão expressa na Lei n. 9.099/95, em seu art. 7º, da possibilidade de que os conciliadores e Juízes leigos não sejam magistrados concursados, podendo ser, no primeiro caso, recrutados entre os bacharéis em Direito; e no segundo, entre advogados com mais de cinco anos de experiência, estando estes impedidos de exercer a advocacia perante os Juizados Especiais, no período de atividade.

Como mais um exemplo das limitações do procedimento dos juizados especiais se encontra a impossibilidade de produção da prova pericial, excluída da Seção XI – Das Provas, da Lei n. 9.099/95, onde consta apenas a menção, no art. 35, à oitiva de técnico de confiança do juízo: "quando a prova do fato exigir, o Juiz poderá inquirir técnicos de sua confiança, permitida às partes a apresentação de parecer técnico".

O âmbito recursal nos juizados especiais é outro exemplo de limitação deste procedimento. Em regra, as decisões interlocutórias não podem ser objeto de agravo de instrumento nos juizados especiais[38], à exceção do

---

[38] Nesse sentido, *vide* Enunciado n. 15, do Fórum Nacional dos Juizados Especiais – FONAJE: "Nos Juizados Especiais não é cabível o recurso de agravo, exceto nas hipóteses dos artigos 544 e 557 do CPC".

Capítulo 3 • Forma procedimental da desconsideração da personalidade jurídica   141

estabelecido pelo Enunciado n. 60, do Conselho Supervisor do Sistema de Juizados Especiais do Estado de São Paulo, que dispõe: "no sistema dos Juizados Especiais cabe agravo de instrumento somente sobre decisão suscetível de causar à parte lesão grave e de difícil reparação, bem como nos casos de inadmissão do recurso inominado".

Importante ressaltar, ainda, que, em face das peculiaridades presentes no rito dos juizados especiais, o art. 51, II, da Lei n. 9.099/95, inserido na Seção que trata da extinção do processo sem julgamento de mérito, dispõe: "extingue-se o processo, além dos casos previstos em lei: (...) II – quando inadmissível o procedimento instituído por esta Lei ou seu prosseguimento, após a conciliação". É a hipótese de extinção do processo por complexidade.

É nesse quadro que se deve analisar a questão da interposição do incidente de desconsideração da personalidade jurídica nos juizados especiais.

Ocorre que, conforme o art. 1.062, do Código de Processo Civil, aplica-se o incidente de desconsideração da personalidade jurídica aos processos de competência dos Juizados Especiais, se o valor da causa for pequeno. Com base nesse dispositivo, a doutrina tem se posicionado pela aplicabilidade do Código de Processo Civil para a desconsideração no âmbito dos juizados[39].

Todavia, o art. 10 da Lei n. 9.099/95, norma especial sobre os juizados especiais, proíbe expressamente qualquer forma de intervenção de terceiro ou de assistência no processo, admitindo o litisconsórcio, o que limitaria a desconsideração aos pedidos formulados em sede de inicial.

Cabe noticiar o conflito de normas, evidente nesse caso, entre o art. 1.062, do Código de Processo Civil, e o art. 10, da Lei n. 9.099/95, e indicar os critérios para a solução deste conflito, tentando harmonizar os textos legais, eliminando as contradições do sistema jurídico, em nome da coerência lógica, essencial para a unidade desse sistema. Tais critérios são o cronológico (Lei de Introdução às Normas do Direito Brasileiro, art. 2º, § 1º), pelo qual norma posterior prevalece sobre a anterior; o hierárquico

---

[39] RODRIGUES FILHO, Otávio Joaquim. *Desconsideração da personalidade jurídica e processo*. 2. ed. São Paulo: Revista dos Tribunais, 2023. p. 185; ROCHA, Felippe Borring. O incidente de desconsideração da personalidade jurídica e sua controvertida aplicação nos juizados especiais cíveis. In: *Desconsideração da personalidade jurídica*: aspectos materiais e processuais. RODRIGUES, Marcelo Abelha et al. (coord.). Indaiatuba, SP: Foco, 2023, p. 243-252. p. 251.

142   *Desconsideração da Personalidade Jurídica: uma análise interdisciplinar*

(Constituição Federal, art. 59), prevalecendo norma superior sobre a inferior; e o da especialidade (Constituição Federal, art. 5º, *caput*), determinando que norma especial prevalece sobre norma geral[40]. O conflito que se soluciona por tais critérios pode ser considerado um mero conflito aparente de normas.

O art. 1.062, do Código de Processo Civil, e o art. 10, da Lei n. 9.099/95, entretanto, estão em flagrante conflito aparente de segundo grau, onde se verifica um conflito existente entre os critérios de solução da contradição entre as normas, mas que pode ser solucionado por um metacritério.

O art. 1.062, do Código de Processo Civil, é uma norma geral e posterior, e no caso do art. 10, da Lei n. 9.099/95, tem-se uma norma cronologicamente anterior, mas de caráter especial, tendo em vista estar direcionada especificamente ao procedimento dos juizados especiais. As normas possuem a mesma hierarquia, tendo em vista a qualidade de leis ordinárias. Todavia, pelo critério cronológico, prevalece o Código de Processo Civil; e pelo da especialidade, a Lei n. 9.099/95.

No caso de conflito entre os critérios cronológico e da especialidade é possível se estabelecer um metacritério normativo que aponte para a prevalência da norma especial, ou seja, o art. 10, da Lei n. 9.099/95, tendo em vista que a especialidade possui raiz constitucional (CF, art. 5º, *caput*), enquanto o critério cronológico consta da Lei de Introdução às Normas de Direito Brasileiro (Decreto-lei n. 4.657/42, art. 2º, § 1º)[41]. Dessa forma, é possível concluir que não cabe a utilização do incidente de desconsideração da personalidade jurídica em sede de juizados especiais.

Do ponto de vista procedimental, importante o reconhecimento de que muitas das ações judiciais acerca do direito do consumidor se processam diante dos juizados especiais cíveis, os quais possuem lei própria (Lei n. 9.099/95), sendo a incidência do Código de Processo Civil apenas subsidiária. Se observado que o rito dos juizados especiais não comporta ação incidental, a desconsideração da personalidade jurídica deverá ocorrer no

---

[40] DINIZ, Maria Helena. *Conflito de normas*. 5. ed., ampl. e atual. São Paulo: Saraiva, 2003. p. 15.

[41] DINIZ, Maria Helena. *Conflito de normas*. 5. ed., ampl. e atual. São Paulo: Saraiva, 2003. p. 50-52.

Capítulo 3 • Forma procedimental da desconsideração da personalidade jurídica   143

bojo do próprio cumprimento de sentença, conforme já reconhecido pelo Tribunal de Justiça do Estado de São Paulo[42].

---

[42] "AGRAVO DE INSTRUMENTO contra decisão que determinou a inclusão da SPE no polo passivo de cumprimento de sentença contra a primeira agravante, determinando, ainda, a imediata constrição de bens da SPE (patrimônio de afetação). Alegação de risco de lesão grave. Indícios de esvaziamento do patrimônio da devedora pela transferência de bens para a sociedade, transformando a autonomia patrimonial da SPE obstáculo ao ressarcimento de prejuízos causados pela devedora, sua única sócia, a consumidores. Incidente de desconsideração da personalidade jurídica em sede de Juizado Especial. Inaplicabilidade do rito previsto no Código de Processo Civil, por se tratar da Teoria Menor da desconsideração da personalidade jurídica, bem como em razão dos princípios norteadores do Juizado Especial. Decisão, ademais, que diferiu o exercício do contraditório e da ampla defesa, por meio de embargos. Arresto cautelar que visa tão somente assegurar a satisfação da obrigação, ficando ressalvada a possibilidade de futura revogação da medida. Ausência de comprovação da impenhorabilidade. AGRAVO NEGADO" (TJSP; Agravo de Instrumento n. 0100308-51.2021.8.26.9009; rel. Carlos Alberto Maluf; Órgão Julgador: 1ª Turma; Foro de Sorocaba – 1ª Vara do Juizado Especial Cível; data do julgamento: 18-3-2022; data de registro: 18-3-2022).

"Agravo de instrumento. Decisão que deferiu a desconsideração da personalidade jurídica da Executada Esser Miami, para incluir ESSER HOLDING LTDA no polo passivo da ação. Sustentam os Agravantes que o incidente de desconsideração da personalidade jurídica não poderia ser aplicado aos processos submetidos ao Juizado Especial Cível, bem como que não há confusão patrimonial entre Esser Miami e Esser Holding. Sustentam que não houve demonstração de má administração, má-fé, imperícia, ou imprudência dos administradores. Teoria menor aplicada no caso em questão, conforme o art. 28, § 5º, do CDC. Desnecessidade de esgotamento das providências voltadas à localização dos bens da parte executada. Obstáculo à satisfação do credor que se mostra suficiente para o deferimento da desconsideração da personalidade jurídica. Decisão que não merece reparo. Recurso desprovido" (TJSP; Agravo de Instrumento n. 0100251-94.2020.8.26.9000; rel. Vitor Frederico Kümpel; Órgão Julgador: Primeira Turma Cível; Foro Central Juizados Especiais Cíveis – 2ª Vara do Juizado Especial Cível – Vergueiro; data do julgamento: 28-5-2020; data de registro: 28-5-2020).

"Agravo de instrumento. Decisão que acolheu pedido de desconsideração da personalidade jurídica. Entendimento predominante nesta Turma Recursal acerca do cabimento do referido instituto em sede de juizados especiais. Manutenção da decisão. Agravo improvido" (TJSP; Agravo de Instrumento n. 0100172-05.2019.8.26.9048; rel. Rodrigo Rissi Fernandes; Órgão Julgador: 1ª Turma Cível; Foro de Jardinópolis – Juizado Especial Cível e Criminal; data do julgamento: 2-12-2019; data de registro: 2-12-2019).

"AGRAVO DE INSTRUMENTO. Decisão que deferiu a desconsideração da personalidade jurídica. Inobservância da necessidade de instauração do incidente no art. 1.062 do CPC. Incidente que também se aplica ao âmbito dos Juizados Especiais. Decisão reformada. AGRAVO PROVIDO" (TJSP; Agravo de Instrumento n. 0101139-97.2019.8.26.9000; rel. Tonia Yuka Kôroku; Órgão Julgador: Segunda Turma Cível; Foro Central Juizados Especiais Cíveis – Unidade Avançada de Atend. Judic. das M.E. e E.P.P; data do julgamento: 4-11-2019; data de registro: 4-11-2019).

"Recurso inominado. Pedido de desconsideração da personalidade jurídica. Incidente liminarmente rejeitado, com base na proibição de intervenção de terceiros prevista no art. 10 da

3.5 IMPACTO DA LEI N. 14.230/2021 NA DESCONSIDERAÇÃO DA PERSONALIDADE JURÍDICA

Dentro das limitações impostas pela novel Lei de Improbidade Administrativa tem-se por escopo averiguar a temática da desconsideração da personalidade jurídica no âmbito da improbidade administrativa, analisando a repressão ao ato de improbidade, mas também a não violação ao devido processo legal e a não extensão da responsabilidade patrimonial sob a alegação de tutela de probidade administrativa.

A Lei n. 12.846/2013 (Lei de Anticorrupção) admite, no art. 14, a desconsideração da personalidade jurídica para que se tenha a extensão dos efeitos das sanções aos administradores e sócios, se a pessoa jurídica for utilizada com abuso de direito para facilitar, encobrir ou dissimular a prática dos atos ilícitos para provocar confusão patrimonial.

Assim reza tal artigo: "A personalidade jurídica poderá ser desconsiderada sempre que utilizada com abuso do direito para facilitar, encobrir ou dissimular a prática dos atos ilícitos previstos nesta lei ou para provocar confusão patrimonial, sendo estendidos todos os efeitos das sanções aplicadas à pessoa jurídica aos seus administradores e sócios com poderes de administração, observados o contraditório e a ampla defesa". Percebe-se que o objetivo desse artigo era dar amplitude à desconsideração da personalidade jurídica.

Já a Lei n. 8.429/92, com a redação da Lei n. 14.230/2021, também requer aplicação mais ampla da desconsideração, ao dispor no art. 16, § 7º, que "a indisponibilidade de bens de terceiro dependerá da demonstração da sua efetiva concorrência para os atos ilícitos apurados ou, quando se tratar de pessoa jurídica, da instauração de incidente de desconsideração da personalidade jurídica, a ser processado na forma da lei". Acrescentando, no art. 17, § 15, "se a imputação envolver a desconsideração da pessoa jurídica, serão observadas as regras presentes nos arts. 133, 134, 135, 136 e 137 da Lei n. 13.105, de 16 de março de 2015".

Lei n. 9.099/95. Recurso do exequente provido. Inteligência do art. 1.062 do NCPC. Compatibilidade do instituto com os Juizados Especiais Cíveis. Enunciado n. 60 do FONAJE – Efetividade da jurisdição que deve ser garantida, especialmente em demandas de consumo" (TJSP; Recurso Inominado Cível 0001204-73.2019.8.26.0597; rel. Hermano Flávio Montanini de Castro; Órgão Julgador: 3ªTurma Cível; Foro de Sertãozinho – Vara do Juizado Especial Cível e Criminal; data do julgamento: 31-10-2019; data de registro: 31-10-2019).

Capítulo 3 • Forma procedimental da desconsideração da personalidade jurídica   145

Com isso vem a possibilitar o acatamento de pedidos ressarcitórios e de perda de bens e valores ilícitos que foram acrescentados ao patrimônio do agente.

O art. 16, § 7º, da Lei n. 8.429/92 com a alteração da Lei n. 14.230/2021 diz respeito à indisponibilidade dos bens do réu, se o pedido não tiver caráter punitivo, para assegurar a recomposição do erário e recuperar o patrimônio transferido ao réu, resultante de enriquecimento ilícito. Caso em que se terá desconsideração da personalidade jurídica relativa à pretensão de reparação de dano ou de recuperação do acréscimo patrimonial e que é considerado como um meio para atingir bens de terceiro, pessoa jurídica que não é parte da demanda, mas concorreu para a ocorrência do ato de improbidade na situação excepcional descrita no art. 50 do CC[43]. Ter-se-á aqui desconsideração inversa, em que, por meio do incidente, um terceiro, pessoa jurídica, poderia ter seus bens declarados indisponíveis.

A ação de improbidade administrativa tem caráter punitivo não só contra agente público que vier a praticar atos ímprobos, como também contra particulares que dolosamente induzam ou concorram à efetivação de tais atos, mas, ainda, pode conter pedido de reparação de dano causado por essas condutas.

O art. 17, § 15, da Lei n. 8.429/92, com a redação da Lei n. 14.230/2021, determina que se a imputação envolver desconsideração dever-se-á seguir as normas do incidente previstas no CPC, arts. 133 a 137, e o devido processo legal. A imputação do ato ímprobo deve ser feita na ação de improbidade e no incidente de desconsideração da personalidade, mas poderá pleitear no incidente a extensão de responsabilidade ou a perda de bens acrescidos, do modo ilícito, ao patrimônio do réu, que seja, exemplificativamente, sócio de uma pessoa jurídica, hipótese em que o autor poderá pedir na inicial a desconsideração inversa, para que haja extensão da responsabilidade para a pessoa jurídica. Mas se a empresa veio a praticar o ato ímprobo deverá ser incluída no polo passivo da ação. Nada obsta que, na petição inicial se peça a desconsideração para atingir sócios da pessoa

---

[43] JUSTEN FILHO, Marçal. *Reforma da Lei de Improbidade Administrativa comparada e comentada.* Rio de Janeiro: Forense, 2022. p. 61-62.

jurídica somente no que atina à reparação dos danos provocados pela improbidade ou à perda dos bens acrescidos ilicitamente ao patrimônio[44].

Os arts. 16, § 7º, e 17, § 15 fazem menção à desconsideração da personalidade jurídica e à aplicação subsidiária do CPC. Todavia, se o ato ímprobo envolver pessoa jurídica dever-se-á averiguar o fato que lhe foi imputado, pois poderá figurar no polo passivo da ação o sócio ou administrador se o tiver praticado (art. 3º, § 1º, da Lei n. 14.230/2021), mas se se comprovar que tal conduta ilícita também se imputa à sociedade, esta deverá, então, figurar como demandada. Ter-se-á, na verdade, responsabilidade civil direta e não desconsideração já que o fato, que caracteriza a improbidade, é diferente do justificador da consideração, baseado no art. 50 do CC. A desconsideração apenas poderá ser invocada para fins de extensão da responsabilidade patrimonial, porém não para os de aplicação da pena prevista pela Lei de Improbidade Administrativa, a não ser que o terceiro (sócio ou sociedade) tenha praticado algum dos atos ilícitos que tipificam a desconsideração, hipótese em que tal pessoa responderá diretamente pela improbidade além de sofrer as sanções do art. 12 (medidas patrimoniais restitutórias).

A incidência da função punitiva é algo novo na seara do processo civil, ante o preceito constitucional do devido processo legal, aumentando as garantias que repercutem no procedimento aplicável à ação de improbidade administrativa (art. 1º, § 4º, da Lei n. 8.429/92, acrescentado pela Lei n. 14.230/2021). A multa prevista na Lei de Improbidade é sanção punitiva, submetendo-se ao regime jurídico material e processual punitivo. Além de se pleitear nessa ação a aplicação de sanção não punitiva (art. 12, I e II, da Lei n. 8.429/92) a quem praticou ato ímprobo, poder-se-á pedir não só a reparação dos danos causados por tal ato, apurando-se a responsabilidade civil (ou civil administrativa), que é objeto do processo, mas também a perda de bens e direitos, que foram, ilicitamente, acrescentados ao patrimônio daquele que cometeu a improbidade. Esses pedidos estão ligados ao enriquecimento sem causa (CC, art. 884). A cumulação de pedido

---

[44] NEVES, Daniel Amorim A.; OLIVEIRA, Rafael C. R. *Comentários à Reforma da Lei de Improbidade Administrativa*: Lei n. 14.230/2021 comentada. Rio de Janeiro: Forense, 2022. p. 89.

Capítulo 3 • Forma procedimental da desconsideração da personalidade jurídica   147

sancionatório com o de responsabilidade ou de perda dos referidos bens incide, por força da garantia do devido processo legal, no regime jurídico material e processual da reparação de dano (CPC, art. 327, § 2º).

A sanção punitiva não pode, pelo art. 5º, XLV da CF, ser estendida a terceiro ou sucessores do agente ou do particular. Logo tão somente o dever de reparar o dano e a pena de perda dos bens, até o limite do valor do patrimônio transferido, por submeter-se ao regime jurídico civil e não punitivo, poderá passar ao sucessor ou terceiro do agente ou do particular, réu da ação de improbidade administrativa.

É preciso que o réu, na ação de improbidade, seja agente público ou particular (arts. 2º e 3º da Lei n. 8.429/92). Com isso, terceiro (particular) poderá responder por ato ilícito que enseja desconsideração da personalidade jurídica (CC, art. 50, §§ 1º a 5º). Marçal Justen Filho[45] ensina que: "Em se tratando de pessoa jurídica, configura-se a autoria do ato ilícito quando o sujeito que atua como órgão dela pratica, em tal condição, uma conduta tipificada. Em tais hipóteses, o ato ilícito é diretamente imputado à pessoa jurídica, a qual é submetida às diversas sanções cabíveis. Em tais casos, incide o regime jurídico punitivo, que compreende a exigência da culpabilidade, a pessoalidade da sanção e todas as demais características já expostas".

Se o Ministério Público ou pessoa jurídica lesada tiverem ciência do ato que autoriza a desconsideração deverá comprová-lo na inicial (CPC, art. 134, § 2º), caso em que o terceiro que o praticou passará a ser litisconsorte passivo, isso fará com que o órgão judicante possa avaliar se é caso de desconsideração. A fraude não se presume, por isso o ônus da prova compete a quem alegar o fato que fundamenta a pretendida desconsideração.

A responsabilidade dos sócios pelos débitos sociais é subsidiária, primeiro atinge-se o patrimônio da sociedade para depois, se insuficiente for, alcançar os bens particulares dos sócios. Isso também se aplica quando houver desconsideração inversa, ou seja, quando se estende a responsabilidade ou dívida de um sócio à pessoa jurídica.

---

[45] JUSTEN FILHO, Marçal. Desconsideração da personalidade societária e responsabilização de terceiros na Lei de Improbidade Administrativa e na Lei Anticorrupção. *Revista Jurídica da Procuradoria Geral do Estado do Paraná*, n. 10, p. 175-196, Curitiba, 2019.

É preciso que haja prudência objetiva ao se aplicar a desconsideração da personalidade ante sua excepcionalidade, na hipótese de ocorrência de improbidade administrativa, protegendo a moralidade administrativa, uma vez que a ação de improbidade é um processo civil de interesse público e, por tal razão, o aplicador deve almejar o bem-estar do povo, combatendo condutas contra o erário[46].

---

[46] Consulte: MUDROVITSCH, Rodrigo de B.; NOBREGA, Guilherme P. *Lei de Improbidade Administrativa comentada*: de acordo com a Lei n. 14.230/2021. Rio de Janeiro: Lumen Juris, 2022. p. 53-54; MERÇON-VARGAS, Sarah. Improbidade administrativa e desconsideração da personalidade jurídica. In: *Desconsideração da personalidade jurídica*: aspectos materiais e processuais. RODRIGUES, Marcelo Abelha et al. (coord.). Indaiatuba: Foco, 2023. p. 947-958; MACHADO, Arthur Pinheiro. Desconsideração da personalidade jurídica na origem do atraso. *Consultor Jurídico*, 3-6-2024. Disponível em: https://www.conjur.com.br/2024-jun-03/falta-carica-desconsideracao-da-personalidade-juridica-na-origem-do-atraso/. Acesso em: 3-6-2024.

Capítulo 4
DESCONSIDERAÇÃO DA PERSONALIDADE JURÍDICA EM OUTRAS ESFERAS JURÍDICAS

4.1 DESCONSIDERAÇÃO DA PERSONALIDADE JURÍDICA NO CÓDIGO DE DEFESA DO CONSUMIDOR

O movimento consumerista organizado, dotado de plena consciência e definição de estratégias é originário dos chamados "movimentos dos frigoríficos de Chicago", mantendo forte ligação com o movimento trabalhista, sendo que ambas as frentes cindiram-se, posteriormente, por conta da criação da denominada *Consumer's League*, em 1891, a qual evoluiu para a atual *Consumer's Union* dos Estados Unidos, fortemente temida pelo mercado por, dentre outras atividades, adquirir quase todos os produtos lançados no mercado norte-americano para análise e crítica pública, através da sua revista *Consumer's Report*[1].

Embora haja quem aponte, já no Código de Hammurabi, regras de proteção indireta do consumidor, o marco jurídico da proteção jurídica do consumidor no âmbito internacional é o *Shermann Act*, a lei antitruste norte-americana, de 1890[2].

Como os grandes problemas referentes ao universo do consumo não se revestiam, até datas relativamente recentes, da gravidade que se observa na atualidade, a defesa do consumidor não havia sido constitucionalmente contemplada, até a Constituição portuguesa de 1976[3]. Sobre o espírito da referida Constituição portuguesa, pode-se afirmar que tal diploma legal é deliberadamente um projeto e não apenas um estatuto, pois não se limita a

---

[1] FILOMENO, José Geraldo Brito. *Manual de direitos do consumidor*. 3. ed. São Paulo: Atlas, 1999. p. 41.

[2] FILOMENO, José Geraldo Brito. *Manual de direitos do consumidor*. 3. ed. São Paulo: Atlas, 1999. p. 40; NUNES, Luiz Antonio Rizzatto. *Curso de direito do consumidor*. 8. ed. rev. e atual. São Paulo: Saraiva, 2013. p. 42.

[3] SILVA, José Afonso da. *Curso de direito constitucional positivo*. 24. ed. rev. e atual. São Paulo: Malheiros, 2005. p. 263.

150   *Desconsideração da Personalidade Jurídica: uma análise interdisciplinar*

definir regras de organização política, econômica e social, mas impõe um verdadeiro programa de transformação da sociedade daquele país[4].

A Constituição Federal do Brasil, de 1988, inegavelmente, desempenhou papel fundamental na história da regulamentação das relações de consumo. O aludido diploma, calcado nos pilares da dignidade da pessoa humana (art. 1º, I) e da solidariedade social (art. 3º, I), ao expressar as noções de iniciativa privada (art. 1º, IV) e de propriedade (art. 5º, XXII e XXIII), dentro das limitações compatíveis com o ideal da socialidade, já contempla a defesa do consumidor (arts. 5º, XXXII, e 170, V).

Dentro desse quadro, pode-se afirmar, desde logo, que a Constituição Federal se propõe, fundamentalmente, à construção de uma ordem de homens livres, em que a justiça seja um fator de dignificação da pessoa, e o sentimento de responsabilidade e apoio recíprocos solidifique a ideia de comunidade fundada no bem comum. Surge aí o signo do Estado Democrático de Direito, que deve nortear a compreensão do direito das relações de consumo[5].

A inclusão da defesa do consumidor no rol dos direitos fundamentais do cidadão apresentados no art. 5º, da Constituição Federal, indica o *status* especial com que a matéria deve ser considerada. Trata-se de uma proteção que se relaciona com os direitos econômicos e sociais, na construção de um Estado Democrático de Direito, e a salvaguarda desses direitos repercute na formação de uma sociedade livre, justa e solidária, para o desenvolvimento nacional, a erradicação da pobreza e a promoção do bem comum[6].

Por tal via, têm-se legitimadas todas as intervenções estatais necessárias a assegurar a defesa do consumidor, o que naturalmente abre uma brecha ampla na economia de mercado, lastreada, em boa parte, na liberdade de consumo[7].

---

[4] PRATA, Ana. *A tutela constitucional da autonomia privada*. Coimbra: Almedina, 1982. p. 59.

[5] SILVA, José Afonso da. *Comentário contextual à Constituição*. 6. ed. atual. São Paulo: Malheiros, 2009. p. 46-47.

[6] FELLOUS, Beyla Esther. *Proteção do consumidor no Mercosul e na União Europeia*. São Paulo: Revista dos Tribunais, 2003. p. 161-162; FERREIRA FILHO, Manoel Gonçalves. *Curso de direito constitucional*. 32. ed. rev. e atual. São Paulo: Saraiva, 2006. p. 357-358.

[7] SILVA, José Afonso da. *Curso de direito constitucional positivo*. 24. ed. rev. e atual. São Paulo: Malheiros, 2005. p. 263.

Capítulo 4. Desconsideração da personalidade jurídica em outras esferas jurídicas   151

A defesa do consumidor, nesse contexto, como princípio da ordem econômica, não se subordina aos outros princípios econômicos, como o da propriedade privada e da liberdade empresarial, e surge impondo ao Estado limites positivos, como o dever de editar normas infraconstitucionais que consagrem este princípio; e negativos, impedindo o prevalecimento de normas infraconstitucionais que de alguma maneira limitem tais direitos[8].

Frise-se que não há conflito de interesses entre a proteção do consumidor e a proteção da concorrência. Qualquer alegação de conflito de tais ideias baseia-se na falsa premissa de que o direito do consumidor e o direito concorrencial pressupõem lógicas distintas, sendo que esta se lastreia na igualdade de condições entre os agentes econômicos, e aquela está fundada na vulnerabilidade do consumidor. É preciso não olvidar de que o conflito é meramente aparente, do ponto de vista de que ambos os sistemas têm o objetivo final de proteger o consumidor e a proteção do mercado funciona como um dos meios de concretizar essa proteção.

É inegável que, sendo o livre mercado composto de consumidores e fornecedores, tem este, no campo do consumo, o seu elemento mais fraco, reconhecidamente vulnerável, protagonizado por agentes que apenas recebem os modelos de produção unilateralmente definidos e impostos pelo fornecedor, sem interferência direta no processo da produção.

Merece menção, ainda, neste ponto, para a perfeita compreensão do direito material do consumidor, o elemento do risco da atividade econômica, que deve ser imputado ao empreendedor, enquanto contrapartida da livre iniciativa, ou melhor, da sua livre decisão sobre explorar ou não o mercado. Assim como o lucro é legítimo para o empreendedor, as perdas também o devem ser[9].

É dentro desse paradigma de justiça social ora narrado que a Constituição propõe as bases da defesa do consumidor, incluindo-se, nesse desiderato, a regulamentação das relações de consumo através do Código de Defesa do Consumidor, Lei n. 8.078, de 11 de setembro de 1990.

---

[8] FELLOUS, Beyla Esther. *Proteção do consumidor no Mercosul e na União Europeia*. São Paulo: Revista dos Tribunais, 2003. p. 163.

[9] NUNES, Luiz Antonio Rizzatto. *Curso de direito do consumidor*. 8. ed. rev. e atual. São Paulo: Saraiva, 2013. p. 105.

Em termos de legislação especial, ainda antes da vigência do Código de Defesa do Consumidor, foi promulgada a Lei n. 1.521, de 26-12-1951, que trata dos crimes contra a economia popular. O foco de tal norma são as fraudes dos fornecedores, quanto à quantidade ou qualidade dos bens em circulação no mercado. Ainda que eficiente dentro da sua limitada linha de atuação, tal dispositivo não preenchia as lacunas na efetiva reparação dos danos aos consumidores, por não cobrir a totalidade das relações de consumo[10].

Após isso, a Lei Delegada n. 4, de 26-9-1962 foi criada com o propósito de amparar o consumidor, possibilitando a intervenção no domínio econômico para assegurar a livre distribuição de produtos necessários ao consumo do povo. Merece menção também a Lei n. 7.347, de 24-7-1985, que disciplinou a Ação Civil Pública, para fim de responsabilidade civil por dano material causado aos consumidores, no tocante aos direitos difusos, metaindividuais, legitimando o Ministério Público, enquanto polo ativo da demanda, assim como entidades de caráter coletivo. Por fim, cite-se a Lei n. 8.137/90, sobre os crimes contra a ordem tributária, econômica e contra as relações de consumo, e a Lei Antitruste, de n. 8.884/90, acerca das infrações de ordem econômica, contra a formação de cartéis e monopólios pelos grandes fornecedores de bens e serviços[11].

É preciso ressaltar que o Código de Defesa do Consumidor demonstra uma fundamental diferença em relação às legislações que lhe precederam. O referido *Codex* nasceu amparado por Garantia Constitucional (CF, art. 5º, XXXII, e art. 170,V), o que implica na segurança de que nenhuma lei ordinária poderá revogar os seus preceitos, sob pena de nulidade.

Configura-se, assim, numa lei de função social, que ocasiona modificações profundas nas relações jurídicas, tutelando um grupo específico de indivíduos, vulneráveis no livre mercado, intervindo de maneira imperativa.

O próprio art. 1º, do referido código, dispõe que suas normas se dirigem à proteção prioritária dos consumidores e se constituem em normas de ordem pública, inafastáveis pela vontade individual, interessando, assim,

---

[10] MELLO, Sônia Maria Vieira de. *O direito do consumidor na era da globalização:* a descoberta da cidadania. Rio de Janeiro: Renovar, 1998. p. 13.

[11] MELLO, Sônia Maria Vieira de. *O direito do consumidor na era da globalização:* a descoberta da cidadania. Rio de Janeiro: Renovar, 1998. p. 13-14.

Capítulo 4. Desconsideração da personalidade jurídica em outras esferas jurídicas   153

mais diretamente à sociedade que aos particulares, na árdua tarefa de transformar uma realidade social, como uma faceta do exercício da cidadania[12].

Tendo em vista que um código significa um conjunto sistemática e logicamente ordenado de normas jurídicas, o Código de Defesa do Consumidor, enquanto codificação, está sistematicamente organizado, de forma autônoma, visando a especial proteção do consumidor, o que o caracteriza como um microssistema, de caráter especial, a prevalecer sobre os demais, a exceção do sistema da própria Constituição[13].

Acresce que o Código de Defesa do Consumidor pode, ainda, ser definido como uma lei principiológica, modelo até então inexistente no ordenamento jurídico brasileiro, a partir do momento em que ingressa no sistema jurídico e produz um corte horizontal, atingindo toda e qualquer relação jurídica que possa se configurar como consumerista e concretizando princípios e garantias constitucionais que se perfazem em cláusulas pétreas[14].

Por outro lado, para que a relação seja caracterizada como consumerista, devem estar presentes no caso os conceitos definidos nos arts. 2º e 3º, do Código de Defesa do Consumidor, nos quais, em tarefa que não desempenha habitualmente, o legislador define as figuras do consumidor e do fornecedor, bem como esclarece os termos produto e serviço.

Multiplicando o seu campo de atuação, o Código de Defesa do Consumidor divide os indivíduos entre consumidores em sentido estrito (art. 2º) e coletividade de consumidores (art. 2º, parágrafo único), para fins contratuais; e, no campo extracontratual, pessoas equiparadas a consumidor (art. 17) e consumidor em sentido amplo (art. 29).

Consumidor em sentido estrito é toda pessoa física ou jurídica que utiliza produto ou serviço como destinatário final, ou seja, o último sujeito da cadeia da relação de consumo, ainda que profissional, desde que o

---

[12] MELLO, Sônia Maria Vieira de. *O direito do consumidor na era da globalização*: a descoberta da cidadania. Rio de Janeiro: Renovar, 1998. p. 15.

[13] MARQUES, Cláudia Lima. *Contratos no Código de Defesa do Consumidor*: o novo regime das relações contratuais. 4. ed. rev., atual. e ampl. São Paulo: Revista dos Tribunais, 2002. p. 505-506; NUNES, Luiz Antonio Rizzatto. *Curso de direito do consumidor*. 8. ed. rev. e atual. São Paulo: Saraiva, 2013. p. 113-114.

[14] FILOMENO, José Geraldo Brito. *Manual de direitos do consumidor*. 3. ed. São Paulo: Atlas, 1999. p. 28.

contrato não se relacione com sua atividade fim[15]. A coletividade de pessoas, ainda que indetermináveis, que haja intervindo nas relações de consumo é, por ficção, o consumidor coletivo. Todas as vítimas de relação de consumo, em caso de responsabilidade pelo fato do produto ou serviço, ainda que não participem de contrato, são consideradas consumidores por equiparação. Por fim, aquele que, sem vínculo contratual, é exposto a uma relação de consumo, no que se refere a práticas comerciais e proteção contratual, é o consumidor em sentido amplo.

Nota-se, assim, que o Código adota um conceito difuso de consumidor, uma vez que desde sempre todas as pessoas expostas a toda e qualquer prática comercial são consumidores em potencial[16]. Por outro lado, mesmo diante de tal amplitude, é possível se excluir os intermediários da proteção da Lei n. 8.078/90[17].

Já fornecedor pode ser conceituado como toda pessoa física ou jurídica, pública ou privada, nacional ou estrangeira, bem como os entes despersonalizados, que desenvolvam atividade de produção, montagem, criação, construção, transformação, importação, exportação, distribuição ou comercialização de produtos ou prestação de serviços, conforme o art. 3º, do Código de Defesa do Consumidor.

Percebe-se que o referido artigo é bastante amplo, não considerando como necessário que o fornecedor seja um profissional, mas apenas um ente que atue de forma habitual ou reiterada, fornecendo produtos ou serviços, sob remuneração, incluídos aí os serviços públicos[18].

---

[15] MARQUES, Cláudia Lima Marques. *Contratos no Código de Defesa do Consumidor:* o novo regime das relações contratuais. 4. ed. rev., atual. e ampl. São Paulo: Revista dos Tribunais, 2002. p. 280.

[16] NUNES, Luiz Antonio Rizzatto. *Curso de direito do consumidor.* 8. ed. rev. e atual. São Paulo: Saraiva, 2013. p.134; MARQUES, Cláudia Lima Marques. *Contratos no Código de Defesa do Consumidor:* o novo regime das relações contratuais. 4. ed. rev., atual. e ampl. São Paulo: Revista dos Tribunais, 2002. p. 292-293; MELLO, Sônia Maria Vieira de. *O direito do consumidor na era da globalização:* a descoberta da cidadania. Rio de Janeiro: Renovar, 1998. p. 25.

[17] MELLO, Sônia Maria Vieira de. *O direito do consumidor na era da globalização:* a descoberta da cidadania. Rio de Janeiro: Renovar, 1998. p. 25.

[18] MARQUES, Cláudia Lima Marques. *Contratos no Código de Defesa do Consumidor:* o novo regime das relações contratuais. 4. ed. rev., atual. e ampl. São Paulo: Revista dos Tribunais, 2002. p. 327; NUNES, Luiz Antonio Rizzatto. *Curso de direito do consumidor.* 8. ed. rev. e atual. São Paulo: Saraiva, 2013. p. 135-136; MELLO, Sônia Maria Vieira de. *O direito do consumidor na era da globalização:* a descoberta da cidadania. Rio de Janeiro: Renovar, 1998. p. 27.

Capítulo 4. Desconsideração da personalidade jurídica em outras esferas jurídicas   155

A menção do Código ao termo *remuneração*, nesse ponto, enseja uma troca entre a tradicional classificação dos negócios como onerosos ou gratuitos, por remunerados ou não remunerados. Dita posição significa considerar, entre as relações de consumo, os casos de remuneração indireta, enquanto "contraprestação escondida", de responsabilidade do próprio consumidor ou da coletividade de consumidores[19].

Uma vez caracterizado o campo de incidência do Código de Defesa do Consumidor, o seu próprio art. 4º, considerado como "norma objetivo", estabelece a Política Nacional das Relações de Consumo, ilustrando o papel do Estado em tal seara e manifestando estreita relação com os Direitos e Garantias Fundamentais elencados no art. 5º, da Constituição Federal.

Nesse sentido é o objetivo do Estado buscar o atendimento das necessidades dos consumidores, o respeito à sua dignidade, saúde e segurança, a proteção dos seus interesses econômicos, a melhoria da sua qualidade de vida, a transparência e harmonia das relações de consumo, atendendo aos princípios do reconhecimento da vulnerabilidade do consumidor, da interferência estatal na proteção efetiva do consumidor, da boa-fé objetiva, do equilíbrio nas relações de consumo, da educação e informação, do eficiente controle de qualidade e segurança de produtos e serviços, da coibição e repressão de abusos no mercado de consumo, da racionalização e melhoria dos serviços públicos e do constante estudo das modificações do mercado de consumo (art. 4º).

Os instrumentos para a efetivação dos objetivos elencados no art. 4º, do Código de Defesa do Consumidor, estão elencados no seu art. 5º, quais sejam, entre outros, a manutenção de assistência jurídica, integral e gratuita para o consumidor carente; a instituição de Promotorias de Justiça de Defesa do Consumidor, no âmbito do Ministério Público; a criação de delegacias de polícia, especializadas no atendimento a consumidores vítimas de infrações penais de consumo; a criação de Juizados Especiais Cíveis e Varas Especializadas para a solução de litígios de consumo; e a concessão de estímulos à criação e desenvolvimento das Associações de Defesa do Consumidor.

---

[19] MARQUES, Cláudia Lima Marques. *Contratos no Código de Defesa do Consumidor:* o novo regime das relações contratuais. 4. ed. rev., atual. e ampl. São Paulo: Revista dos Tribunais, 2002. p. 328.

Na sequência, o Código de Defesa do Consumidor se dedica a especificar os direitos básicos do consumidor, elencados no seu art. 6º, quais sejam, a proteção da vida, saúde e segurança; a educação e divulgação sobre o consumo adequado; a informação adequada e clara sobre os diferentes produtos e serviços, com especificação correta de quantidade, características, composição, qualidade, tributos incidentes e preço, bem como sobre os riscos que apresentem; a proteção contra a publicidade enganosa e abusiva; a modificação das cláusulas contratuais que estabeleçam prestações desproporcionais; a efetiva prevenção e reparação de danos patrimoniais e morais; o acesso aos órgãos judiciários e administrativos; a facilitação da defesa de seus direitos, inclusive com a inversão do ônus da prova; e a adequada e eficaz prestação dos serviços públicos em geral.

Trata-se de enumeração fundamentada nos Direitos e Garantias Fundamentais da Constituição Federal, o que implica, portanto, em direitos inalienáveis, intransferíveis e irrenunciáveis. Ao mesmo tempo, esse método de imposição de deveres legais impede que o consumidor, através de contrato, libere o fornecedor dos seus deveres, que são legais, impostos por norma jurídica de ordem pública, indisponíveis por vontade das partes[20].

Por outro lado, a enumeração materializada no art. 6º do Código de Defesa do Consumidor não é taxativa, de acordo com o que se depreende do art. 7º, da referida lei, mas aberta, ou seja, inclui outros direitos decorrentes da legislação interna ordinária, endereçadas à proteção do consumidor, de caráter civil, administrativo, penal etc.

Dentre as peculiaridades dessa proteção do consumidor, que marcam o Código de Defesa do Consumidor, podemos citar, ainda, a responsabilidade civil objetiva do fornecedor (arts. 12 e 14), com exceção para os profissionais liberais, os quais deverão responder apenas no caso de culpa; a solidariedade na reparação dos danos causados ao consumidor (arts. 18, 19 e 25, § 2º); a nulidade de cláusulas abusivas (arts. 39, V, e 51, IV e § 1º, III); e a impossibilidade de renúncia de garantias pelo consumidor (art. 51, I).

O desrespeito, pelo fornecedor, dos deveres estabelecidos no Código de Defesa do Consumidor, gera a possibilidade, para o consumidor (e aos

---

[20] MELLO, Sônia Maria Vieira de. *O direito do consumidor na era da globalização:* a descoberta da cidadania. Rio de Janeiro: Renovar, 1998. p. 33; MARQUES, Cláudia Lima. *Contratos no Código de Defesa do Consumidor:* o novo regime das relações contratuais. 4. ed. rev., atual. e ampl. São Paulo: Revista dos Tribunais, 2002. p. 508.

Capítulo 4. Desconsideração da personalidade jurídica em outras esferas jurídicas   157

órgãos auxiliares, públicos e privados), de compeli-lo a cumpri-los, através de ações coletivas e ações individuais. Ao tratar da defesa do consumidor em juízo, a Lei n. 8.078/90, em seu art. 81, estabelece que esta poderá ser exercida individualmente ou a título coletivo, sendo que a defesa coletiva está direcionada para interesses ou direitos difusos, coletivos ou individuais homogêneos.

Segundo o próprio Código, direitos difusos são aqueles transindividuais, de natureza indivisível, com titulares indeterminados e ligados por circunstâncias de fato; direitos coletivos, também de caráter transindividual e indivisível, estão atrelados a um grupo, categoria ou classe de pessoas ligadas por uma relação jurídica base; e direitos individuais homogêneos, são aqueles divisíveis, decorrentes de origem comum. Dessa forma, o Código de Defesa do Consumidor permite a proteção dos consumidores em larga escala, mediante ações coletivas e ações civis públicas, de iniciativa do Ministério Público ou associações de defesa do consumidor, cuja importância vem sendo cada vez mais reconhecida, por permitirem o controle como um todo das ações dos fornecedores.

É dentro dessa lógica de proteção aos vulneráveis que, também nas relações de consumo, com a Lei n. 8.078/90, o órgão judicante está autorizado a desconsiderar a personalidade jurídica da sociedade. O art. 28 do Código de Defesa do Consumidor, sob um aspecto educativo, procura fazer com que o fornecedor seja cauteloso e administre bem seu negócio sob pena de responder com seu patrimônio particular pelos danos causados ao consumidor, abrangendo também um aspecto punitivo. Com isso tal dispositivo traz um implícito alerta à possibilidade de aplicação de pena ao mau administrador, havendo desconsideração da personalidade jurídica, que pode ser requerida pelo credor, consumidor ou Ministério Público, nas hipóteses em que lhe couber intervir (CPC, art. 82).

Deveras, o Código de Defesa do Consumidor, no art. 28, prescreve que o juiz poderá desconsiderar a personalidade jurídica da sociedade quando, em detrimento do consumidor, houver abuso de direito, excesso de poder, infração da lei, fato ou ato ilícito ou violação dos estatutos ou contrato social. A desconsideração também será efetivada quando houver falência, estado de insolvência, encerramento ou inatividade da pessoa jurídica provocados por má administração. E no seu art. 28, § 5º, ao adotar a teoria menor da desconsideração da personalidade jurídica, estabelece que também poderá ser desconsiderada a pessoa jurídica sempre que sua personalidade for, de alguma forma, obstáculo à reparação de prejuízos causados aos consumidores, desde que a sanção que lhe for aplicável não seja de cunho pecuniário, como, por exemplo: proibição de fabricação de produto; suspensão temporária de atividades ou de fornecimento de produto ou serviço (CDC, art. 56, V, VI e VII).

Portanto, em nosso País, com o advento da Lei n. 8.078/90, art. 28 e § 5º, o órgão judicante está autorizado, nas relações de consumo, a desconsiderar a personalidade jurídica da sociedade, se houver, de sua parte:

a) abuso de direito, desvio ou excesso de poder, lesando consumidor;

b) infração legal ou estatutária, por ação ou omissão, em detrimento do consumidor;

c) falência, insolvência, encerramento ou inatividade, em razão de sua má administração;

d) obstáculo ao ressarcimento dos danos que causar aos consumidores, pelo simples fato de ser pessoa jurídica, desde que a sanção que lhe for aplicável não seja de cunho pecuniário, como, por exemplo: proibição de fabricação de produto; suspensão temporária de atividade ou de fornecimento de produto ou serviço (CDC, art. 56, V, VI e VII).

Quando o dispositivo legal comentado estabelece que o juiz "poderá desconsiderar a personalidade jurídica", o verbo "poderá" deve ser entendido não como uma faculdade ou ato de discricionariedade, mas como um dever, caso se configurem os requisitos legais da desconsideração[21].

Há menção na doutrina a um conflito de normas entre o *caput* do art. 28 do CDC e seu § 5º, no sentido de que o referido parágrafo não poderia avançar para além dos parâmetros de desconsideração previstos no *caput*, alargando consideravelmente o âmbito da desconsideração. Sobre o tema, Cláudia Lima Marques[22] assevera que:

"a previsão ampla englobando todas as hipóteses detectadas no direito comparado e na experiência jurisprudencial brasileira sobre o tema, deixa

---

[21] NUNES, Luiz Antonio Rizzatto. *Curso de direito do consumidor*. 8. ed. rev. e atual. São Paulo: Saraiva, 2013. p. 785.

[22] MARQUES, Cláudia Lima. *Contratos no Código de Defesa do Consumidor*: o novo regime das relações contratuais. 4. ed. rev., atual. e ampl. São Paulo: Revista dos Tribunais, 2002. p. 639.

Capítulo 4 ▪ Desconsideração da personalidade jurídica em outras esferas jurídicas   159

bem clara a opção legislativa pela proteção ao consumidor através da desconsideração sempre que a "personalidade" atribuída à sociedade for obstáculo ao ressarcimento dos danos sofridos pelo consumidor".

Sobre o referido conflito, Rizzatto Nunes também assevera que "com a disposição do § 5º, bastante ampla, não só fica patente o caráter exemplificativo do rol de hipóteses apresentadas, como se percebe a disposição da lei em decretar a garantia de ressarcimento dos danos sofridos pelo consumidor em qualquer outro caso em que haja obstáculo ao saneamento do prejuízo".

Há, de fato, contradição na redação do *caput*[23] do art. 28 e do seu § 5º[24], uma vez que o primeiro estabelece critérios restritivos para a desconsideração; o segundo, uma amplitude generalista. Tal conflito, por sua vez, não se mostra apenas como um conflito aparente de normas, uma vez que não pode ser solucionado pelos critérios normativos estabelecidos para tal finalidade: hierárquico, cronológico e especialidade. É o caso de antinomia real.

Neste ponto, cabe previamente frisar a diferenciação entre as figuras da interpretação, da integração e da aplicação da norma. A aplicação da norma se dá em decorrência da competência de um órgão ou autoridade, que impõe uma diretriz de direito num caso concreto. Antes de aplicar o direito, ou seja, antes do processo de subsunção, contudo, o órgão ou autoridade precisa interpretá-lo, ou seja, proceder à escolha, de natureza axiológica, de vários sentidos possíveis para a norma[25].

---

[23] Art. 28. "O juiz poderá desconsiderar a personalidade jurídica da sociedade quando, em detrimento do consumidor, houver abuso de direito, excesso de poder, infração da lei, fato ou ato ilícito ou violação dos estatutos ou contrato social. A desconsideração também será efetivada quando houver falência, estado de insolvência, encerramento ou inatividade da pessoa jurídica provocados por má administração."
Pelo art. 28, § 5º, do CDC prescinde de comprovação da fraude para decretar a desconsideração, atingindo automaticamente sócios detentores de poder de gestão (STJ, REsp n. 1900843/DF, rel. Min. Paulo de Tarso Sanseverino, rel. para acórdão Min. Ricardo Villas Bôas Cuevas, 3ª T., j. 23-5-2023).
[24] "Também poderá ser desconsiderada a pessoa jurídica sempre que sua personalidade for, de alguma forma, obstáculo ao ressarcimento de prejuízos causados aos consumidores."
[25] REALE, Miguel. *Lições preliminares de direito*. 27. ed. atual. 7. tir. São Paulo: Saraiva, 2002. p. 295-296; ENGISCH, Karl. *Introdução ao pensamento jurídico*. Trad. J. Baptista Machado. 8. ed. Lisboa: Fundação Calouste Gulbenkian, 2001. p. 96.

A interpretação se limita, assim, a esclarecer o sentido verdadeiro e alcance da norma, reproduzindo, em termos diversos, o pensamento já contido nela. Mas, mais que isso, é restituir sentido a um texto corrompido, numa perspectiva crítica. Nesse objetivo, existem várias técnicas interpretativas, como a gramatical, a lógica, a sistemática, a histórica, a sociológica ou teleológica, todas complementares, não se excluindo reciprocamente. Mas, se a norma apresenta lacuna, o processo de interpretação não é suficiente para preencher tal vazio, fazendo-se necessário o uso da integração[26].

É possível identificar as espécies de lacuna, quais sejam: a) a normativa, na ausência de norma para a resolução do caso; b) a ontológica, quando, havendo norma, esta não corresponda aos fatos sociais; c) a axiológica, na falta de norma justa, ou seja, se da aplicação da norma resulte uma solução insatisfatória ou injusta; e d) lacunas de conflito ou antinomias reais, que se observam na existência de várias soluções incompatíveis para a aplicação de determinada norma, deixando o julgador numa situação insustentável, porque não há solução normativa cabível ou porque não há uma solução unívoca[27].

No conflito analisado no presente artigo, parece clara a ocorrência de antinomia real, onde há necessidade de decisão, e a posição do sujeito é insustentável, pois existe uma incompatibilidade de normas e os critérios normativos de resolução de conflitos (hierárquico, cronológico e especialidade) não solucionam o caso, tendo em vista que os dispositivos se inserem no próprio Código de Defesa do Consumidor[28].

Uma vez identificada a antinomia real, o mecanismo de solução se encontra previsto na Lei de Introdução às Normas do Direito Brasileiro, em seu art. 5º. Trata-se, assim, da equidade. Aplicando-se um juízo de equidade para a solução do conflito relatado, nota-se que não seria justo não adotar o dispositivo mais benéfico ao consumidor, sendo que todo o direito do

---

[26] DINIZ, Maria Helena. *As lacunas do direito*. 7. ed. atual. São Paulo: Saraiva, 2002. p. 276-278; SAVIGNY, Friedrich Carl Von. *Metodologia jurídica*. Trad. Hebe A. M. Caletti Marenco. Campinas, SP: Edicamp, 2001. p. 8-11; REALE, Miguel. *Lições preliminares de direito*. 27. ed. atual. 7. tir. São Paulo: Saraiva, 2002. p. 296.

[27] DINIZ, Maria Helena. *As lacunas do direito*. 7. ed. atual. São Paulo: Saraiva, 2002. p. 279 e 950.

[28] DINIZ, Maria Helena. *As lacunas do direito*. 7. ed. atual. São Paulo: Saraiva, 2002. p. 24-26.

Capítulo 4. Desconsideração da personalidade jurídica em outras esferas jurídicas   161

consumidor visa proteger os vulneráveis, tendo, inclusive, o *status* de direito fundamental, vigorando a proibição do retrocesso[29].

Nesse contexto, reconhece-se que a teoria adotada pelo Código de Defesa do Consumidor quanto à desconsideração da personalidade jurídica, diferentemente do que ocorre no Código Civil, é a teoria menor, pela qual basta a prova da insolvência da pessoa jurídica para o pagamento de suas obrigações pelos sócios, independentemente da existência do desvio de finalidade ou confusão patrimonial, imputando-se o risco normal da atividade ao próprio empresário[30].

Ressalve-se que o art. 28 do CDC, sendo norma de ordem pública (art. 1º), não pode ser objeto de analogia ou interpretação extensiva. Nesse sentido, pelo Enunciado n. 9: "Quando aplicado às relações jurídicas empresariais, o art. 50 do Código Civil não pode ser interpretado analogamente ao art. 28, § 5º, do CDC ou ao art. 2º, § 2º, da CLT" (aprovado na I Jornada de Direito Comercial).

Deveras, a 4ªTurma do STJ entendeu que nem sempre a personalidade jurídica atinge o administrador não sócio de sociedade empresária, *por ser inviável* uma *interpretação extensiva* do art. 28, § 5º do CDC, que é norma especial. No caso em julgamento os recorrentes eram administradores não sócios de uma sociedade imobiliária, executada por inadimplemento de distrato de uma compra e venda de imóvel. O relator Min. Buzzi destacou o entendimento do REsp 1862.557 e REsp 1658.648 (3ªT., STJ), pela impossibilidade da responsabilização pessoal de quem não integra o quadro societário da pessoa jurídica, mesmo sendo o administrador.

Pelo art. 28, §§ 2º, 3º e 4º, desse diploma legal, no que atina às obrigações dele oriundas, em prol do interesse do consumidor, haverá, na hipótese de desconsideração:

a) responsabilidade subsidiária das sociedades integrantes do grupo societário e das controladas;

b) responsabilidade solidária das sociedades consorciadas; e

---

[29] DINIZ, Maria Helena. *As lacunas do direito*. 7. ed. atual. São Paulo: Saraiva, 2002. p. 134-135.

[30] SILVA, Daniel Magalhães Albuquerque. *A desconsideração da personalidade jurídica na relação consumerista*: eficácia, efetividade e a jurisprudência do Superior Tribunal de Justiça. Orientadora: Mariana Ribeiro Santiago. 2016. 168f. Dissertação (Mestrado), Faculdade de Direito, Universidade de Marília, Marília/SP, 2016. p. 85.

c) responsabilidade subjetiva das coligadas, que responderão se sua culpabilidade for comprovada.

Por fim, cabe ressaltar que a desconsideração da personalidade jurídica no direito do consumidor está pautada também no princípio da função social da empresa. Sobre tal princípio, pode-se dizer que este limita a vontade e o interesse dos detentores do capital, substituindo o poder arbitrário do dono da empresa e o seu interesse particular pelo equilíbrio que deve passar a existir entre as forças que cooperam para o desenvolvimento das finalidades empresariais, respeitando-se o interesse social[31]. A livre iniciativa, assim, não autoriza a empresa a desrespeitar os direitos dos consumidores, sob pena de sanção aos sócios.

4.2 PECULIARIDADES DA DESCONSIDERAÇÃO DA PERSONALIDADE JURÍDICA NO DIREITO DO TRABALHO

Pela perspectiva sociológica o trabalho é entendido como exercício de uma atividade vital, responsável pela criação de bens materiais e simbólicos necessários para o desenvolvimento social, sendo resultado da evolução dos modos e relações de produção, da organização social e das formas de conhecimento humano. A definição de trabalho, envolve, assim, a expressão histórica, política e econômica de uma determinada sociedade[32].

A história do trabalho no Brasil começou na Modernidade, com o fenômeno da escravidão de negros e índios nas colônias portuguesas e espanholas. Embora a escravidão tenha sido abolida pela Lei Imperial n. 3.353 (Lei Áurea), de 13 de maio de 1888, não foram criadas as condições socioeconômicas para a adequada inclusão de negros e mulatos livres no mercado de trabalho[33].

As relações trabalhistas livres foram inicialmente reguladas no Brasil pelas Ordenações Filipinas até a declaração de independência, com alguns

---

[31] SANTIAGO, Mariana Ribeiro; CAMPELLO, Livia Gaigher Bósio. Função social e solidária da empresa na dinâmica da sociedade de consumo. *Scientia Iuris*, Londrina, v. 20, n. 1, p.119-143, abr. 2016. p. 131; COELHO, Fábio Ulhoa. *Princípios do direito comercial*. São Paulo: Saraiva, 2012. p. 40.

[32] SILVA, Fabiano Fernando da. *Do proletariado ao cibertariado*: a concepção de um Estado Democrático de Direito de dimensão dromológica para o enfrentamento do desemprego tecnológico no Brasil. São Paulo: Dialética, 2022. p. 31-32.

[33] FELICIANO, Guilherme Guimarães. *Curso crítico de direito do trabalho*: teoria geral do direito do trabalho. São Paulo: Saraiva, 2013. p. 79.

Capítulo 4 • Desconsideração da personalidade jurídica em outras esferas jurídicas   163

de seus dispositivos ganhando sobrevida mesmo depois de tal fato histórico, graças à lei de ratificação de D. Pedro I (20-10-1823)[34].

Entre o final do século XX e início do século XXI, com o agravamento das questões sociais no Brasil, observaram-se os primeiros movimentos grevistas em São Paulo, a partir de 1981, que se espalharam por todo o país, culminando com a greve geral de 1917 na cidade de São Paulo, que provocou tensão e distúrbios nas ruas, levando o governo local a abandonar a cidade[35].

Com a revogação das Ordenações Filipinas pelo Código Civil de 1916, iniciou-se a fase civilista do direito do trabalho no Brasil, passando-se a aplicar a tais relações os preceitos da chamada à época "locação de serviços", com exceção para os casos de empreitada. A partir daí, uma série de leis específicas passaram a regular a temática: Lei n. 4.682/23 (criou a caixa de aposentadorias e pensões dos ferroviários); Lei n. 4.982/25 (concedia férias anuais de quinze dias para comerciários, industriários, bancários e empregados de instituições de caridade e beneficência); Decreto n. 17.934-- A/25 (proibia o trabalho de menores de doze anos e aos menores de quatorze anos sem instrução primária); Decreto n. 21.186/32 (assegurou aos trabalhadores do comércio e da indústria a jornada de trabalho de oito horas diárias e quarenta e oito horas semanais) etc.

Ressalte-se que a Constituição brasileira de 1934 também foi pioneira no reconhecimento de direitos do trabalho, sob a influência do constitucionalismo social, prevendo a liberdade sindical, a isonomia salarial, o salário-mínimo, a jornada de oito horas de trabalho, o repouso semanal, as férias anuais, a indenização por dispensa sem justa causa, o reconhecimento das convenções coletivas do trabalho e a proteção para trabalho de mulheres e menores[36].

A legislação trabalhista ganha características de generalidade a partir da Lei n. 62/35, que assegurou os direitos referentes à dispensa sem justa causa, a contagem do tempo de serviço na sucessão de empresas ou

---

[34] FELICIANO, Guilherme Guimarães. *Curso crítico de direito do trabalho*: teoria geral do direito do trabalho. São Paulo: Saraiva, 2013. p. 80.

[35] FELICIANO, Guilherme Guimarães. *Curso crítico de direito do trabalho*: teoria geral do direito do trabalho. São Paulo: Saraiva, 2013. p. 80-81.

[36] FELICIANO, Guilherme Guimarães. *Curso crítico de direito do trabalho*: teoria geral do direito do trabalho. São Paulo: Saraiva, 2013. p. 87.

alteração de sua estrutura jurídica, enumeração das hipóteses de justa causa, aviso prévio, privilégio do crédito trabalhista na falência, estabilidade decenal, hipóteses de suspensão do contrato de trabalho etc. Na mesma linha, a Lei n. 185/36 estabeleceu o salário-mínimo sem distinção de categorias. Por fim, a Consolidação das Leis do Trabalho – CLT, de 1943, atual diploma legislativo geral sobre a matéria trabalhista.

Atualmente, o direito do trabalho está, ainda, regulado em nosso sistema constitucional como direito individual do homem, no art. 5º, XIII, da Constituição Federal de 1988, que determina: "É livre o exercício de qualquer trabalho, ofício ou profissão, observadas as qualificações profissionais que a lei estabelecer".

Quando o texto constitucional dispõe que "é livre", coloca o direito ao trabalho como um desdobramento do direito à liberdade em geral, que dá a cada homem o livre-arbítrio sobre suas ações, desde que não incida em proibições legais, estabelecidas no benefício da ordem pública. Assim, a liberdade de trabalhar e de ter uma profissão é garantida constitucionalmente, o que implica em dizer que um desrespeito ao direito ao trabalho é, consequentemente, um desrespeito ao próprio direito à liberdade[37].

Essa liberdade de trabalhar é também uma conquista histórica, tendo em vista que até a Idade Média o "privilégio" de ter uma profissão era assegurado apenas aos filiados às corporações de ofício, associações de pessoas que exerciam a mesma profissão, sendo submetidas à severa regulamentação, inclusive quanto aos critérios de aceitação de seus membros. Entre nós, as corporações de ofício foram abolidas pelo art. 179, § 25, da Constituição de 1824[38].

Analisando o direito ao trabalho por outro ângulo, percebe-se que também está intimamente ligado ao direito à própria vida. É no trabalho que a pessoa consegue os meios de subsistência para satisfazer suas necessidades vitais, como moradia, alimentação, vestuário, educação, saúde etc. Pode-se concluir, a partir disso, que um desrespeito ao direito do trabalho é um desrespeito ao próprio direito à vida e à dignidade humana[39].

---

[37] SANTIAGO, Mariana Ribeiro. A AIDS e o direito fundamental ao trabalho. *Revista de Direito do Trabalho*. Revista dos Tribunais, v. 111, ano 29, p. 146-153, jul.-set./2003. p. 148.

[38] SANTIAGO, Mariana Ribeiro. A AIDS e o direito fundamental ao trabalho. *Revista de Direito do Trabalho*. Revista dos Tribunais, v. 111, ano 29, p. 146-153, jul.-set./2003. p. 148.

[39] SANTIAGO, Mariana Ribeiro. A AIDS e o direito fundamental ao trabalho. *Revista de Direito do Trabalho*. Revista dos Tribunais, v. 111, ano 29, p. 146-153, jul.-set./2003. p. 148.

Capítulo 4 . Desconsideração da personalidade jurídica em outras esferas jurídicas   165

Além de tratar o trabalho como um direito individual, no art. 5º, XIII, a Constituição Federal de 1988 ainda trata do trabalho em outras oportunidades, especialmente nos arts. 6º e 7º, considerando o trabalho no seu caráter de direito social; e nos arts. 1º e 170, considerando o valor social do trabalho, respectivamente, como um dos fundamentos da República e princípio da atividade econômica. Há, assim, uma conexão entre o reconhecimento dos direitos trabalhistas e a ideia de Estado social.

O Estado social, em sua essência, é aquele que confere os direitos do trabalho, da previdência, da educação, intervém na economia como distribuidor, dita o salário, manipula a moeda, regula os preços, combate o desemprego, protege os enfermos, em suma, expande sua influência a quase todos os domínios tradicionalmente pertencentes à iniciativa individual, a exemplo do que se observa na lei da usura (impedindo a cobrança de juros extorsivos), na lei do inquilinato (protegendo o inquilino, considerado parte mais fraca no contrato de locação), na lei de luvas (visando proteger o locatário especificamente nas locações comerciais), no Código de Defesa do Consumidor (dispensando proteção especial ao consumidor) etc. Caracteriza-se pelo intervencionismo, patronagem ou paternalismo[40].

Nesse contexto, entende-se que o Direito do Trabalho possui duas funções básicas: a tutelar, que estabelece normas para o mínimo ético-civilizatório nas relações de trabalho; e a social ou promocional, atrelada à promoção de melhorias na condição social dos trabalhadores[41].

Entre os princípios específicos do Direito do Trabalho estão: o princípio da proteção ou tutelar; o princípio da norma mais favorável; o princípio da imperatividade das normas trabalhistas; o princípio da indisponibilidade dos direitos trabalhistas; o princípio da condição mais benéfica; o princípio da inalterabilidade contratual lesiva; o princípio da inalterabilidade contratual objetiva; o princípio da intangibilidade salarial; o princípio da primazia da realidade sobre a forma; e, por fim, o princípio da continuidade da relação de emprego[42].

---

[40] BONAVIDES, Paulo. *Do Estado liberal ao Estado social*. 3. ed. Rio de Janeiro: FGV, 1972. p. 208; SANTIAGO, Mariana Ribeiro; CAMPELLO, Lívia G. B. Função social e solidária da empresa na dinâmica da sociedade de consumo. *Scientia Iuris*, v. 20, n. 1, p. 119-143, abril/2016.
[41] FELICIANO, Guilherme Guimarães. *Curso crítico de direito do trabalho*: teoria geral do direito do trabalho. São Paulo: Saraiva, 2013. p. 108.
[42] FELICIANO, Guilherme Guimarães. *Curso crítico de direito do trabalho*: teoria geral do direito do trabalho. São Paulo: Saraiva, 2013. p. 243.

É nesse espírito de proteção aos vulneráveis que deve ser entendida a desconsideração da personalidade jurídica no âmbito do direito do trabalho.

Apesar de os sócios estarem incluídos na fase executiva, a execução trabalhista às vezes não surte o efeito esperado, consequentemente o credor não consegue a satisfação de seu crédito. Como tal crédito tem natureza alimentar, está intimamente relacionado ao princípio do respeito à dignidade humana (art. 1º, III, da CF). Em busca da satisfação desse crédito, mediante constrição de bens necessários para o seu adimplemento (CPC, arts. 831 e 836), poder-se-á valer do art. 50 do CC, que alberga a teoria maior da desconsideração da personalidade jurídica, e do art. 889 da CLT, que admite a teoria menor.

Realmente, no processo de execução trabalhista é frequente a desconsideração da personalidade jurídica, para alcançar os bens particulares de sócios, gestores e mandatários, inclusive com penhora *on line* de contas bancárias. Deveras, o descumprimento de débito trabalhista ou falta de bens suficientes da sociedade devedora para garantir a execução autoriza que bens patrimoniais dos sócios respondam por eles. Admite-se também, na seara trabalhista, a desconsideração inversa, para buscar a eficácia da execução por meio de penhora de bens de empresa que integra patrimônio do executado, responsabilizando-a por obrigação de seu membro[43].

A base normativa específica utilizada para a desconsideração da personalidade jurídica no direito do trabalho é: arts. 10, 10-A e parágrafo único[44], e arts. 448[4445], 448-A[45] c/c o art. 2º[46], da CLT. Embora os artigos mencionados não disponham expressamente sobre desconsideração da personalidade jurídica no direito do trabalho, determinam que os riscos da atividade do empregador não podem ser imputados ao empregado, em reconhecimento da sua vulnerabilidade. Será necessário comprovar o uso indevido

---

[43] TRT-RS-4ª Região. Disponível em: https://pjetrt4.jus.br/consultaprocessual/detalhe-processo/001244- 90.2012.5.04.0006/2#78e5c5f. Acesso em: 27-12-2022.

[44] Art. 10, CLT: "Qualquer alteração na estrutura jurídica da empresa não afetará os direitos adquiridos por seus empregados".

Art. 10-A, parágrafo único: "O sócio retirante responderá solidariamente com os demais quando ficar comprovada fraude na alteração societária decorrente da modificação do contrato". Rege tal artigo no *caput* a responsabilidade subsidiária do sócio.

[45] Art. 448, CLT: "A mudança na propriedade ou na estrutura jurídica da empresa não afetará os contratos de trabalho dos respectivos empregados".

Capítulo 4 • Desconsideração da personalidade jurídica em outras esferas jurídicas   167

da pessoa jurídica em detrimento do trabalhador. De forma subsidiária para a interpretação da possibilidade de desconsideração no direito do trabalho, aplica-se o art. 28, do Código de Defesa do Consumidor, um diploma legal construído igualmente sobre a base de proteção a vulneráveis.

Ao discorrer sobre as peculiaridades da desconsideração da personalidade jurídica no direito do trabalho, Suzy Elizabeth Cavalcante Koury[48] ensina:

> O Direito do Trabalho, que tem como princípio básico o *pro* operário, tutelando primordialmente o trabalhador, a fim de compensar, com superioridade jurídica, a sua inferioridade econômica, não poderia consagrar a autonomia das empresas integrantes de grupos, coibindo, através da aplicação da *Disregard Doctrine*, a utilização indevida do "véu" da personalidade jurídica pelas empresas agrupadas para lesarem os empregados em seus direitos.

A teoria adotada para desconsideração da personalidade jurídica no direito do trabalho é a teoria menor, a exemplo do que se observa no Código de Defesa do Consumidor. A justificativa é de que o crédito trabalhista goza de natureza alimentar, sendo, assim, privilegiado, revestindo-se a sua proteção em tema de interesse social[49].

---

[46] Art. 448-A, CLT: "Caracterizada a sucessão empresarial ou de empregadores prevista nos arts. 10 e 448 desta Consolidação, as obrigações trabalhistas, inclusive as contraídas à época em que os empregados trabalhavam para a empresa sucedida, são de responsabilidade do sucessor.

Parágrafo único. A empresa sucedida responderá solidariamente com a sucessora quando ficar comprovada fraude na transferência".

[47] Art. 2º, CLT: "Considera-se empregador a empresa, individual ou coletiva, que, assumindo os riscos da atividade econômica, admite, assalaria e dirige a prestação pessoal de serviço.

(…)

§ 2º Sempre que uma ou mais empresas, tendo, embora, cada uma delas, personalidade jurídica própria, estiverem sob a direção, controle ou administração de outra, ou ainda quando, mesmo guardando cada uma sua autonomia, integrem grupo econômico, serão responsáveis solidariamente pelas obrigações decorrentes da relação de emprego.

§ 3º Não caracteriza grupo econômico a mera identidade de sócios, sendo necessárias, para a configuração do grupo, a demonstração do interesse integrado, a efetiva comunhão de interesses e a atuação conjunta das empresas dele integrantes".

[48] KOURY, Suzy Elizabeth Cavalcante. *A desconsideração da personalidade jurídica ("disregard doctrine") e os grupos de empresas*. 2. ed. Rio de Janeiro: Forense, 1997. p. 166.

[49] DELEITO, Hilda Baião Ramirez. *A desconsideração da personalidade jurídica na Justiça do Trabalho*. Curitiba: Appris, 2017. p. 97.

Embora seja consenso a possibilidade de desconsideração da personalidade jurídica da empresa no direito do trabalho, é preciso ponderar sobre os casos em que a sentença condenatória menciona devedor principal e devedores subsidiários. Nesses casos, a desconsideração da personalidade jurídica do devedor principal deve ocorrer apenas após a busca patrimonial em face dos devedores subsidiários alcançados pela própria sentença condenatória[50]. Esse é o entendimento da jurisprudência majoritária do Tribunal Superior do Trabalho[51].

---

[50] DELEITO, Hilda Baião Ramirez. *A desconsideração da personalidade jurídica na Justiça do Trabalho.* Curitiba: Appris, 2017. p. 69.

[51] "AGRAVO EM AGRAVO DE INSTRUMENTO EM RECURSO DE REVISTA. ACÓRDÃO REGIONAL PUBLICADO NA VIGÊNCIA DA LEI N. 13.467/2017. EXECUÇÃO. RESPONSABILIDADE SUBSIDIÁRIA. ENTE DA ADMINISTRAÇÃO PÚBLICA. BENEFÍCIO DE ORDEM. TRANSCENDÊNCIA NÃO RECONHECIDA. 1. Tendo em vista a finalidade precípua desta instância extraordinária na uniformização de teses jurídicas, a existência de entendimento sumulado ou representativo de iterativa e notória jurisprudência, em consonância com a decisão recorrida, configura impeditivo ao processamento do recurso de revista, por imperativo legal. Tal diretriz, antes contida no art. 896, *a*, parte final, da CLT e na Súmula 333/TST, está, hoje, consagrada pelo mesmo art. 896, § 7º, do Texto Consolidado. 2. Assim, o acórdão regional, nos moldes em que proferido, encontra-se em conformidade com iterativa, notória e atual jurisprudência desta Corte Superior, no sentido de que o direcionamento da execução ao devedor subsidiário prescinde da prévia desconsideração da personalidade jurídica do devedor principal, bastando apenas o inadimplemento deste. Precedentes. Mantém-se a decisão recorrida, com acréscimo de fundamentos. Agravo conhecido e desprovido" (TST, Ag-AIRR-91-66.2021.5.08.0209, 5ª Turma, rel. Min. Morgana de Almeida Richa, *DEJT*, 27-10-2023).

"AGRAVO INTERNO EM AGRAVO DE INSTRUMENTO EM RECURSO DE REVISTA DA SEGUNDA RECLAMADA – EXECUÇÃO – RESPONSABILIDADE SUBSIDIÁRIA – BENEFÍCIO DE ORDEM. O acórdão recorrido está de acordo com a jurisprudência desta Corte, no sentido de que o redirecionamento da execução ao devedor subsidiário dispensa o prévio esgotamento da execução contra a executada principal e os seus sócios. Para se acionar o responsável subsidiário, não é necessário que o juízo da execução desconsidere a personalidade jurídica da sociedade devedora principal, a fim de primeiro executar os bens dos sócios para, somente depois, orientar a execução contra o devedor subsidiário. Precedentes. Incide o óbice da Súmula 333 do TST ao conhecimento do recurso de revista. Agravo interno desprovido" (TST, Ag-AIRR-10253-19.2017.5.18.0004, 2ª Turma, rel. Desembargadora Convocada Margareth Rodrigues Costa, *DEJT*, 27-10-2023).

"AGRAVO DO EXECUTADO. AGRAVO DE INSTRUMENTO EM RECURSO DE REVISTA. TRANSCRIÇÃO DE TRECHOS DO ACÓRDÃO REGIONAL NO INÍCIO DO RECURSO, DE FORMA SUCESSIVA E DISSOCIADA DAS RAZÕES RECURSAIS. AUSÊNCIA DE COTEJO ANALÍTICO. DESCUMPRIMENTO DO ARTIGO 896, § 1º-A, I E III, DA CLT EM RELAÇÃO AOS SEGUINTES TEMAS: 1. EXECUÇÃO DOS SÓCIOS DA RECLAMADA PRINCIPAL. INCIDENTE DE DESCONSIDERAÇÃO DA PERSONALIDADE JURÍDI-

Capítulo 4 • Desconsideração da personalidade jurídica em outras esferas jurídicas   169

O pedido de desconsideração da personalidade jurídica na esfera trabalhista ocorrido em sede de execução também merece considerações especiais. O contraditório na execução trabalhista é mais limitado que no processo civil. Conforme o art. 880, da CLT, o prazo para pagamento ou garantia da execução é de 48 (quarenta e oito) horas, sob pena de penhora. Por outro lado, o prazo de embargos à execução é de 5 (cinco) dias a partir da garantia do juízo ou da penhora, nos termos do art. 884, da CLT, o que significa que o patrimônio pessoal do sócio já sofreria constrição. Finalmente, a matéria de embargos à execução é restrita às alegações de cumprimento da decisão ou do acordo, quitação ou prescrição da dívida (CLT, art. 884, § 1º).

Com a vigência do Código de Processo Civil atual, dúvidas surgiram sobre a aplicação desse procedimento executivo para os sócios, uma vez desconsiderada a personalidade jurídica, ou se seria devida a aplicação do procedimento e prazos previstos no Código de Processo Civil, que demanda a instauração de incidente processual.

Embora seja pacífico o entendimento pela possibilidade da desconsideração da personalidade jurídica no âmbito do direito do trabalho, a doutrina se dividiu, quando do início da vigência do Código de Processo Civil, em relação à aplicação do incidente de desconsideração ao processo trabalhista, pela incompatibilidade em relação aos seguintes pontos: a) necessidade de iniciativa da parte (CPC, art. 133); b) ônus da prova para o credor (CPC, art. 134, § 4º); c) contraditório prévio (CPC, art. 135); e d) recorribilidade imediata por agravo de instrumento (CPC, art. 136, parágrafo único)[52].

No intuito de pacificar a questão, em 15 de março de 2016, o Tribunal Superior do Trabalho editou a Instrução Normativa n. 39, que dispõe sobre as normas do Código de Processo Civil de 2015 aplicáveis e inaplicáveis ao Processo do Trabalho. Conforme a referida instrução, em seu art. 6º, o incidente de desconsideração previsto nos arts. 133 a 137, do Código de Processo Civil, aplica-se ao processo do trabalho, suspendendo o processo.

CA. 2. DIRECIONAMENTO DA EXECUÇÃO AO RESPONSÁVEL SUBSIDIÁRIO. ENTE PÚBLICO. BENEFÍCIO DE ORDEM. 3. ABRANGÊNCIA DA CONDENAÇÃO. Ainda que por fundamento diverso, impõe-se confirmar a decisão monocrática mediante a qual se negou provimento ao agravo de instrumento da parte. Agravo conhecido e não provido" (TST, Ag-AIRR-378-22.2013.5.19.0009, 1ª Turma, rel. Ministro Hugo Carlos Scheuermann, *DEJT,* 27-10-2023).

[52] RODRIGUES FILHO, Otávio Joaquim. *Desconsideração da personalidade jurídica e processo.* 2. ed. São Paulo: Revista dos Tribunais, 2023. p. 185.

170   *Desconsideração da Personalidade Jurídica: uma análise interdisciplinar*

Porém, está assegurada a iniciativa também do juiz do trabalho na fase de execução (CLT, art. 878) e a impossibilidade de utilização do agravo de instrumento para recurso imediato da decisão sobre a desconsideração. O referido entendimento do Tribunal Superior do Trabalho influenciou o Projeto de Lei n. 6.787/2016 (Reforma Trabalhista), que entrou em vigor como Lei n. 13.467/2017 e acrescentou o art. 855-A à CLT, preenchendo a omissão até então existente sobre o procedimento da desconsideração da personalidade jurídica.

Conforme o art. 855-A, da CLT:

"Aplica-se ao processo do trabalho o incidente de desconsideração da personalidade jurídica previsto nos arts. 133 a 137 da Lei n. 13.105, de 16 de março de 2015 – Código de Processo Civil.

§ 1º Da decisão interlocutória que acolher ou rejeitar o incidente:

I – na fase de cognição, não cabe recurso de imediato, na forma do § 1º do art. 893 desta Consolidação;

II – na fase de execução, cabe agravo de petição, independentemente de garantia do juízo;

III – cabe agravo interno se proferida pelo relator em incidente instaurado originariamente no tribunal.

§ 2º A instauração do incidente suspenderá o processo, sem prejuízo de concessão da tutela de urgência de natureza cautelar de que trata o art. 301 da Lei n. 13.105, de 16 de março de 2015".

Nesse caso do processo do trabalho, houve alteração da própria CLT para permitir e regular o incidente de desconsideração da personalidade jurídica, adaptando-o às peculiaridades do direito do trabalho, pelo que descabível se mostra atualmente a discussão sobre a utilização do referido incidente.

Por outro lado, a alteração legislativa é restrita aos aspectos processuais, não tratando dos aspectos materiais da desconsideração da personalidade jurídica no direito do trabalho, sendo possível concluir pela aplicação da teoria menor nesta seara, inclusive de acordo com as conquistas históricas do direito ao trabalho, o qual, possuindo *status* de direito fundamental, obedece ao princípio da vedação do retrocesso social.

4.3 DESCONSIDERAÇÃO DA PERSONALIDADE JURÍDICA E RESSARCIMENTO A DANO AO MEIO AMBIENTE

A questão ambiental foi objeto das atividades das Nações Unidas, já em 1972, resultando na Conferência das Nações Unidas sobre o Meio Ambiente Humano, em Estocolmo, que originou uma declaração reconhecendo a

Capítulo 4 ▪ Desconsideração da personalidade jurídica em outras esferas jurídicas 171

necessidade de um critério e de princípios comuns que ofereçam aos povos do mundo inspiração e guia para preservar e melhorar o meio ambiente humano. Dessa conferência também resultou o Programa das Nações Unidas para o Meio Ambiente (ONU Meio Ambiente), passando a coordenar os trabalhos acerca do meio ambiente global[53].

A Conferência das Nações Unidas sobre o Ambiente Humano, de 1972, de fato, colocou a questão do meio ambiente na agenda internacional, tendo sido precedida pelo encontro Founex, de 1971, e de uma série de encontros e relatórios internacionais sobre o tema. Durante a preparação da Conferência de Estocolmo, duas posições se opunham: a que previa abundância (*the cornucopians*), considerando descabidas as preocupações com o meio ambiente, e os catastrofistas (*doomsayers),* com suas previsões sobre o apocalipse iminente decorrente do contínuo crescimento demográfico e econômico. Na Conferência de Estocolmo, ambas as posições extremas foram descartadas[54].

Paralelamente, o direito ao desenvolvimento foi objeto de inúmeros instrumentos internacionais dos quais o Brasil é signatário, com ênfase para a Declaração sobre Direito ao Desenvolvimento (Resolução n. 41/128, da Assembleia Geral das Nações Unidas, 1986), que, em seu art. 1º, reconhece o desenvolvimento como um direito humano inalienável, em virtude do qual toda pessoa e todos os povos estão habilitados a participar do desenvolvimento econômico, social, cultural e político, a ele contribuir e dele desfrutar, no qual todos os direitos humanos e liberdades fundamentais possam ser plenamente realizados[55].

Sob tal perspectiva, o desenvolvimento deve ser entendido como um processo global voltado à melhoria da qualidade de vida dos indivíduos, de forma ativa, livre e significativa, cabendo ao Estado o dever de criar as condições favoráveis ao desenvolvimento supranacional e interno[56].

---

[53] NAÇÕES UNIDAS BRASIL. *A ONU e o meio ambiente.* Disponível em: https://nacoesunidas. org/acao/meio-ambiente/. Acesso em: 9-8-2023. Consulte, também: DINIZ, Maria Helena; SANTIAGO, Mariana Ribeiro. Poluição: um problema da macrobioética. In: Mônica Aguiar (org.). *Bioética no Século XXI.* Salvador: Mente Aberta, 2021, v. 1, p. 9-34.

[54] SACHS, Ignacy. *Caminhos para o desenvolvimento sustentável.* Paula Yone Stroh (org.). Rio de Janeiro: Garamond, 2009. p. 48-52.

[55] UNITED NATIONS. *Declaration on the Right to Development* (december, 4, 1986). Disponível em: http://legal.un.org/avl/ha/drd/drd.html. Acesso em: 9-8-2023.

[56] SILVEIRA, Vladimir Oliveira da; NASPOLINI, Samyra Haydée Dal Farra. Direito ao desen-

Os temas do desenvolvimento e do meio ambiente ganham convergência em 1987, com o Relatório Brundtland[57], também conhecido como "Nosso futuro comum", onde há menção ao desenvolvimento sustentável, como aquele que atende às necessidades do presente sem comprometer a possibilidade de as gerações futuras atenderem às suas necessidades.

A partir desse marco, foi realizada a Conferência das Nações Unidas sobre o Meio Ambiente e o Desenvolvimento, também lembrada como a "Cúpula da Terra", em 1992, no Rio de Janeiro, com a adoção da Agenda 21[58], um documento assinado por 179 (cento e setenta e nove países, determinando, como áreas de ação: "proteger a atmosfera; combater o desmatamento, a perda de solo e a desertificação; prevenir a poluição da água e do ar; deter a destruição das populações de peixes e promover uma gestão segura dos resíduos tóxicos", além de abordar questões como pobreza e a dívida externa dos países em desenvolvimento; padrões insustentáveis de produção e consumo; pressões demográficas e a estrutura da economia internacional.

O ideal do desenvolvimento sustentável repercutiu, ainda, de forma implícita na Convenção Quadro das Nações Unidas sobre Mudanças Climáticas (1992), no Protocolo de Kyoto (1997), na Segunda Conferência da ONU sobre Assentamentos Humanos (Istambul, 1999), na Sessão Especial da Assembleia Geral sobre Pequenos Estados Insulares em Desenvolvimento (Nova York, 1999); na Cúpula do Milênio (Nova York, 2000) e na Reunião Mundial de 2005[59].

Contudo, é na Declaração de Joanesburgo sobre Desenvolvimento Sustentável (2002) que se apresenta o tripé da sustentabilidade, quando os Estados-Membros concordaram em assumir "a responsabilidade coletiva de fazer avançar e fortalecer os pilares interdependentes e mutuamente

---

volvimento no Brasil do Século XXI: uma análise da normatização internacional e da Constituição brasileira In: *Direito e desenvolvimento no Brasil no Século XXI*. Vladmir Oliveira da Silveira et al. (org.). Brasília: Ipea/CONPEDI, 2013. p. 127-128.

[57] UNITED NATIONS. *Report of the World Commission on Environment and Development:* Our Common Future, 1987. Disponível em: https://sustainabledevelopment.un.org/content/documents/5987our-common-future.pdf. Acesso em: 9-8-2023.

[58] UNITED NATIONS. *Agenda 21*, 1992. Disponível em: https://sustainabledevelopment.un.org/content/documents/Agenda21.pdf. Acesso em 9-11-2020.

[59] NAÇÕES UNIDAS BRASIL. *A ONU e o meio ambiente*. Disponível em: https://nacoesunidas.org/acao/meio-ambiente/. Acesso em: 9-8-2023.

Capítulo 4 • Desconsideração da personalidade jurídica em outras esferas jurídicas   173

apoiados do desenvolvimento sustentável – desenvolvimento econômico, desenvolvimento social e proteção ambiental – nos âmbitos local, nacional, regional e global"[60].

Em 2012, novamente no Rio de Janeiro, ocorreu a Conferência das Nações Unidas sobre Desenvolvimento Sustentável, a Rio+20, na qual destacamos o uso da expressão "Mãe-Terra", de especial interesse ao presente estudo. Também merece destaque a Cúpula de Desenvolvimento Sustentável (New York, 2015), pela adoção da Agenda 2030 e dos novos Objetivos do Desenvolvimento Sustentável – ODS: 1) erradicação da pobreza, 2) fome zero e agricultura sustentável, 3) saúde e bem-estar, 4) educação de qualidade, 5) igualdade de gênero, 6) água potável e saneamento, 7) energia limpa e acessível, 8) trabalho decente e crescimento econômico, 9) indústria, inovação e infraestrutura, 10) redução das desigualdades, 11) cidades e comunidades sustentáveis, 12) consumo e produção responsáveis, 13) ação contra a mudança global do clima, 14) vida na água, 15) vida terrestre, 16) paz, justiça e instituições eficazes, e 17) parcerias e meios de implementação[61].

A tutela do ambiente requer decisões complexas no plano dos valores, direcionando o debate internacional sobre desenvolvimento. O paradigma ambiental da sustentabilidade estabelece, assim, diretrizes morais e éticas. A existência do valor direciona a ação desorientada, sendo um instrumento para a apreciação da conduta[62].

No plano nacional, a Constituição Federal, em seu art. 170, ao disciplinar os princípios gerais da atividade econômica, traz consigo o embrião da sustentabilidade, como balizador do desenvolvimento, ao determinar, em termos de sustentabilidade ambiental, a "defesa do meio ambiente, mesmo por meio de tratamento de acordo com o impacto ambiental de produtos e serviços e seus processos de produção e desempenho". Na perspectiva social, determina a "redução das desigualdades regionais e sociais";

---

[60] UNITED NATIONS. Johannesburg Declaration on Sustainable Development, 2002. Disponível em: https://www.un.org/esa/sustdev/documents/WSSD_POI_PD/English/POI_PD.htm. Acesso em: 9-8-2023.

[61] NAÇÕES UNIDAS BRASIL. *Conheça os novos 17 Objetivos de Desenvolvimento Sustentável da ONU*. Disponível em: https://nacoesunidas.org/conheca-os-novos-17-objetivos-de-desenvolvimento-sustentavel-da-onu/. Acesso em: 9-8-2023.

[62] LORENZETTI, Ricardo Luis; LORENZETTI, Pablo. *Derecho ambiental*. Santa Fe: Rubinzal-Culzoni, 2018. p. 59.

e na perspectiva da sustentabilidade econômica, menciona a "busca pelo pleno emprego" e "tratamento privilegiado para as pequenas empresas constituídas de acordo com a legislação brasileira e que tenham sede e administração no país".

Especificamente em relação ao meio ambiente, a Constituição Federal dedicou o art. 225, pelo qual, em seu *caput*, "todos têm direito ao meio ambiente ecologicamente equilibrado, bem de uso comum do povo e essencial à sadia qualidade de vida, impondo-se ao Poder Público e à coletividade o dever de defendê-lo e preservá-lo para as presentes e futuras gerações".

A melhor técnica teria sido a utilização, pela Constituição Federal, das expressões "bem de interesse comum do povo" ou "bem de interesse difuso", facilitando sua caracterização como um bem de interesse híbrido, público e privado, de relevância pública, comunitária e cultural.

Tal regulamentação constitucional tem o mérito de incluir a proteção do meio ambiente como princípio da ordem econômica (art. 170) e ordem social (art. 225), criando um direito fundamental ao meio ambiente ecologicamente equilibrado, um importante paradigma para o direito brasileiro[63].

Para assegurar a proteção do meio ambiente, a Constituição Federal determina que compete ao Poder Público (art. 225, § 1º):

I – preservar e restaurar os processos ecológicos essenciais e proporcionar o manejo ecológico das espécies e ecossistemas;

II – preservar a diversidade e integridade do patrimônio genético do país e fiscalizar as entidades dedicadas à investigação e manipulação de material genético;

III – definir, em todas as unidades da Federação, os espaços territoriais e seus componentes a serem especialmente protegidos, permitindo sua alteração e supressão apenas por lei, sendo vedado qualquer uso que comprometa a integridade dos atributos que justifiquem sua proteção;

IV – exigir, na forma da lei, para a instalação de obra ou atividade potencialmente causadora de significativa degradação do meio ambiente, prévio estudo de impacto ambiental, que será divulgado;

V – controlar a produção, comercialização e uso de técnicas, métodos e substâncias que representem risco à vida, à qualidade de vida e ao meio ambiente;

---

[63] MILARÉ, Édis. *Direito do ambiente*. 9. ed. rev., atual. e ampl. São Paulo: Revista dos Tribunais, 2014. p. 171-174.

Capítulo 4. Desconsideração da personalidade jurídica em outras esferas jurídicas 175

VI – promover a educação ambiental em todos os níveis de ensino e a conscientização da população para a preservação do meio ambiente; e

VII – proteger a fauna e a flora, proibir, na forma da lei, práticas que coloquem em risco sua função ecológica, provoquem a extinção de espécies ou sujeitem os animais à crueldade.

Sobre este último ponto, a Constituição Federal ressalva, por meio da Emenda Constitucional n. 96/2017, que esportes que utilizam animais não são considerados cruéis, desde que sejam manifestações culturais, registradas como imaterialidade que faz parte do patrimônio cultural brasileiro, devendo ser regulamentado por lei específica que garanta o bem-estar dos animais envolvidos.

Em termos de responsabilidade civil por danos causados ao meio ambiente, a Constituição Federal estabelece que: a) quem explora recursos minerais é obrigado a recuperar o meio ambiente degradado, de acordo com a solução técnica exigida pelo órgão público competente, de acordo com a lei; e b) as condutas e atividades consideradas lesivas ao meio ambiente sujeitarão os infratores, pessoas físicas ou jurídicas, a sanções penais e administrativas, independentemente da obrigação de reparar os danos causados (CF, art. 225, §§ 2º e 3º).

Por fim, está estabelecido na Constituição Federal que a Floresta Amazônica Brasileira, a Mata Atlântica, a Serra do Mar, o Pantanal Mato-Grossense e a Zona Costeira são patrimônio nacional, e seu uso será, na forma da lei, dentro de condições que assegurem a preservação do meio ambiente, incluindo o uso dos recursos naturais (CF, art. 225, § 4º).

Os referidos artigos constitucionais, contudo, sofreram grande influência da Lei n. 6.938/81, que dispõe sobre a Política Nacional do Meio Ambiente, inclusive no aspecto principiológico. Trata-se de uma norma geral típica, dirigida ao poder público e à coletividade, que fundamenta toda a legislação nacional ambiental[64].

Já na Lei n. 6.938/81 estão materializadas as diretrizes do princípio do poluidor/usuário-pagador, ao se estabelecer, no art. 3º, IV: "Para os fins previstos nesta Lei, entende-se por: (...) IV – poluidor, a pessoa física ou jurídica, de direito público ou privado, responsável, direta ou indiretamente,

---

[64] RODRIGUES, Marcelo Abelha. *Proteção jurídica da flora*. Salvador: Juspodivm, 2019. p. 124 e 126.

por atividade causadora de degradação ambiental", e no art. 4º, VII: "A Política Nacional do Meio Ambiente visará: (...) VII – à imposição, ao poluidor e ao predador, da obrigação de recuperar e/ou indenizar os danos causados e, ao usuário, da contribuição pela utilização de recursos ambientais com fins econômicos". Assim aquele que deu causa ao dano ambiental deve repará-lo.

Sobre o princípio do poluidor-pagador, ensina Édis Milaré[65]:

> Assenta-se este princípio na vocação redistributiva do Direito Ambiental e se inspira na teoria econômica de que os custos sociais externos que acompanham o processo produtivo (...) precisam se internalizados, Vale dizer, que os agentes econômicos devem levá-los em conta ao elaborar os custos de produção e, consequentemente, assumi-los. Busca-se, no caso, imputar ao poluidor o custo social da poluição por ele gerada, engendrando um mecanismo de responsabilidade por dano ecológico, abrangente dos efeitos da poluição não somente sobre bens e pessoas, mas sobre toda a natureza.
>
> (...)
>
> O princípio não objetiva, por certo, tolerar a poluição mediante um preço, nem se limita apenas a compensar os danos causados, mas sim, precisamente, evitar o dano ao ambiente.

O mesmo diploma legal estabelece, ainda, as bases da responsabilidade objetiva pela reparação do dano ambiental, com fundamento na teoria do risco integral, ao dispor, em seu art. 14, § 1º: "§ 1º Sem obstar a aplicação das penalidades previstas neste artigo, é o poluidor obrigado, independentemente da existência de culpa, a indenizar ou reparar os danos causados ao meio ambiente e a terceiros, afetados por sua atividade. O Ministério Público da União e dos Estados terá legitimidade para propor ação de responsabilidade civil e criminal, por danos causados ao meio ambiente". Estabelece-se, assim, as bases do princípio da reparação integral.

Por sua vez, no Código Florestal Brasileiro (Lei n. 12.651/2012) consta que a conservação das florestas e outras formas de vegetação nativa, bem como da biodiversidade, do solo, dos recursos hídricos e da integridade do sistema climático têm como objetivo o bem-estar das gerações presentes e futuras, mencionando-se a sustentabilidade ao longo do texto. Tal

---

[65] MILARÉ, Édis. *Direito do ambiente*. 9. ed. rev., atual. e ampl. São Paulo: Revista dos Tribunais, 2014. p. 269-270.

Capítulo 4 ▪ Desconsideração da personalidade jurídica em outras esferas jurídicas   177

legislação, por sua vez, tem sofrido críticas por representar, na verdade, uma lei que regula o uso produtivo do solo, com restrições ambientais, o que foge do escopo de um verdadeiro código florestal. Trata-se de uma norma nacional de proteção das diversas formas de vegetação, a exemplo do que se observa também com a Lei n. 9.433/97 (Lei de Gerenciamento de Recursos Hídricos), a Lei n. 7.661/98 (Lei do Plano Nacional de Gerenciamento Costeiro), a Lei n. 9.985/2000 (Lei do Sistema Nacional de Unidade de Conservação), a Lei n. 11.284/2006, a Lei n. 11.428/2006 (Lei da Mata Atlântica), a Lei n. 12.187/2009 (Lei da Política Nacional sobre Mudança Climática), a Lei n. 13.123/2015 (Lei da Biodiversidade), além da proteção indireta presente no Estatuto da Cidade (Lei n. 10.257/2001), na Lei Complementar n. 140/2011 etc.[66]

Na esfera penal, ponto extremamente importante é a Lei n. 9.605/98, referente aos crimes ambientais, que criminaliza inclusive atos de crueldade contra animais, como a prática de maus-tratos, ferimentos ou mutilações em animais selvagens, domésticos ou domesticados, nativos ou exóticos, realizar experimentos dolorosos ou cruéis em animais vivos, inclusive para fins educacionais ou científicos, quando houver recursos alternativos.

Frise-se que os crimes ambientais são ataques ao meio ambiente e seus componentes (flora, fauna, recursos naturais, patrimônio cultural) que ultrapassam os limites estabelecidos por lei, ou mesmo condutas que desrespeitam as normas ambientais legalmente estabelecidas, mesmo que o meio ambiente não seja prejudicado.

Da mesma forma, a omissão ou retenção de dados técnicos e científicos durante um processo de licenciamento ou autorização ambiental pode ser considerado crime ambiental. Ou ainda a concessão de autorização, alvará ou licença por agente público em desacordo com as leis ambientais.

De acordo com a legislação brasileira sobre crimes ambientais, temos seis tipos de crimes ambientais: crimes contra a fauna, crimes contra a flora, poluição, crimes contra o planejamento urbano e patrimônio cultural, crimes contra a administração ambiental e contraordenações. Aqui temos uma peculiaridade no aspecto penal, que é a possibilidade, mesmo prevista na Constituição Federal, da condenação de pessoa jurídica.

---

[66] RODRIGUES, Marcelo Abelha. *Proteção jurídica da flora*. Salvador: Juspodivm, 2019. p. 160, p. 167-168.

No que se refere às penas para crimes ambientais, no sistema brasileiro, as penas restritivas de direitos são autônomas e substituem a pena privativa de liberdade quando: I – o crime for culposo ou for aplicada a pena privativa de liberdade inferior a quatro anos; II – a culpa, os antecedentes, o comportamento social e a personalidade do sentenciado, bem como os motivos e circunstâncias do crime indiquem que a substituição é suficiente para fins de reprovação e prevenção do crime. Essas penas restritivas de direitos terão a mesma duração da pena privativa de liberdade substituída.

As sanções restritivas da lei são: I – prestação de serviços à comunidade; II – interdição temporária de direitos; III – suspensão total ou parcial das atividades; IV – benefício pecuniário; V – prisão domiciliar.

Para pessoas jurídicas, as sanções aplicáveis são: 1) multa; 2) prestação de serviços à comunidade, como financiamento de programas e projetos ambientais, realização de obras de restauração em áreas degradadas, manutenção de espaços públicos e contribuição a entidades públicas ambientais ou culturais; e 3) restrição de direitos, como suspensão parcial ou total das atividades, proibição temporária de estabelecimento, trabalho ou atividade, proibição de contratação com o Poder Público, bem como a obtenção de subsídios ou doações.

No Brasil, está pendente o Projeto de Lei n. 2.787/2019, que modifica a Lei de Crimes Ambientais para incluir o crime de ecocídio. O projeto prevê pena de quatro a doze anos de reclusão, além de multa, para quem "causar um grande desastre ambiental ou produzir estado de calamidade pública, com destruição significativa da flora ou morte de animais, por poluição, água ou solo". Se o crime for culposo, a pena será de um a três anos de prisão, além de multa. Se o crime resultar na morte de uma pessoa, a pena será aplicada independentemente da pena prevista para o homicídio.

Atualmente, a legislação sobre crimes ambientais prevê até cinco anos de prisão para o crime de poluição. Por isso é necessário diferenciar o crime do ecocídio, com uma punição mais severa. O projeto também aumenta os valores das multas previstas na legislação ambiental. O valor mínimo passaria de cinquenta reais para dois mil reais; e o máximo passaria de cinquenta milhões para um bilhão de reais.

A França foi pioneira na luta política pela criminalização do ecocídio, com a aprovação dos procedimentos para isso em novembro de 2020. Esse país já havia incluído a obsolescência programada como crime em seu Código de Defesa do Consumidor desde 2015, com pena de prisão de até dois

Capítulo 4 . Desconsideração da personalidade jurídica em outras esferas jurídicas   179

anos e multa até trezentos mil euros. Isso tem um impacto notável em termos de meio ambiente em uma sociedade de consumo, com excesso de descarte de mercadorias. Há uma conjunção entre consumo e meio ambiente.

No Brasil, acerca da desconsideração da personalidade jurídica na seara do direito ambiental, pelo art. 4º da Lei n. 9.605/98 (Lei de Crimes Ambientais), está determinado expressamente que "poderá ser desconsiderada a personalidade jurídica sempre que sua personalidade for obstáculo ao ressarcimento dos prejuízos à qualidade do meio ambiente".

Assim, conforme o direito pátrio, as sanções pecuniárias referentes aos danos ambientais aplicáveis às pessoas jurídicas podem alcançar os bens dos sócios e administradores, tendo em vista a possibilidade de desconsideração da personalidade jurídica, o que se justifica por se tratar de direitos difusos, que envolvem inclusive a proteção das gerações futuras.

Note-se que a jurisprudência do Superior Tribunal de Justiça[67] tem reconhecido, inclusive, que a desconsideração da personalidade jurídica no

---

[67] AMBIENTAL. AÇÃO CIVIL PÚBLICA. RESPONSABILIDADE CIVIL POR DANOS AO MEIO AMBIENTE. FALÊNCIA. SUSPENSÃO DE ATIVIDADES. ALIENAÇÃO DE ATIVOS. AUSÊNCIA DE PERDA DE OBJETO. PROSSEGUIMENTO DA DEMANDA. PRINCÍPIO POLUIDOR-PAGADOR E PRINCÍPIO DA REPARAÇÃO *IN INTEGRUM*. DESCONSIDERAÇÃO DA PERSONALIDADE JURÍDICA. ART. 50 DO CÓDIGO CIVIL. ART. 4º DA LEI N. 9.605/98. ARTS. 81 E 82 DA LEI N. 11.101/2005. NATUREZA DA RESPONSABILIDADE CIVIL DO ESTADO POR OMISSÃO DE FISCALIZAÇÃO AMBIENTAL. IMPUTAÇÃO SOLIDÁRIA (ART. 942, *IN FINE*, DO CÓDIGO CIVIL) E EXECUÇÃO SUBSIDIÁRIA. 1. Trata-se, originariamente, de Ação Civil Pública por danos ao meio ambiente (contaminação do solo, ar e recursos hídricos), movida contra empresa que teria entrado em funcionamento sem se adequar às normas de licenciamento ambiental e, munida deste, não teria cumprido as obrigações que lhe foram impostas: "disposição adequada dos resíduos sólidos e operação da estação de tratamento dos efluentes líquidos, industriais e sanitários". Requereu-se condenação ao pagamento de indenização e à regularização da atividade empresarial. O processo foi extinto por perda de objeto em razão do encerramento das atividades da empresa, arrematação do imóvel e das instalações em execução fiscal e falência superveniente. 2. O pedido de regularização ambiental da atividade, sem dúvida, perdeu o objeto. O mesmo não pode ser dito do pleito indenizatório por eventuais danos causados ao meio ambiente. 3. O acórdão reconhece que "a Malharia Manz operou sem licenciamento ambiental regular, pois não demonstrou o atendimento das condicionantes impostas pela FATMA pondo em risco a saúde e o meio ambiente ecologicamente equilibrado". Presente o dano e, em tese, o dever de indenizar, a mera interrupção da atividade produtiva da empresa poluidora não implica eficácia moratória ou liberatória da responsabilidade ambiental e não conduz à falta de interesse no processamento de Ação Civil Pública. Interpretação contrária afronta o art. 267, VI, do CPC. 4. Faltam à superveniência de falência os efeitos que lhe foram atribuídos pelo acórdão. A instituição do juízo

caso de reparação de dano ambiental ocorre pela teoria menor, bastando a comprovação de que a blindagem da personalidade da pessoa jurídica é "obstáculo ao ressarcimento de prejuízos causados à qualidade do meio ambiente", nos termos do art. 4º, da Lei n. 9.605/98, de caráter especial, o que se mostra em perfeita sintonia com os princípios do poluidor/usuário--pagador e da reparação integral.

A aplicação da teoria menor para a desconsideração da personalidade jurídica no direito ambiental, de cunho eminentemente difuso, segue o

---

universal não se caracteriza como elemento sumário de desaparecimento de obrigações preexistentes debatidas em demandas judiciais; sua principal consequência, para o que se mostra relevante nestes autos, é a organização do ativo empresarial e do passivo judicial (art. 76, Lei n. 11.101/2005) e a estruturação do pagamento. Logo, a falência (e também a recuperação judicial) não leva à extinção automática de Ação Civil Pública, muito menos à de índole ambiental, na qual estão em jogo interesses e direitos intergeracionais. 5. Não custa lembrar que o Direito Ambiental adota, amplamente, a teoria da desconsideração da personalidade jurídica (*in casu*, *v.g.*, os arts. 4º da Lei n. 9.605/98 e 81 e 82 da Lei n. 11.101/2005). Sua incidência, assim, na Ação Civil Pública, vem a se impor, em certas situações, com absoluto rigor. O intuito é viabilizar a plena satisfação de obrigações derivadas de responsabilidade ambiental, notadamente em casos de insolvência da empresa degradadora. No que tange à aplicação do art. 4º da Lei n. 9.605/98 (= lei especial), basta tão somente que a personalidade da pessoa jurídica seja "obstáculo ao ressarcimento de prejuízos causados à qualidade do meio ambiente", dispensado, por força do princípio da reparação *in integrum* e do princípio poluidor-pagador, o requisito do "abuso", caracterizado tanto pelo "desvio de finalidade" como pela "confusão patrimonial", ambos próprios do regime comum do art. 50 do Código Civil (= lei geral). 6. A demanda foi proposta também contra a FATMA – Fundação do Meio Ambiente de Santa Catarina. *A priori*, os fundamentos não afastam a necessidade e a adequação do pedido deduzido em face da omissão fiscalizatória do órgão de meio ambiente estadual. Havendo mais de um causador do mesmo dano ambiental, todos respondem solidariamente pela reparação (CC, art. 942, *in fine*), embora a responsabilidade do Estado traga a peculiaridade de ser deduzida na forma de imputação solidária, mas de execução subsidiária. 7. Recursos Especiais providos para anular o acórdão e a sentença, determinando o retorno do feito ao primeiro grau para que prossiga com o julgamento (STJ, REsp n. 1.339.046/SC, rel. Ministro Herman Benjamin, Segunda Turma, j. em 5-3-2013, *DJe* de 7-11-2016).

Há quem entenda que o art. 4º da Lei n. 9.605/98 refere-se à responsabilização direta do sócio, independentemente de desconsiderar, pelos danos causados ao meio ambiente, não sendo necessário instaurar o incidente (CPC, arts. 133 a 137), afastando o princípio da separação patrimonial para tutela do bem público. Se estiverem presentes requisitos da desconsideração, para responsabilização do sócio, instaurar-se-á o contraditório oriundo do incidente de desconsideração da pessoa jurídica.

Sobre isso: ALVIM, Teresa; BELLOCCHI, Marcio. Desconsideração da pessoa jurídica – aspectos processuais e de direito material – algumas reflexões. In: *Desconsideração da personalidade jurídica*: aspectos materiais e processuais. RODRIGUES, Marcelo Abelha et al. (coord.). Indaiatuba: Foco, 2023. p. 172-173.

Capítulo 4 . Desconsideração da personalidade jurídica em outras esferas jurídicas   181

mesmo raciocínio considerado para a aplicação da teoria menor no direito do consumidor e no direito do trabalho, qual seja, o reconhecimento de vulnerabilidades que precisam ser compensadas através dos instrumentos jurídicos, na linha da solidariedade social.

4.4 ESPECIFICIDADES DA DESCONSIDERAÇÃO DA PERSONALIDADE JURÍDICA NO DIREITO FALIMENTAR

A legislação especial sobre o tema da recuperação judicial, extrajudicial e falência historicamente recebeu críticas, pela incapacidade de promover a retomada saudável da empresa ao mercado, de forma a solucionar também as demandas dos credores, mantendo postos de trabalho e circulação de riqueza para a economia.

A promulgação da Lei n. 14.112/2020, no auge da pandemia Covid-19, criou expectativas nos empresários brasileiros, devido à proposta de agilizar e desburocratizar os segmentos da recuperação judicial e extrajudicial, bem como da falência.

As principais alterações e os acréscimos feitos pela Lei n. 14.112/2020 à Lei n. 11.101/2005 tiveram um só objetivo, a preservação da função social da empresa, como se pode observar: a) proibição de qualquer forma de retenção, arresto, penhora, sequestro, busca e apreensão e constrição judicial ou extrajudicial sobre bens do devedor oriundos de demandas judiciais ou extrajudiciais cujos créditos ou obrigações sujeitem-se à recuperação judicial ou à falência, além da suspensão do curso da prescrição das obrigações do devedor das execuções ajuizadas contra o devedor, inclusive daquelas dos credores particulares (art. 6º, III, da Lei n. 11.101/2005); b) impossibilidade de distribuição de lucros e dividendos aos sócios até a aprovação do plano de recuperação judicial, sob pena de crime (art. 6º-A). Deve-se ter cautela para evitar isso, sob pena de o devedor-recuperando estar enquadrado no art. 168 alusivo a fraude contra credores; c) formação do quadro-geral de credores, independentemente de julgamento de todas as habilitações. Pelo art. 10, § 7º, o quadro-geral de credores será formado com o julgamento das Impugnações tempestivas e com as habilitações e as impugnações retardatárias decididas até o instante de sua formação. Apesar de auxiliar a celeridade no processo de recuperação judicial, poderá antecipar decretação de falência, embora não esteja completo o quadro de credores. Como votar em assembleia de credores sem a formação definitiva do quadro de credores. Consequentemente ações incidentais de habilitação e de

182   *Desconsideração da Personalidade Jurídica: uma análise interdisciplinar*

impugnação retardatárias poderão ser distribuídas no juízo de recuperação judicial como ações autônomas, que seguirão o rito comum (art. 10, § 9º); d) dispensa da Certidão Negativa de Débito (CND) para que o devedor possa exercer suas atividades (art. 52, II); e) apresentação do plano de recuperação judicial pelos credores, pois se for rejeitado o do devedor, o administrador judicial submeterá, no ato, à votação da assembleia geral de credores a concessão de prazo de 30 dias para que os credores apresentem plano de recuperação judicial (art. 56, § 4º); f) possibilidade de financiamento na recuperação judicial. Os arts. 69-A e s. permitem que o magistrado, após a oitiva do comitê de credores, autorize a celebração de contratos de financiamento com o devedor, garantidos pela oneração ou pela alienação fiduciária de bens e direitos, seus ou de terceiros, pertencentes ao ativo não circulante, para financiar suas atividades e despesas de reestruturação ou de preservação do valor de ativos; g) consolidação processual substancial de ativos e passivos de devedores integrantes do mesmo grupo econômico que estejam em recuperação judicial sob consolidação processual, se constatar interconexão e confusão entre tais ativos ou passivos, que impossibilite identificação de sua titularidade sem excessivo dispêndio de tempo ou de recursos, cumulativamente com a ocorrência de: existência de garantias cruzadas; relação de controle ou dependência; identidade total ou parcial do quadro societário; e atuação conjunta no mercado entre os postulantes, caso em que os ativos e passivos dos devedores serão tratados como se pertencessem a um único devedor (arts. 69-G e s.); h) detalhamento dos objetivos da falência e afastamento do devedor de suas atividades se dá para: preservar e otimizar a utilização produtiva dos bens, dos ativos e dos recursos produtivos, inclusive os intangíveis da empresa; permitir a liquidação célere das empresas inviáveis, com vistas à realocação eficiente de recursos na economia; e fomentar o empreendimento, inclusive por meio da viabilização do retorno célere do empreendedor falido à atividade econômica. O processo falimentar deverá atender aos princípios da celeridade e da economia processual, sem prejuízo do contraditório, da ampla defesa e dos princípios processuais. A falência é mecanismo de preservação de benefícios econômicos e sociais decorrentes da atividade empresarial, por meio da liquidação imediata do devedor e da rápida realocação útil de ativos na economia (art. 75, I a III, §§ 1º e 2º); i) desconsideração da personalidade jurídica da sociedade falida, para fins de responsabilização de terceiros, grupo, sócio ou administrador por obrigação desta, decretada pelo juízo falimentar, apesar de ser vedada a extensão da falência ou de seus efeitos, no todo

Capítulo 4 ∙ Desconsideração da personalidade jurídica em outras esferas jurídicas   183

ou em parte, aos sócios de responsabilidade limitada, aos controladores e aos administradores da sociedade falida (art. 82-A, parágrafo único); j) modificação na classificação de crédito (arts. 83 e 84), pois créditos com privilégio especial e geral foram integrados à classe dos quirografários, e os créditos cedidos a qualquer título manterão sua natureza e classificação, quando antes passariam a ser quirografários; k) acréscimo de funções do administrador judicial que deverá manter endereço eletrônico na Internet, relacionar todos os processos, evitar procedimentos protelatórios, assumir a representação judicial e extrajudicial, seja no procedimento arbitral, seja na mediação, fiscalizar a veracidade das informações prestadas pelo devedor, realizar a venda dos bens arrecadados da massa falida no prazo de 180 dias contados da data da juntada do auto de arrecadação sob pena de ser destituído (art. 22); l) remuneração do administrador judicial, no caso de microempresas, empresas de pequeno porte e produtor rural, será até 2% do valor devido aos credores submetidos à recuperação judicial ou do valor de venda dos bens na falência, conforme o valor do mercado para o desempenho de atividade similar e do grau de complexidade do trabalho; m) possibilidade de produtor rural (art. 70-A) apresentar plano especial de recuperação judicial; n) liquidação de débitos empresariais, mesmo não vencidos, para com a Fazenda Nacional pela empresa que a pleitear ou tiver deferido o processamento da recuperação judicial (arts. 51, 52 e 70)[68]; o) insolvência transnacional (arts. 167-A a 167-Y)[69].

---

[68] PEREIRA, Ricardo Nunes; PEREIRA, Maykon D. Nunes. Os 10 principais pontos de atualização da lei de recuperação judicial e falência. In: *Migalhas*. Disponível em: https://www.migalhas.com.br/despesa/340356/os10principais-pontos-de-atualização-da-lei-de-recuperação-judicial-è-fatencia. Acesso em: 22-2-2023.

[69] *Vide*: DINIZ, Maria Helena. *Curso de direito civil brasileiro*: direito de empresa. 16. ed. rev. e atual. São Paulo: Saraiva, v. 8, 2024. p. 608-631; DINIZ, Maria Helena; SANTIAGO, Mariana Ribeiro. A Lei n. 14.112/2020 e o seu papel na função social da empresa. *Revista de Direito Privado*. São Paulo, Revista dos Tribunais, v. 116, p. 181-198, 2023; COELHO, Fábio Ulhoa. *Curso*, cit., v. 3, p. 215-219; COELHO, Fábio Ulhoa. *Comentários à nova Lei de Falências e de Recuperação de Empresas*. São Paulo: Saraiva, 2009. Consulte: FERNÁNDEZ-RIO, Angel J. R. *El estado de crisis económica*. Madrid: Civitas, 1982; NEGRÃO, Ricardo. *Aspectos objetivos da Lei de Recuperação de Empresas*. São Paulo: Saraiva, 2009; COVAS, Silvânio. A lei de Recuperação de Empresas e de Falência e os interesses da sociedade. *Tribuna do Direito*, abr. 2005, p. 19-20; ABRÃO, Carlos H.; TOLEDO, Paulo Fernando C. Salles de. *Comentários à Lei de Recuperação de Empresas e Falência*. São Paulo: Saraiva, 2009; FAZZIO JÚNIOR, Waldo. *Nova Lei de Falência e Recuperação de Empresas*. São Paulo: Atlas, 2005. p. 133-136; LOBATO, Moacyr. Falência e recuperação – novidades introduzidas pela Lei n. 11.101/2005. *Revista Del Rey Jurídica, 17*:36-37; ALMEIDA, Amador Paes de. *Curso de falência e recuperação de empresa*. São Paulo: Saraiva,

184   *Desconsideração da Personalidade Jurídica: uma análise interdisciplinar*

A Lei n. 10.522/2002, art. 10-A, alterado pela Lei n. 14.112/2020, possibilita parcelamento fiscal federal em até 120 prestações e liquidação de até 30% da dívida consolidada no parcelamento com o uso de créditos decorrentes de prejuízo fiscal e de base de cálculo negativa da Contribuição Social sobre o Lucro Líquido ou com outros créditos próprios relativos aos tributos administrados pela Secretaria Especial da Receita Federal do Brasil, caso em que o restante poderá ser parcelado em até 84 parcelas, calculadas de modo a observar os percentuais mínimos aplicados sobre o saldo da dívida consolidada.

A atualização da Lei n. 11.101/2005 pela Lei n. 14.112/2020 traz de volta a falência sumária, por abreviar o processo falimentar quando os bens arrecadados forem insuficientes para as despesas processuais, que era prevista no Decreto-lei n. 7.661/45, art. 75, devolvendo aos credores a decisão de prosseguir na falência.

A ação revocatória, em sua dupla modalidade, também sofreu o impacto da Lei n. 14.112/2020, dando ao instituto contornos condizentes com o princípio da função social da empresa, que permeia toda a lei.

Para obter a recomposição do ativo do devedor em razão de ato por ele praticado, dissipando-o, antes da declaração de falência, a Lei n. 11.101/2005 admite a sua ineficácia ou a sua revogação, mediante ação revocatória, por ser prejudicial aos interesses creditórios[70].

2007; RESTIFFE, Paulo Sérgio. *Manual*, cit., p. 374-436; BARROS, Flávio Monteiro de. *Falência, recuperação judicial e extrajudicial*. São Paulo: Rideel, 2009; ESTEVEZ, André F. Breves apontamentos sobre a convolação da recuperação judicial em falência. *Revista Síntese – Direito Empresarial*, *26*:9-14; SCALZILLI, João P.; TELLECHEA, R.; SPINELLI, Luis Felipe. Objetivos e princípios da Lei de Falências e Recuperação de Empresas. *Revista Síntese – Direito Empresarial*, *26*:15-30; GUERRA, Luiz. Recuperação econômica de empresa e as inconstitucionalidades contidas na Lei n. 11.101/2005. *RIASP*, *31*:209-240; MARCATO, Tércio T. N. A competência do juízo falimentar. *Revista Síntese – Direito Empresarial*, *26*:31-46.

[70] DINIZ, Maria Helena. *Curso de direito civil brasileiro*: direito de empresa. 16. ed. rev. e atual. São Paulo: Saraiva, v. 8, 2024. p. 608-631; NEGRÃO, Ricardo José. *Curso de direito comercial e de empresa*: recuperação de empresas, falência e procedimentos concursais administrativos. 13. ed. São Paulo: Saraiva, v. 3, 2019. p. 403; SPINELLI, Andréa M. R. Falência – disposições gerais – inovações e procedimentos. In: *Comentários à nova Lei de Falência e Recuperação de Empresas*. Rubens Approbato Machado (coord.). São Paulo: Quartier Latin, 2005. p. 209-212; Bezerra Filho, Manoel Justino. *Nova Lei de Recuperação e Falências comentada*. São Paulo: Revista dos Tribunais, 2005. p. 296-313; VENOSA, Sílvio de S. *Manual dos contratos e obrigações unilaterais da vontade*. São Paulo: Atlas, 1997. p. 91; FAZZIO JÚNIOR, Waldo. *Nova Lei de Falência*

Capítulo 4 ∙ Desconsideração da personalidade jurídica em outras esferas jurídicas   185

A ação revocatória é, portanto, a que visa não só a declaração da ineficácia de atos praticados pelo empresário devedor, independentemente de boa ou má-fé, antes da decretação de sua falência, retirando seus efeitos, por presunção de fraude, apenas relativamente à massa falida, sem, contudo, anulá-los (art. 129), como também a sua revogação, comprovados a *intentio* de prejudicar credores no conluio fraudulento (*consilium fraudis*) entre devedor e terceiro e o efetivo prejuízo sofrido pela massa falida (art. 130). A Lei n. 11.101/2005 prevê, portanto, duas modalidades de ação revocatória: a) a voltada à declaração da ineficácia daqueles atos (art. 129). A ineficácia poderá ser declarada *ex officio* pelo magistrado por simples despacho interlocutório prolatado nos autos da falência, alegada em defesa ou pleiteada em ação própria ou incidentalmente no curso do processo (art. 129, parágrafo único). E terceiro de boa-fé poderá propor ação de perdas e danos contra o devedor ou seus garantes (art. 136, § 2º); b) a ação pauliana falencial, ou seja, a que contém pretensão de obter, por meio de ação, a revogação de atos fraudulentos lesivos à massa falida, desde que haja, *scientia fraudis animus nocendi*, comprovação dos danos por ela sofridos (*eventus damni*) e seja proposta pelo administrador judicial a qualquer credor ou ao Ministério Público no prazo decadencial de três anos, computado da decretação da falência (art. 132).

Essa ação visa desfazer, de alguma forma, atos contrários a *par conditio creditorum*. Tais atos geram efeitos em relação ao devedor e ao terceiro, que com ele efetivou negócio. Dentre esses atos, podemos citar os arrolados no art. 129, I a VII: a) pagamento de débitos não vencidos, realizados pelo devedor dentro do termo legal, por qualquer meio extintivo do direito de crédito, ainda que pelo desconto do próprio título; b) pagamento de dívidas vencidas e exigíveis realizado no termo legal, por qualquer forma que não seja a prevista no contrato; c) constituição de direito real de garantia,

---

e Recuperação de Empresas. São Paulo: Atlas, 2005. p. 307-324. Falência no direito português: ASCENSÃO, José de Oliveira. *Direito civil*. São Paulo: Saraiva, v. 1, 2010. p. 160-173.

Enunciado n. 50: "A extensão dos efeitos da quebra a outras pessoas jurídicas e físicas confere legitimidade à massa falida para figurar nos polos ativo e passivo das ações nas quais figurem aqueles atingidos pela falência" (aprovado na I Jornada de Direito Comercial).

Enunciado n. 18 da Jornada Paulista de Direito Comercial: "O termo legal da quebra aplica-se exclusivamente à sociedade falida, sem que o sócio, em eventual extensão da responsabilidade patrimonial, possa ser por ele alcançado".

inclusive a retenção, dentro do termo legal, tratando-se de dívida contraída anteriormente; se os bens dados em hipoteca forem objeto de outras posteriores, a massa falida receberá a parte que caberia ao credor da hipoteca revogada; d) prática de atos a título gratuito, desde dois anos antes da decretação da falência, isto porque, se o patrimônio do devedor constitui a garantia do pagamento do crédito, a sua disposição gratuita apenas poderá dar-se se o ativo contiver bens suficientes para solver todo o passivo; e) renúncia à herança ou a legado, até dois anos da sentença decretatória da falência; logo, se anterior àqueles dois anos, terá eficácia; f) venda ou transferência de estabelecimento sem anuência expressa ou pagamento dos credores, desde que no ativo do devedor não haja suficiência de bens para pagamento do passivo, exceto se, dentro de trinta dias, não houver oposição dos credores, devidamente notificados judicial ou extrajudicialmente; g) registros de direitos reais e de transferência de propriedade *inter vivos*, por título oneroso ou gratuito, ou a averbação relativa a imóveis, realizados após a decretação da falência, a não ser que tenha havido prenotação anterior (Lei n. 6.015/73, art. 215).

O art. 131 da Lei n. 11.101/2005 foi alterado pela Lei n. 14.112/2020, para estabelecer que os atos referidos no art. 129, I a III e VI, não serão declarados ineficazes, nem revogados se previstos e realizados na forma definida no plano de recuperação judicial ou extrajudicial. Nota-se, nesse ponto, o intuito de preservação da função social da empresa, prestigiando--se o consenso entre as partes.

Têm legitimidade passiva para serem réus na ação revocatória (art. 133): os participantes do ato ou os que, em razão dele, foram pagos, garantidos ou beneficiados; os terceiros adquirentes de má-fé, que tiverem ciência da *intentio* do devedor de prejudicar credores; os herdeiros ou legatários dos partícipes ou dos beneficiados com o ato. A ação revocatória obedece ao rito ordinário e corre perante o juízo da falência (art. 134). Se procedente a ação, a sentença determinará, reconhecendo a ineficácia ou a revogação do ato, o retorno dos bens à massa falida em espécie, com todos os acessórios, ou do seu valor mercadológico, acrescido de perdas e danos (art. 135). A declaração de ineficácia e a da revogação trazem em si a devolução dos bens ao ativo da massa e não ao falido. Nítido é o objetivo restitutório das duas modalidades de ação revocatória, por serem instrumentos processuais pró-massa falida. As partes voltarão a seu estado anterior, e o contratante de boa-fé fará jus à devolução dos bens ou dos valores entregues

Capítulo 4 . Desconsideração da personalidade jurídica em outras esferas jurídicas   187

ao devedor (art. 136). Contra a sentença que julgar a procedência da ação revocatória, caberá o recurso da apelação, que será recebido, na lição de Waldo Fazzio Júnior[71], em ambos os efeitos (art. 135, parágrafo único – o suspensivo e o devolutivo), na hipótese do art. 130, ou somente no devolutivo, nos casos do art. 129. Havendo perigo oriundo da demora da ação revocatória, o juiz poderá, a requerimento do autor daquela ação, conceder, como medida preventiva, o sequestro dos bens retirados do patrimônio do devedor que estejam em poder de terceiro (art. 137).

Na perspectiva jurisprudencial, os tribunais superiores têm destacado o princípio da função social da empresa atrelado aos processos de recuperação judicial e falência, para impor, por exemplo, a desnecessidade da exigência de certidão negativa de débitos tributários para a propositura da recuperação judicial[72].

A imposição da data do pedido da recuperação judicial ou da decretação da falência como termo final para o cálculo do crédito trabalhista para fins de habilitação é outra diretriz apontada pelos tribunais federais, com lastro na função social da empresa[73]. Na mesma linha, o próprio Supremo

---

[71] FAZZIO JÚNIOR, Waldo. *Nova Lei de Falência e Recuperação de Empresas*. São Paulo: Atlas, 2005. p. 323.

[72] *Vide* ementa: "PROCESSUAL CIVIL. AGRAVO INTERNO NO AGRAVO EM RECURSO ESPECIAL. RECUPERAÇÃO JUDICIAL. CERTIDÕES NEGATIVAS DE DÉBITOS TRIBUTÁRIOS. ART. 57 DA LEI N. 11.101/2005 E ART. 191-A DO CTN. EXIGÊNCIA INCOMPATÍVEL COM A FINALIDADE DO INSTITUTO. PRINCÍPIO DA PRESERVAÇÃO DA EMPRESA E FUNÇÃO SOCIAL. APLICAÇÃO DO POSTULADO DA PROPORCIONALIDADE. INTERPRETAÇÃO SISTEMÁTICA DA LEI N. 11.101/2005. 1. Consoante a jurisprudência desta Corte, a apresentação de certidões negativas de débitos tributários não constitui requisito obrigatório para concessão da recuperação judicial do devedor. Isso porque os motivos que fundamentam a exigência da comprovação da regularidade fiscal do devedor (assentados no privilégio do crédito tributário) não têm peso suficiente – sobretudo em função da relevância da função social da empresa e do princípio que objetiva sua preservação – para preponderar sobre o direito do devedor de buscar no processo de soerguimento a superação da crise econômico-financeira que o acomete. 2. Agravo interno não provido" (STJ, AgInt no AREsp n. 1.597.261/SP, rel. Ministra Nancy Andrighi, Terceira Turma, j. em 11-4-2022, *DJe* de 18-4-2022).

[73] Enunciado n. 73: "Para que seja preservada a eficácia do disposto na parte final do § 2º do art. 6º da Lei n. 11.101/2005, é necessário que, no juízo do trabalho, o crédito trabalhista para fins de habilitação seja calculado até a data do pedido da recuperação judicial ou da decretação da falência, para não se ferir a *par condicio creditorum* e observarem-se os arts. 49, *caput*, e 124 da Lei n. 11.101/2005" (aprovado na II Jornada de Direito Comercial. *Vide*: arts. 6º, §§ 1º e 2º, 9º, II; 49, *caput*; e 124 da Lei n. 11.101, de 9-2-2005).

Tribunal Federal, por sua vez, já determinou que não há inconstitucionalidade quanto à ausência de sucessão de créditos trabalhistas, nem mesmo no tocante ao limite de conversão de créditos trabalhistas em quirografários, em casos de falência e recuperação judicial[74].

O acompanhamento da recuperação judicial pelo Ministério Público, zelando pela consecução do plano de recuperação, em nome da função social da empresa, também tem sido reconhecido pelo Superior Tribunal de Justiça em sua jurisprudência[75], ainda que não seja obrigatória a intervenção de tal órgão em tais processos.

---

[74] "AÇÃO DIRETA DE INCONSTITUCIONALIDADE. ARTIGOS 60, PARÁGRAFO ÚNICO, 83, I E IV, C, E 141, II, DA LEI N. 11.101/2005. FALÊNCIA E RECUPERAÇÃO JUDICIAL. INEXISTÊNCIA DE OFENSA AOS ARTIGOS 1º, III E IV, 6º, 7º, I, E 170, DA CONSTITUIÇÃO FEDERAL DE 1988. ADI JULGADA IMPROCEDENTE. I – Inexiste reserva constitucional de lei complementar para a execução dos créditos trabalhistas decorrente de falência ou recuperação judicial. II – Não há, também, inconstitucionalidade quanto à ausência de sucessão de créditos trabalhistas. III – Igualmente não existe ofensa à Constituição no tocante ao limite de conversão de créditos trabalhistas em quirografários. IV – Diploma legal que objetiva prestigiar a função social da empresa e assegurar, tanto quanto possível, a preservação dos postos de trabalho. V – Ação direta julgada improcedente" (STF, ADI 3934, rel. Ricardo Lewandowski, Tribunal Pleno, j. em 27-5-2009).

[75] "RECURSO ESPECIAL. PROCESSUAL CIVIL. NEGATIVA DE PRESTAÇÃO JURISDICIONAL. NÃO OCORRÊNCIA. EXECUÇÃO DE TÍTULO EXTRAJUDICIAL. PARTE EXECUTADA. RECUPERAÇÃO JUDICIAL. BEM IMÓVEL. INTERVENÇÃO DO MINISTÉRIO PÚBLICO. POSSIBILIDADE. ADJUDICAÇÃO. ANULAÇÃO. ALIENAÇÃO DE BENS. COMPETÊNCIA. JUÍZO RECUPERACIONAL.

1. Recurso especial interposto contra acórdão publicado na vigência do Código de Processo Civil de 1973 (Enunciados Administrativos n. 2 e 3/STJ). 2. Não há falar em falha na prestação jurisdicional se o Tribunal de origem motiva adequadamente sua decisão, solucionando a controvérsia com a aplicação do direito que entende cabível, ainda que em desacordo com a expectativa da parte. 3. A incompetência de órgão fracionário de tribunal deve ser alegada pela parte interessada na primeira oportunidade que tiver para se manifestar nos autos, sob pena de preclusão. 4. O papel institucional conferido ao Ministério Público, de zelar, em nome do interesse público (função social da empresa), pela consecução do plano de recuperação judicial, justifica a sua atuação nas execuções propostas contra a empresa recuperanda, ainda que não seja obrigatória a sua intervenção. 5. Os créditos constituídos após o deferimento do pedido de recuperação judicial, por serem extraconcursais, não se submetem aos seus efeitos, sendo facultado ao credor propor a respectiva execução, que se processa pelas regras ordinárias aplicáveis a qualquer outro feito executivo e perante o juízo competente, a quem cabe promover todos os atos processuais, exceto a apreensão e a alienação de bens. 6. Compete ao juízo da recuperação acompanhar e autorizar a excussão de bens da empresa em recuperação, ainda que destinados à satisfação de créditos extraconcursais. 7. Anulada a adjudicação de bem imóvel em virtude da efetiva competência do juízo recuperacional para acompanhar e autorizar a excussão de bens da empresa e convolada a recuperação em falência, não resta outra alternativa à

Por fim, é entendimento do Superior Tribunal de Justiça que a função social da empresa exige sua preservação, mas a sociedade empresária deve demonstrar ter meios de cumprir eficazmente tal função, gerando empregos, honrando seus compromissos, colaborando com o desenvolvimento da economia etc., nos termos do art. 47 da Lei n. 11.101/2005[76].

---

credora senão habilitar seu crédito nos autos da falência, observada, se for o caso, a preferência legal estabelecida no art. 84 da Lei n. 11.101/2005. 8. Recurso especial não provido" (STJ, REsp n. 1.935.022/SP, rel. Ministro Ricardo Villas Bôas Cueva, Terceira Turma, j. em 21-9-2021).

Veja, também: "RECURSO ESPECIAL. RECUPERAÇÃO JUDICIAL. NEGATIVA E PRESTAÇÃO JURISDICIONAL. INOCORRÊNCIA. ADMINISTRADOR. HONORÁRIOS. FIXAÇÃO EM PATAMAR DE 5% SOBRE OS CRÉDITOS CONCURSAIS. IRRESIGNAÇÃO MANIFESTADA PELO MINISTÉRIO PÚBLICO. LEGITIMIDADE RECURSAL CONFIGURADA. 1. Ação ajuizada em 23-4-2018. Recurso especial interposto em 14-6-2019. Autos conclusos à Relatora em 25-8-2020. 2. O propósito recursal é definir (i) se houve negativa de prestação jurisdicional e (ii) se o Ministério Público é parte legítima para recorrer da decisão declaratória do pedido de processamento da recuperação judicial, fixa os honorários do administrador judicial no patamar máximo. 3. O acórdão recorrido adotou fundamentação suficiente à solução da controvérsia, não se vislumbrando, nele, qualquer dos vícios elencados no art. 1.022 do CPC/2015. 4. O texto normativo que resultou na atual Lei de Falência e Recuperação de Empresas saiu do Congresso Nacional com uma roupagem que exigia do Ministério Público atuação em todas as fases dos processos de recuperação judicial e de falência. Essas amplas e genéricas hipóteses de intervenção originalmente previstas foram restringidas pela Presidência da República, mas nem por isso reduziu-se a importância do papel da instituição na tramitação dessas ações, haja vista ter-se franqueado ao MP a possibilidade de 'requerer o que entender de direito'. 5. A interpretação conjunta da regra do art. 52, V, da LFRE — que determina a intimação do Ministério Público acerca da decisão que defere o processamento da recuperação judicial — e daquela constante no art. 179, II, do CPC/2015 — que autoriza, expressamente, a interposição de recurso pelo órgão ministerial quando a este incumbir intervir como fiscal da ordem jurídica — evidencia a legitimidade recursal do *Parquet* na hipótese concreta. 6. Ademais, verifica-se estar plenamente justificada a interposição do recurso pelo MP como decorrência de sua atuação como fiscal da ordem jurídica, pois é seu papel institucional zelar, em nome do interesse público (função social da empresa), para que não sejam constituídos créditos capazes de inviabilizar a consecução do plano de soerguimento. RECURSO ESPECIAL NÃO PROVIDO, SEM MAJORAÇÃO DE HONORÁRIOS" (STJ, REsp n. 1.884.860/RJ, rel. Ministra Nancy Andrighi, Terceira Turma, j. em 20-10-2020).

[76] "AGRAVO INTERNO NO AGRAVO EM RECURSO ESPECIAL. RECUPERAÇÃO JUDICIAL. APELAÇÃO. EFEITO DEVOLUTIVO AMPLO. CONCLUSÃO NO SENTIDO DA AUSÊNCIA DE DEMONSTRAÇÃO DA VIABILIDADE ECONÔMICA DA EMPRESA. NÃO PREENCHIMENTO DA FUNÇÃO SOCIAL DO PEDIDO RECUPERACIONAL. SÚMULA 7/STJ. AGRAVO INTERNO DESPROVIDO. 1. O STJ tem jurisprudência no sentido de que, 'nos termos do art. 515, caput e § 1º, do CPC/1973, a apelação devolve ao tribunal o conhecimento da matéria impugnada, bem como das questões suscitadas e discutidas no processo, sendo vedado o conhecimento de matéria não suscitada oportunamente perante o magistrado de primeiro grau, com exceção das questões de ordem pública' (AgRg no AREsp

Nesse contexto, tema que merece menção é a desconsideração da personalidade jurídica nos casos de falência, insolvência, encerramento ou inatividade da empresa, em razão de sua má administração. Interessantes a esse respeito são as observações de Adalberto Simão Filho de que, diante de abusos e de comprovada fraude contra credores, é possível excepcionalmente a desconsideração da pessoa jurídica (CDC, art. 28), que teve decretada sua falência, sem que haja necessidade de propor ação judicial da responsabilidade, prevista no art. 82 da Lei n. 11.101/2005, desde que: 1) se tenha dado ao sócio a chance de se manifestar sobre o pleito desconsideratório; 2) as razões que deram causa à despersonificação estejam presentes após a manifestação ou omissão do sócio; e 3) o órgão judicante gradue o âmbito da desconsideração e seus efeitos jurídicos, fundamentando constitucionalmente sua decisão. Configurando-se tais requisitos poder-se-á obter o sequestro dos bens do patrimônio dos sócios e sua condenação pelo limite da responsabilidade patrimonial (TJSP, AI 190.367-1-SP, rel. Des. Munhoz Soares, j. 29-4-1993; TJSP, AI 227.528-1-SP, rel. Des. Munhoz Soares, j. 25-8-1994; TJSP, AI 190.368-1-SP, rel. Des. Munhoz Soares, j. 15-4-1993; TJSP, AgRg 178.660-SP, rel. Yussef Cahali. j. 17-9-1992).

Em relação à falência será proibida sua extensão ou a de seus efeitos, no todo ou em parte aos sócios de responsabilidade limitada, aos controladores e aos administradores da sociedade falida, admitida, contudo, a *desconsideração da personalidade jurídica* da sociedade falida, para fins de responsabilização de terceiro, grupo, sócio ou administrador por obrigação desta, que somente poderá ser decretada pelo juízo falimentar, observando-se o art. 50 do CC, arts. 133 a 137 do CPC, não se aplicando a

---

556.012/PR, rel. Ministro Marco Buzzi, Quarta Turma, j. em 17-2-2020, *DJe* de 20-2-2020). 2. A questão acerca dos requisitos para a ação de recuperação judicial foi debatida na sentença objeto do apelo e sobre ela exercido a insurgente o contraditório, com o manejo de apelação. Carência de ofensa ao art. 10 do novo CPC. 3. Com base em fatos, provas e termos contratuais, o acórdão entendeu que a petição inicial não atenderia ao art. 51 da Lei de Recuperação Judicial, porquanto ausentes a viabilidade econômica da empresa da qual se buscava recuperação ou o atendimento à sua função social. Essas ponderações dos acórdãos foram feitas com base em fatos, provas e termos contratuais, atraindo a aplicação das Súmulas 5 e 7/STJ. 4. Esta Corte de Justiça entende que a função social da empresa exige sua preservação, mas não a todo custo. A sociedade empresária deve demonstrar ter meios de cumprir eficazmente tal função, gerando empregos, honrando seus compromissos e colaborando com o desenvolvimento da economia, tudo nos termos do art. 47 da Lei n. 11.101/2005. Precedentes. 5. Agravo interno desprovido" (STJ, AgInt no AREsp n. 1.632.907/SP, rel. Ministro Marco Aurélio Bellizze, Terceira Turma, j. em 8-3-2021).

Capítulo 4 • Desconsideração da personalidade jurídica em outras esferas jurídicas   191

suspensão do § 3º do art. 134 do CPC (art. 82-A e parágrafo único da Lei n. 11.101/2005).

Há interesse para o pedido da superação da personalidade jurídica na falência pelos credores devidamente habilitados (Lei de Falências, arts. 94, § 1º, 97, IV), pelo administrador judicial (Lei de Falências, art. 22, II, *b*) e pelo representante do Ministério Público (Lei de Falências, art. 187, § 2º). Até mesmo o magistrado poderia decretá-la de ofício se no processo todos os pressupostos para tanto estiverem presentes, fundamentando essa sua decisão na própria sentença convolatória da recuperação judicial (Lei de Falências, arts. 3º, 73, 82, § 2º). Após a desconsideração, surgirão duas massas patrimoniais ativas (Lei de Falências, arts. 82, § 2º, 108, 110, § 2º, III e IV): a dos bens dos sócios e a do patrimônio da empresa. Se a desconsideração adveio, em razão de falência, de pedido de credor consumidor, sem que estejam configurados os requisitos normais da despersonalização, apenas ele poderá concorrer sobre essas duas massas patrimoniais. Se, além da falência, o despacho de superação da personalidade jurídica concluir pela fraude ou abuso de direito de personificação, todos os credores estão habilitados a concorrer sobre as duas massas, obedecendo-se às suas preferências e privilégios. Se um credor consumidor vier a concorrer com os demais sobre o patrimônio composto pelos bens dos sócios, terá nessa massa preferência sobre os outros, pois a lei apenas a ele tornou possível o pleito de desconsideração.

A jurisprudência do Superior Tribunal de Justiça[77] sobre desconsideração da personalidade jurídica em casos de falência é firme em considerar

---

[77] "RECURSO ESPECIAL. PROCESSO CIVIL. PERSONALIDADE JURÍDICA. DESCONSIDERAÇÃO. BENS. RESTITUIÇÃO. MASSA FALIDA. POSSIBILIDADE. AÇÃO PRÓPRIA. DESNECESSIDADE. PROVA EMPRESTADA. UTILIZAÇÃO. CONTRADITÓRIO. PRAZO PRESCRICIONAL. NÃO APLICAÇÃO. DIREITO POTESTATIVO. PREVISÃO LEGAL. AUSÊNCIA. (...). 4. Conforme orientação jurisprudencial consolidada, uma vez verificada a ocorrência de fraude e confusão patrimonial entre a falida e outras empresas, é possível a desconsideração das personalidades jurídicas incidentalmente no processo falimentar, independentemente de ação própria (anulatória ou revocatória), inclusive com o objetivo de arrecadar bens das sociedades empresariais envolvidas na fraude reconhecida pelas instâncias ordinárias. Precedentes. 5. A desconsideração da personalidade jurídica, quando preenchidos os seus requisitos, pode ser requerida a qualquer tempo, não se submetendo, à míngua de previsão legal, a prazos decadenciais ou prescricionais. Precedentes. 6. Recurso especial conhecido e não provido" (STJ, REsp n. 1.686.123/SC, rel. Ministro Ricardo Villas Bôas Cueva, Terceira Turma, j. em 22-3-2022, *DJe* de 31-3-2022).

que, diante de fraude e confusão patrimonial entre a falida e outras empresas, é possível, a qualquer tempo, a desconsideração das personalidades jurídicas no próprio processo falimentar, de forma incidental, inclusive para arrecadação de bens das sociedades empresariais envolvidas.

Quando o pedido de falência envolve grupo econômico, há posicionamento do Superior Tribunal de Justiça[78] esclarecendo, por sua vez, que a existência do grupo, por si só não justifica a desconsideração da personalidade jurídica ou ainda a solidariedade obrigacional, deixando claro que há a necessidade da comprovação dos requisitos previstos no art. 50 do Código Civil.

Merecem menção ainda os casos de concomitância entre recuperação judicial e falência e ações trabalhistas onde se processem a desconsideração da personalidade jurídica para constrição dos bens dos sócios. Nesse sentido, o Superior Tribunal de Justiça[79] tem decidido que não viola a competência do

---

"RECURSO ESPECIAL. FALÊNCIA. PEDIDO DE PROVIDÊNCIAS. DESCONSIDERAÇÃO DA PERSONALIDADE JURÍDICA. SUCESSÃO. FALHA NA PRESTAÇÃO JURISDICIONAL. AUSÊNCIA. COISA JULGADA. INEXISTÊNCIA. AÇÃO AUTÔNOMA. NECESSIDADE AFASTADA. PRESCRIÇÃO. DECADÊNCIA. (...) 4. A formação da coisa julgada deve levar em conta os limites de cognição do instrumento processual em que analisada a matéria. Os anteriores pronunciamentos quanto à existência de sucessão não analisaram a ocorrência de fraude, diante da necessidade de dilação probatória, motivo pelo qual não se pode falar em sua imutabilidade. 5. A desconsideração da personalidade jurídica para apuração da existência de sucessão irregular prescinde de ação autônoma, podendo ser requerida incidentalmente na falência. 6. A desconsideração da personalidade jurídica, quando preenchidos os seus requisitos, pode ser requerida a qualquer tempo. 7. O entendimento do Superior Tribunal de Justiça é firme no sentido de que os pedidos formulados pelos recorrentes devem ser analisados a partir de uma interpretação lógico-sistemática, não podendo o magistrado se esquivar da análise ampla e detida da relação jurídica posta em exame. 8. No incidente de desconsideração da personalidade jurídica não cabe a condenação nos ônus sucumbenciais diante da ausência de previsão legal. 9. Recurso especial parcialmente conhecido e, nessa extensão, parcialmente provido" (STJ, REsp n. 1.943.831/SP, rel. Ministro Ricardo Villas Bôas Cueva, Terceira Turma, j. em 14-12-2021, *DJe* de 17-12-2021).

[78] "AGRAVO INTERNO EM RECURSO ESPECIAL. FALÊNCIA. CRÉDITO. HABILITAÇÃO. GRUPO ECONÔMICO. SOLIDARIEDADE. INEXISTÊNCIA. NÃO PROVIMENTO. 1. A existência de grupo econômico não autoriza, por si só, a solidariedade obrigacional ou a desconsideração da personalidade jurídica. 2. Agravo interno a que se nega provimento" (STJ, AgInt no REsp n. 1.738.588/DF, rel. Ministra Maria Isabel Gallotti, Quarta Turma, j. em 22-11-2021, *DJe* de 25-11-2021).

[79] "AGRAVO INTERNO NO RECURSO ESPECIAL – AUTOS DE AGRAVO DE INSTRUMENTO NA ORIGEM – DECISÃO MONOCRÁTICA QUE NEGOU PROVIMENTO AO RECLAMO. INSURGÊNCIA DOS AGRAVANTES. 1. Nos termos da jurisprudência da Segunda Seção desta Corte, não viola a competência do juízo universal da falência ou da recuperação judicial, por si só, a decisão que desconsidera a personalidade jurídica da empresa. 1.1. Se o patrimônio da massa falida não é objeto de constrição, mas sim os bens dos sócios não

Capítulo 4. Desconsideração da personalidade jurídica em outras esferas jurídicas   193

juízo universal da falência ou da recuperação judicial, por si só, a decisão que desconsidera a personalidade jurídica da empresa, desde que o patrimônio da massa falida não seja objeto de constrição.

De modo geral, a inovação trazida pela Lei n. 14.112/2020 sobre a possibilidade da desconsideração da personalidade jurídica no juízo da falência, desde que configurados os requisitos do art. 50, do Código Civil, trouxe avanços ao fomentar a efetiva recuperação do crédito com segurança jurídica.

4.5 DIREITO TRIBUTÁRIO E DESCONSIDERAÇÃO DA PERSONALIDADE JURÍDICA

Desde o seu surgimento na antiguidade, o Estado atuou impondo cobranças excessivas e injustificadas aos cidadãos, com o objetivo de satisfazer

---

atingidos pela decretação da falência, não se cogita de competência do juízo falimentar para decidir sobre a execução do crédito reclamado. Incidência da Súmula 83/STJ. 2. Agravo interno desprovido" (STJ, AgInt no REsp n. 1.883.886/SP, rel. Ministro Marco Buzzi, Quarta Turma, j. em 5-10-2021, *DJe* de 14-10-2021).
"AGRAVO INTERNO NO CONFLITO DE COMPETÊNCIA. RECUPERAÇÃO JUDICIAL E AÇÃO TRABALHISTA. INEXISTÊNCIA DE ATOS DE CONSTRIÇÃO DIRECIONADOS AO PATRIMÔNIO DA EMPRESA RECUPERANDA. DESCONSIDERAÇÃO DA PERSO-NALIDADE JURÍDICA PROMOVIDA NO JUÍZO LABORAL. POSSIBILIDADE. CONFLI-TO NÃO CONHECIDO. AGRAVO INTERNO NÃO PROVIDO. 1. Esta Corte Superior de Justiça possui firme o entendimento no sentido de que os atos de constrição tendentes à ex-propriação de bens essenciais à atividade empresarial e ao próprio soerguimento da empresa devem ser submetidos ao controle do Juízo da recuperação, até mesmo nos casos em que o crédito não se submeta ao plano de recuperação judicial, na esteira do regramento do artigo 49, e parágrafos, da Lei n. 11.101/2005. 2. Todavia, no caso sob análise, inexiste demonstração de constrição patrimonial direcionado à suscitante, mas apenas à sócios e coobrigados. 3. Se-gundo a redação da Súmula 581/STJ, 'a recuperação judicial do devedor principal não impede o prosseguimento das ações e execuções ajuizadas contra terceiros devedores solidários ou coobrigados em geral, por garantia cambial, real ou fidejussória'. 4. A recuperação judicial do devedor principal não impede o prosseguimento das execuções nem induz suspensão ou extin-ção de ações ajuizadas contra terceiros devedores solidários ou coobrigados em geral, por ga-rantia cambial, real ou fidejussória, pois não se lhes aplicam a suspensão prevista nos arts. 6º, *caput*, e 52, inciso III, ou a novação a que se refere o art. 59, *caput*, por força do que dispõe o art. 49, § 1º, todos do Lei n. 11.101/2005 (REsp 1333349/SP, rel. Ministro Luis Felipe Salo-mão, Segunda Seção, j. em 26-11-2014, *DJe* de 2-2-2015). 5. Não configura conflito de com-petência, em regra, a constrição de bens dos sócios da empresa em recuperação judicial, à qual foi aplicada, na Justiça Especializada, a desconsideração da personalidade jurídica (AgInt no CC 155.358/SP, rel. Ministro Marco Buzzi, Segunda Seção, j. em 23-5-2018, *DJe* de 30-5-2018) 6. Agravo interno não provido" (STJ, AgInt no CC n. 180.309/SP, rel. Ministro Luis Felipe Salomão, Segunda Seção, j. em 19-10-2021, *DJe* de 22-10-2021).

194   *Desconsideração da Personalidade Jurídica: uma análise interdisciplinar*

suas próprias necessidades, o que gerou conflitos para a criação de normas de caráter tributário. No Brasil, a incidência de tributos se iniciou de forma rudimentar em 1500, sob o reinado de D. Manuel I, com o direito português vigorando no país, aplicado à incipiente indústria extrativista brasileira[80].

O Direito Tributário surge, assim, como ramo do Direito que trata das relações entre o fisco e o contribuinte, tendo por finalidade definir os critérios de cobrança e os limites da atuação estatal para proteção dos cidadãos[81].

O tributo, enquanto ferramenta do Estado para concretização de suas funções, está limitado pelos direitos constitucionais do contribuinte, sem usurpar e/ou extrapolar suas atribuições. Por sua vez, a tributação tem papel fundamental para a manutenção das receitas públicas e para a organização da sociedade, implicando na distribuição de renda e diminuição das desigualdades sociais. A tributação, assim, deve estar pautada na racionalidade econômica, evitando a superposição nas incidências tributárias sobre fatos econômicos idênticos, bem como na facilidade de fiscalização e arrecadação[82].

Essas limitações advêm, basicamente, dos princípios constitucionais na esfera tributária, como[83]: a) Legalidade Tributária (art. 150, 1); b) Anterioridade Tributária (art. 150, III, *b* e *c*); c) Isonomia Tributária (art. 150, II); d) Irretroatividade Tributária (art. 150, III, *a*); e) Vedação ao Confisco (art. 150, IV); f) Não limitação ao Tráfego de Pessoas e Bens e a Ressalva do Pedágio (art. 150, V); g) Uniformidade Geográfica (art. 151, I); h) Proibição da tributação federal diferenciada da renda da dívida pública e da

---

[80] KFOURI JR., Anis. *Curso de direito tributário*. 2. ed. São Paulo: Saraiva, 2012. p. 83-84.

[81] MACHADO, Hugo de Brito. *Curso de direito tributário*. 13. ed. São Paulo: Malheiros, 1998. p. 35; KFOURI JR., Anis. *Curso de direito tributário*. 2. ed. São Paulo: Saraiva, 2012. p. 83-84; CARNEIRO, Claudio. *Curso de direito tributário e financeiro*. 4. ed. São Paulo: Saraiva, 2012. p. 148; COÊLHO, Sacha Calmon Navarro. Introdução à teoria geral do direito tributário. In: *Tributação brasileira em evolução*. PRETO, Raquel Elita Alves (coord.). São Paulo: IASP, 2015, p. 399-418. p. 413-414.

[82] MACIEL, Lucas Pires. *Controle de constitucionalidade nas matérias tributárias*: repercussões da modulação dos efeitos. Curitiba: Juruá, 2019. p. 23-24; SABBAG, Eduardo. *Manual de direito tributário*. 5. ed. São Paulo: Saraiva, 2013. p. 39.

[83] SABBAG, Eduardo. *Manual de direito tributário*. 5. ed. São Paulo: Saraiva, 2013. p. 56.

Capítulo 4 • Desconsideração da personalidade jurídica em outras esferas jurídicas   195

remuneração dos agentes, em âmbito não federal (art. 151, II); e i) Proibição das Isenções Heterônomas (art. 151, III). O Código Tributário Nacional trata da responsabilidade solidária em seu art. 124, ao estabelecer:

"Art. 124. São solidariamente obrigadas:
I – as pessoas que tenham interesse comum na situação que constitua o fato gerador da obrigação principal;
II – as pessoas expressamente designadas por lei.
Parágrafo único. A solidariedade referida neste artigo não comporta benefício de ordem".

Já em seus arts. 128 a 138 (Capítulo V), o referido *Codex* disciplina a matéria da responsabilidade tributária, iniciando com a disposição geral de que, sem prejuízo do disposto no seu Capítulo V, a lei pode atribuir de modo expresso a responsabilidade pelo crédito tributário a terceira pessoa, vinculada ao fato gerador da respectiva obrigação, excluindo a responsabilidade do contribuinte ou atribuindo-a a este em caráter supletivo do cumprimento total ou parcial da referida obrigação (CTN, art. 128).

Tal dispositivo geral permite a classificação da responsabilidade tributária em: a) responsabilidade por transferência, quando não há total desvinculação entre dever e responsabilidade, havendo, ainda que mitigada, dever e responsabilidade originária para o contribuinte propriamente dito; e b) responsabilidade por substituição, onde sujeito diferente do que praticou o fato que gerou a incidência da norma tem o dever originário de cumprir a obrigação tributária[84].

Dentro do campo da responsabilidade por transferência, o Código Tributário Nacional trata da responsabilidade por sucessão (arts. 129 a 133), quando se verifica a substituição subjetiva passiva da obrigação tributária, por venda de imóveis, aquisições ou remissões de bens, morte do contribuinte ou alienações societárias; e da responsabilidade de terceiros (arts. 134 e 135), onde a pessoa chamada a responder pelo débito do contribuinte deixou de cumprir um dever próprio previsto em lei[85]. As responsabilidades por infrações são tratadas nos arts. 136 a 138, do referido *Codex*.

---

[84] PEREIRA, Lucas Lobo. *Responsabilidade tributária e desconsideração da personalidade jurídica no novo CPC*. São Paulo: Almedina, 2019. p. 31-32.

[85] PEREIRA, Lucas Lobo. *Responsabilidade tributária e desconsideração da personalidade jurídica no novo CPC*. São Paulo: Almedina, 2019. p. 41; COSTA, Regina Helena. *Curso de direito tributário*: Constituição e Código Tributário Nacional. 3. ed. São Paulo: Saraiva, 2013. p. 223.

O art. 135, do Código Tributário Nacional, estabelece: "São pessoalmente responsáveis pelos créditos correspondentes a obrigações tributárias resultantes de atos praticados com excesso de poderes ou infração de lei, contrato social ou estatutos: (...) II – os mandatários, prepostos e empregados; III – os diretores, gerentes ou representantes de pessoas jurídicas de direito privado".

Ao comentar o referido artigo, Lucas Lobo Pereira[86] ensina:

> Na hipótese específica dos diretores, gerentes e representantes de pessoas jurídicas tal responsabilidade decorre, diretamente, de seu dever de cuidado, diligência e probidade. Assim, quando, investidos de poderes de administração, estes praticam atos que extrapolem os limites da lei, contratos ou estatutos ou mesmo de seus próprios poderes, o fazem em detrimento da pessoa jurídica e, por conseguinte, respondem por tais débitos. Ainda que a sociedade possa se beneficiar destes atos, a responsabilização exclusiva advinda da hipótese analisada não será afetada sendo irrelevante o benefício aferido pela sociedade.

Comentando o mesmo art. 135, do Código Tributário Nacional, contudo, Anis Kfouri Jr.[87] ressalva:

> O conceito de infração à legislação ou ao estatuto também é um ponto importante a ser ponderado na aplicação da responsabilidade pessoal, pois é óbvio que toda a dívida existente, tendo fundamento jurídico, decorrerá de um descumprimento ou da lei ou do estatuto, até mesmo porque a obrigação tributária decorre obrigatoriamente de lei. Dessa forma, admitir sem qualquer limitação que a infração à lei ensejará a responsabilidade pessoal dos sócios implica o absurdo de admitir que para as dívidas tributárias aplica-se, incondicionalmente, a desconsideração da personalidade jurídica.
>
> Isto, por óbvio, viola a separação das personalidades jurídicas no âmbito jurídico e até mesmo o princípio contábil da entidade, que determina, em poucas palavras, a distinção contábil da movimentação de sócios e sociedade.

---

[86] PEREIRA, Lucas Lobo. *Responsabilidade tributária e desconsideração da personalidade jurídica no novo CPC*. São Paulo: Almedina, 2019. p. 57-58.

[87] KFOURI JR., Anis. *Curso de direito tributário*. 2. ed. São Paulo: Saraiva, 2012. p. 252.

Capítulo 4. Desconsideração da personalidade jurídica em outras esferas jurídicas   197

Os arts. 124, I, e 135, do Código Tributário Nacional, associados ao art. 50, do Código Civil, contêm as bases normativas da desconsideração da personalidade jurídica no direito tributário.

A matéria da desconsideração na seara tributária foi tema, ainda, de súmulas do Superior Tribunal de Justiça, que determinou: "O inadimplemento da obrigação tributária pela sociedade não gera, por si só, a responsabilidade solidária do sócio-gerente" (Súmula 430) e "Presume-se dissolvida irregularmente a empresa que deixar de funcionar no seu domicílio fiscal, sem comunicação aos órgãos competentes, legitimando o redirecionamento da execução fiscal para o sócio-gerente" (Súmula 435).

A jurisprudência brasileira tem aplicado a desconstituição da personalidade jurídica no âmbito do direito tributário, com lastro na coincidência de endereço fiscal de empresas de grupo econômico e dissolução irregular[88].

---

[88] Sobre exemplo do que pode ser considerado prova para fins de desconsideração da personalidade jurídica no direito tributário, segue jurisprudência: "PROCESSUAL CIVIL. TRIBUTÁRIO. IMPOSTO SOBRE PRODUTOS INDUSTRIALIZADOS/IPI. (...) Com efeito, a Turma entendeu que 'restou demonstrada a existência de grupo econômico entre ULUG-ES DO BRASIL COMÉRCIO IMPORTAÇÃO E EXPORTAÇÃO LTDA (pessoa jurídica executada), CAOA MONTADORA DE VEÍCULOS e HYUNDAI CAOA DO BRASIL, de modo a atrair a incidência do disposto nos arts. 124, 132 e 133 do CTN, pois restou demonstrado nos autos que Carlos Alberto Oliveira Andrade comanda com unidade de direção e objetivos econômicos'. Por outro lado, consignou que a caracterização do grupo econômico igualmente restou evidenciada pelo fato de que 'o endereço da filial da executada no cadastro CNPJ é o mesmo do dirigente da executada e da Hyundai CAOA, além de seus filhos e esposa serem sócios de outra sociedade que também é sócia da Hyundai CAOA, reforçando a tese de existência de confusão patrimonial entre as sociedades mencionadas e seu dirigente'. Diante disso, reconheceu que houve dissolução irregular, na medida em que consta da execução fiscal originária certidão do Oficial de Justiça informando que, em visita ao endereço do domicílio fiscal da empresa, em 7-7-2011, constatou-se sua inatividade, e, além disso, não foi juntado documento relativo ao distrato ou à dissolução perante a junta comercial (fl. 41). Apesar de que na data em que se constatou a dissolução irregular, o Sr. Carlos Alberto já não constava como dirigente da Executada, os documentos de fls. 42/54 demonstraram a existência de formação de grupo econômico entre a executada e as pessoas jurídicas do grupo CAOA. Como consignado pelo Juízo de origem, na execução fiscal, 'a dívida em comento se refere aos exercícios de 2000 e 2001 quando a empresa ULUG-ES girava sob a denominação social C. A. de Oliveira Andrade Comércio Importação e Exportação Ltda, ou seja, esta era a titular da dívida, inscrita posteriormente em razão da adesão a parcelamentos (PAES, PAEX), os quais suspenderam a exigibilidade dos tributos. Não bastasse isso, outros elementos indicam a intrincada relação jurídica existente entre tais sociedades empresárias e outras empresas pertencentes aos mesmos sócios, as quais têm centralização administrativa, concentração de capital acionário e unidade negocial, levando ao reconhecimento de existência de grupo econômico entre a devedora principal

Considera-se presunção *juris tantum* de encerramento irregular a certidão de oficial de justiça que não encontrou a empresa no endereço oficial, invertendo-se assim o ônus da prova para que o sócio ou administrador comprove que a sociedade foi dissolvida de forma adequada[89].

É preciso, contudo, ressalvar que, inicialmente o entendimento do Superior Tribunal de Justiça era de que só poderia ser incluído no polo passivo da ação tributária pela via da desconsideração da personalidade jurídica o sócio que, à época do fato gerador dos tributos executados, possuía poderes de gestão. Tal posicionamento visava evitar injustiças e arbitrariedades no procedimento de desconsideração[90]. Contudo, atualmente, o Tema 981 do STJ

---

e as demais empresas'.[...] Da análise dos documentos encartados nos autos, restou demonstrado que houve uma sucessão de empresas, retirando-se o principal sócio e responsável pela denominação social CARLOS ALBERTO OLIVEIRA ANDRADE, havendo demonstração de que outras sociedades foram constituídas cujos sócios são sua esposa e filhos. Dessa forma, resta evidente que é CARLOS ALBERTO DE OLIVEIRA ANDRADE quem comanda as empresas mencionadas, com unidade de direção e objetivos econômicos idênticos. Vale destacar, também, que a marca CA A era de propriedade da empresa executada desde 27-10-1998, a qual foi transferida para CA A MONTADORA DE VEÍCULOS S/A em 28-9-2010 o que configura a transferência de fundo de comércio capaz de gerar a responsabilidade tributária na forma do art. 131 do CTN para as empresas do grupo CA A (fls. 376/378). Com a transferência da marca, a executada transferiu seu maior patrimônio, quando pendente de débitos com o fisco, esvaziando seu patrimônio em detrimento dos credores. Desse modo, não há como se afastar a responsabilidade dos embargantes pelas dívidas objeto da Execução Fiscal n. 0007518-76.2003.4.02.5001. 'Ademais, o STJ, quando do julgamento do REsp n. 1721239 SP, em que se questionava a legalidade da desconsideração inversa da personalidade jurídica das empresas e partes envolvidas no presente feito, reconheceu a existência de abuso de personalidade jurídica do grupo econômico e fraude por parte de Carlos Alberto Oliveira Andrade, diante de alienação 'maliciosa' de quase a totalidade de sua participação societária para sua esposa'. (...)" (STJ, AgInt no AREsp n. 1.766.242/ES, rel. Ministro Francisco Falcão, Segunda Turma, j. em 29-8-2022, *DJe* de 31-8-2022).

[89] RODRIGUES FILHO, Otávio Joaquim. *Desconsideração da personalidade jurídica e processo*. 2. ed. São Paulo: Revista dos Tribunais, 2023. p. 109.

[90] "PROCESSUAL CIVIL E TRIBUTÁRIO. EXECUÇÃO FISCAL. REDIRECIONAMENTO PARA SÓCIOS-GERENTES. SÓCIO QUE NÃO INTEGRAVA A GERÊNCIA DA SOCIEDADE À ÉPOCA DO FATO GERADOR. DISSOLUÇÃO IRREGULAR DA EMPRESA. POSSIBILIDADE.

1. Discute-se a possibilidade de redirecionamento da execução fiscal para os sócios-gerentes no caso de dissolução irregular da empresa.

2. O redirecionamento da execução fiscal para o sócio-gerente da empresa é cabível apenas quando demonstrado que este agiu com excesso de poderes, infração à lei ou ao estatuto, ou, no caso de dissolução irregular da empresa, não se incluindo o simples inadimplemento de obrigações tributárias.

Capítulo 4. Desconsideração da personalidade jurídica em outras esferas jurídicas **199**

estabelece: "O redirecionamento da execução fiscal, quando fundado na dissolução irregular da pessoa jurídica executada ou na presunção de sua ocorrência, pode ser autorizado contra o sócio ou o terceiro não sócio, com poderes de administração na data em que configurada ou presumida a dissolução irregular, ainda que não tenha exercido poderes de gerência quando ocorrido o fato gerador do tributo não adimplido, conforme art. 135, III, do CTN".

O Parecer Normativo COSIT/RFB n. 04, de 10 de dezembro de 2018, é mais detalhado ao especificar o que pode caracterizar a responsabilidade solidária entre pessoa jurídica e sócios, nos termos do art. 124, I, do Código Tributário Nacional, elencando: a) abuso da personalidade jurídica em que se desrespeita a autonomia patrimonial e operacional das pessoas jurídicas mediante direção única (grupo econômico irregular); b) evasão e simulação fiscal e demais atos deles decorrentes, notadamente quando se configuram crimes; e c) abuso de personalidade jurídica pela sua utilização para operações realizadas com o intuito de acarretar a supressão ou a redução de tributos mediante manipulação artificial do fato gerador (planejamento tributário abusivo).

Ressalte-se que a Fazenda Pública Nacional tem alcançado resultados positivos para os cofres públicos utilizando-se do incidente de desconsideração da personalidade jurídica, cumulado com pedido de reconhecimento de simulação, inclusive com deferimento de tutela provisória de urgência *inaudita altera pars*, arresto e indisponibilidade de bens, com a finalidade de se evitar o esvaziamento de patrimônio do devedor, dos sócios e das demais empresas do grupo econômico, a exemplo do que se observa nos julgados referentes aos processos: 0805211-65.2022.4.05.8300 (33ª Vara Federal/PE), 0800535-61.2019.4.05.8306 (25ª Vara Federal/PE), 0818686-59.2020.4.05.8300 (11ª Vara Federal/PE), 0816640-29.2022.4.05.8300

---

3. Se o motivo da responsabilidade tributária é a infração à lei consubstanciada pela dissolução irregular da empresa (art. 135, III, do CTN), é irrelevante para efeito de redirecionamento da execução fiscal ao sócio-gerente ou ao administrador o fato de ele não integrar a sociedade por ocasião do fato gerador do crédito tributário.

Embargos de declaração acolhidos, com efeitos infringentes, a fim de dar provimento ao agravo regimental da Fazenda Nacional para declarar que, para efeito de redirecionamento da Execução Fiscal ao sócio-gerente ou ao administrador, é irrelevante o fato de ele não integrar a sociedade por ocasião do fato gerador do crédito tributário" (STJ, EDcl no AgRg no REsp n. 1.465.280/SP, rel. Ministro Humberto Martins, Segunda Turma, j. em 3-3-2016, *DJe* de 11-3-2016).

(33ª Vara Federal/PE) e 5006469-81.2020.4.02.0000 (Agravo de Instrumento, TRF 2ª Região).

Na seara processual, não há óbice quanto à possibilidade de aplicação dos arts. 133 a 136, do Código de Processo Civil, em matéria tributária. Ressalte-se que a própria Lei de Execuções Fiscais, embora não trate especificamente sobre o tema da desconsideração da personalidade jurídica, determina, em seu art. 1º, que a execução judicial para cobrança da Dívida Ativa da União, dos Estados, do Distrito Federal, dos Municípios e respectivas autarquias será regida subsidiariamente pelo Código de Processo Civil.

Contudo, a jurisprudência do Superior Tribunal de Justiça não está pacificada, sendo que a Primeira Turma entende pela possibilidade da utilização do incidente de desconsideração da personalidade jurídica em matéria tributária e a Segunda Turma a tem restringido, entendendo que, nos casos do art. 135, do Código Tributário Nacional, não haveria necessidade de interposição do incidente em tela, por haver responsabilidade tributária em sentido estrito[91].

---

[91] "PROCESSUAL CIVIL E TRIBUTÁRIO. EXECUÇÃO FISCAL. INCIDENTE DE DESCONSIDERAÇÃO DA PERSONALIDADE DA PESSOA JURÍDICA. JURISPRUDÊNCIA. CONFORMIDADE. REEXAME DE FATOS E PROVAS. IMPOSSIBILIDADE.

1. De acordo com a jurisprudência da Primeira Turma do Superior Tribunal de Justiça, a instauração do incidente de desconsideração da personalidade jurídica – IDPJ, em sede de execução fiscal, para a cobrança de crédito tributário, revela-se excepcionalmente cabível diante da: (i) relação de complementariedade entre a LEF e o CPC/2015, e não de especialidade excludente; e (ii) previsão expressa do art. 134 do CPC quanto ao cabimento do incidente nas execuções fundadas em títulos executivos extrajudiciais.

2. O IDPJ mostra-se viável quando uma das partes na ação executiva pretende que o crédito seja cobrado de quem não figure na CDA e não exista demonstração efetiva da responsabilidade tributária em sentido estrito, assim entendida aquela fundada nos arts. 134 e 135 do CTN (REsp 1.804.913/RJ, rel. Ministra Regina Helena Costa, Primeira Turma, j. em 1º-9-2020, DJe de 2-10-2020). Incidência da Súmula 83 do STJ.

2. O Tribunal a quo, soberano na apreciação das provas carreadas aos autos concluiu que restou configurada a confusão patrimonial e o desvio de finalidade no incidente de desconsideração da personalidade jurídica. Incidência da Súmula 7 do STJ.

3. Agravo interno desprovido" (STJ, AgInt no REsp n. 2.041.619/PR, rel. Ministro Gurgel de Faria, Primeira Turma, j. em 28-8-2023, DJe de 1º-9-2023).

"TRIBUTÁRIO. PROCESSUAL CIVIL. AGRAVO INTERNO NO RECURSO ESPECIAL. CÓDIGO DE PROCESSO CIVIL DE 2015. APLICABILIDADE. INCIDENTE DE DESCONSIDERAÇÃO DA PERSONALIDADE JURÍDICA – IDPJ. ARTS. 133 A 137 DO CPC/2015. EXECUÇÃO FISCAL. CABIMENTO. NECESSIDADE DE OBSERVÂNCIA DAS NORMAS DO CÓDIGO TRIBUTÁRIO NACIONAL. MULTA. ART. 1.021, § 4º, DO CÓDIGO DE PROCESSO CIVIL DE 2015. DESCABIMENTO.

Capítulo 4 ∙ Desconsideração da personalidade jurídica em outras esferas jurídicas   201

I – Consoante o decidido pelo Plenário desta Corte na sessão realizada em 9-3-2016, o regime recursal será determinado pela data da publicação do provimento jurisdicional impugnado. *In casu*, aplica-se o Código de Processo Civil de 2015 para o agravo interno.

II – O IDPJ mostra-se viável quando uma das partes na ação executiva pretende que o crédito seja cobrado de quem não figure na CDA e não exista demonstração efetiva da responsabilidade tributária em sentido estrito, assim entendida aquela fundada nos arts. 134 e 135 do CTN. Precedentes.

III – Em regra, descabe a imposição da multa, prevista no art. 1.021, § 4º, do Código de Processo Civil de 2015, em razão do mero improvimento do Agravo Interno em votação unânime, sendo necessária a configuração da manifesta inadmissibilidade ou improcedência do recurso a autorizar sua aplicação, o que não ocorreu no caso.

IV – Agravo Interno improvido" (AgInt no REsp n. 2.065.740/ES, rel. Ministra Regina Helena Costa, Primeira Turma, j. em 14-8-2023, *DJe* de 16-8-2023).

"PROCESSUAL CIVIL E TRIBUTÁRIO. OFENSA AOS ARTS. 489 E 1.022 DO CPC NÃO CONFIGURADA. FORMAÇÃO DE GRUPO ECONÔMICO DE FATO. DESCONSIDERA-ÇÃO DA PERSONALIDADE JURÍDICA. DESNECESSIDADE. CONTEXTO FÁTICO--PROBATÓRIO. REVISÃO. IMPOSSIBILIDADE. DIVERGÊNCIA JURISPRUDENCIAL. SÚMULA 7/STJ. ANÁLISE PREJUDICADA PELA FALTA DE IDENTIDADE ENTRE PA-RADIGMAS E FUNDAMENTAÇÃO DO ACÓRDÃO RECORRIDO.

1. Conforme constou no *decisum* monocrático, não se configurou ofensa aos arts. 489 e 1.022 do Código de Processo Civil, uma vez que o Tribunal *a quo* julgou integralmente a lide e solucionou a controvérsia.

2. Não há vícios de omissão ou contradição, pois a Corte de origem apreciou e decidiu, fundamentadamente, todas as questões postas ao seu crivo, não cabendo falar em negativa de prestação jurisdicional.

3. O acórdão recorrido consignou: 'O pedido de efeito suspensivo foi analisado nos seguintes termos: (...) Inicialmente, cumpre referir que, para fins de reconhecimento de grupo econômico em execução fiscal de dívida tributária, é desnecessária a desconsideração da personalidade jurídica e, por consequência, a distribuição do incidente previsto nos arts. 133 a 137 do Código de Processo Civil. (...) No que tange à alegação de prescrição e decadência, convém destacar que se trata de matéria sobre a qual não dispôs a decisão agravada, razão pela qual o pronunciamento acerca da matéria importa em supressão de instância. Do grupo econômico À falta de norma específica, a jurisprudência extrai do disposto no art. 2º, § 2º, da CLT, algumas diretrizes para o conceito de grupo econômico. Para tanto, dispõe o referido dispositivo legal que grupo econômico se caracteriza 'sempre que uma ou mais empresas, tendo, embora, cada uma delas, personalidade jurídica própria, estiverem sob a direção, controle ou administração de outra, constituindo grupo industrial, comercial ou de qualquer outra atividade econômica, serão, para os efeitos da relação de emprego, solidariamente responsáveis a empresa principal e cada uma das subordinadas'. Conforme já assentado em inúmeros julgados desta Corte, a formação de grupo econômico, por si só, não enseja a responsabilidade solidária. A rigor, as empresas respondem de forma autônoma por suas próprias obrigações tributárias. No entanto, a ruptura da autonomia patrimonial e organizacional fica caracterizada pela adoção de manobras e práticas em detrimento da satisfação de obrigações tributárias. Nestes casos, a responsabilização estender-se-á a todas as pessoas jurídicas pela existência de interesse comum na situação que constitui o fato gerador da obrigação tributária, de acordo com o preconizado no art. 124, I, do CTN. Consoante se extrai dos autos, a União Federal identificou, após aprofundado trabalho no âmbito da Procuradoria da Fazenda Nacional, a existência de grupo econômico

com atuação voltada ao cometimento de fraudes e sonegações. Detalhando o intrincado esquema de ocultação patrimonial, a exequente levou a conhecimento do juízo que algumas empresas do grupo contraem vultosas dívidas, enquanto os sócios acumulam patrimônio (ali incluídos veículos, imóveis, embarcações e até mesmo aeronaves).

Em síntese, apontou que as empresas AMETISTA, SOLARE, SOLAR e BELAFLEX atuam no ramo de indústria e comércio de móveis estofados, a ENTREGA RÁPIDA atua na atividade de transporte de cargas, também relacionado ao grupo, ao passo que a ATHOS ADMINISTRADORA DE BENS S/S LTDA, STAR e P.J.W. atuam como braço patrimonial do grupo, adquirindo patrimônio em benefício do grupo e de seus sócios. Consta que a devedora originária AMETISTA ESTOFADOS LTDA (antes denominada GRALHA AZUL INDÚSTRIA E COMÉRCIO DE ESTOFADOS LTDA) teria encerrado irregularmente suas atividades, deixando passivo fiscal de aproximadamente R$ 50 milhões, prosseguindo em suas atividades por intermédio de outras empresas do grupo. Segundo a exequente, após o início do processo de dissolução irregular da executada AMETISTA, com a inclusão de 'laranjas' no quadro societário e alterações fraudulentas de endereço (início de 2013), DIOGENYS e RICARDO CARANDINA, com o fim de blindagem patrimonial, transferiram, em meados de 2013, diversos bens imóveis para as demais empresas. Com efeito, os elementos contidos nos autos desvelam fortes indícios da prática de fraudes e simulações na condução das atividades desempenhadas pelo grupo empresarial, bem como o liame entre as empresas envolvidas, estando justificado o reconhecimento de responsabilidade solidária, sem embargo de que tal questão seja discutida na via adequada. Nesta perspectiva, não se reconhece, em juízo de cognição sumária como ora se procede, a plausibilidade do direito a ensejar a suspensão da decisão agravada. Por fim, cumpre esclarecer que a alegação de existência de acórdão (Agravo de Instrumento n. 0003869610.2010.4.04.0000) no qual reconhecida a ilegitimidade passiva dos sócios não aproveita à recorrente, por se tratar de execução diversa. Além disso, o fundamento do referido julgado se assentou precipuamente no reconhecimento de inconstitucionalidade do art. 13, da Lei n. 8.620/93 (inclusão do nome dos sócios na CDA), não tendo adentrado no exame particularizado da matéria. (...) Ausentes novos elementos a alterar o entendimento adotado, voto por negar provimento ao agravo de instrumento' (fls. 725-727, e-STJ).

4. A jurisprudência da Segunda Turma do STJ é no sentido de que não é condição para o redirecionamento da Execução Fiscal, quando fundada nos arts. 124, 133 e 135 do CTN, a instauração do incidente de desconsideração da personalidade jurídica.

5. Há verdadeira incompatibilidade entre a instauração desse incidente e o regime jurídico da Execução Fiscal, considerando que deve ser afastada a aplicação da lei geral.

6. O acórdão recorrido consignou que, no que tange à alegação de prescrição e decadência, convém destacar que se trata de matéria sobre a qual não dispôs a decisão agravada, razão pela qual o pronunciamento acerca da matéria importa em supressão de instância e que os elementos contidos nos autos desvelam fortes indícios da prática de fraudes e simulações na condução das atividades desempenhadas pelo grupo empresarial, bem como o liame entre as empresas envolvidas, estando justificado o reconhecimento de responsabilidade solidária, sem embargo de que tal questão seja discutida na via adequada.

7. Rever o entendimento do Tribunal de origem demanda revolvimento do conjunto fático-probatório, inviável em Recurso Especial ante o óbice da Súmula 7/STJ: 'A pretensão de simples reexame de prova não enseja Recurso Especial'.

8. Em relação à alegada divergência jurisprudencial, observa-se que a incidência da referida súmula impede o exame do dissídio, por faltar identidade entre os paradigmas apresentados e o acórdão recorrido.

9. Agravo Interno não provido" (AgInt nos EDcl no AREsp n. 2.192.234/RS, rel. Ministro Herman Benjamin, Segunda Turma, j. em 29-5-2023, DJe de 26-6-2023).

Capítulo 4. Desconsideração da personalidade jurídica em outras esferas jurídicas 203

Em face de tal controvérsia, o Superior Tribunal de Justiça, na tentativa de contribuir para a uniformização do entendimento e, por consequência, com a diminuição da litigiosidade sistêmica, com fundamento no art. 1.036, § 5º, do CPC, propôs, em 22 de agosto de 2023, a afetação do REsp 2.039.132/SP, bem como do REsp 2.035.296/SP, REsp 2.013.920/RJ, REsp 1.971.965/PE e REsp 1.843.631/PE, ao rito dos recursos repetitivos, com o intuito de que seja apreciada a seguinte tese: Definição acerca da (in)compatibilidade do Incidente de Desconsideração de Personalidade Jurídica, previsto nos arts. 133 e s. do Código de Processo Civil, com o rito próprio da Execução Fiscal, disciplinado pela Lei n. 6.830/80 e, sendo compatível, identificação das hipóteses de imprescindibilidade de sua instauração, considerando o fundamento jurídico do pleito de redirecionamento do feito executório[92].

A situação tem sido tratada de forma mais pacífica no âmbito do contencioso administrativo fiscal federal, desde que a Procuradoria Geral da Fazenda Nacional (PGFN), editou a Portaria PGFN n. 948/2017, instituindo o Procedimento Administrativo de Reconhecimento de Responsabilidade (PARR), que funciona de forma análoga ao incidente processual

---

[92] "RECURSO ESPECIAL. PROPOSTA DE JULGAMENTO SOB O RITO DOS RECURSOS REPETITIVOS. (IN)COMPATIBILIDADE. INCIDENTE DE DESCONSIDERAÇÃO DE PERSONALIDADE JURÍDICA. ARTS. 133 E S. DO CPC. RITO PRÓPRIO DA EXECUÇÃO FISCAL. LEI N. 6.830/80. IDENTIFICAÇÃO DAS HIPÓTESES DE IMPRESCINDIBILIDADE. FUNDAMENTO JURÍDICO. I – Notória a multiplicidade de processos com idêntica questão de direito, inclusive em trâmite perante esta Corte, sendo necessária a uniformização do entendimento, tendo em vista que a discussão é objeto de divergência entre as Turmas da Primeira Seção, a exemplo dos acórdãos proferidos no julgamento do AgInt no REsp n. 2.006.433/RJ, rel. Ministro Benedito Gonçalves, Primeira Turma, j. em 3-4-2023, DJe de 11-4-2023 e do AgInt no AREsp n. 2.216.614/RJ, rel. Ministro Herman Benjamin, Segunda Turma, j. em 22-5-2023, DJe de 5-6-2023. II – Afetação do recurso especial interposto pela Fazenda Nacional ao rito dos recursos repetitivos, com o intuito de que seja apreciada a seguinte tese: Definição acerca da (in)compatibilidade do Incidente de Desconsideração de Personalidade Jurídica, previsto nos arts. 133 e s. do Código de Processo Civil, com o rito próprio da Execução Fiscal, disciplinado pela Lei n. 6.830/80 e, sendo compatível, identificação das hipóteses de imprescindibilidade de sua instauração, considerando o fundamento jurídico do pleito de redirecionamento do feito executório. III – Em observância ao art. 1.037, II, do CPC, determino a suspensão do processamento de todos os processos, individuais ou coletivos, que versem sobre a mesma matéria, nos quais tenha havido a interposição de recurso especial ou de agravo em recurso especial, na Segunda Instância, ou que estejam em tramitação perante o Superior Tribunal de Justiça, hipótese esta em que deve ser respeitado o disposto no art. 256-L do RISTJ"(STJ, ProAfR no REsp n. 2.039.132/SP, rel. Ministro Francisco Falcão, Primeira Seção, j. em 22-8-2023, DJe de 28-8-2023).

estabelecido pelo Código de Processo Civil, com o objetivo de apurar a responsabilidade de terceiros no âmbito administrativo, nos casos de dissolução irregular de pessoa jurídica devedora de créditos inscritos em dívida ativa administrados pela PGFN.

A instauração do Procedimento Administrativo de Reconhecimento de Responsabilidade (PARR) se dará pelas respectivas unidades da PGFN responsáveis pelo débito, com a notificação do terceiro para se manifestar no âmbito administrativo, apresentando defesa prévia, no prazo de 15 dias, e possibilidade de recurso da decisão, no prazo de 10 dias, dirigido ao Procurador-Chefe da Dívida Ativa nas unidades Regionais, ao Procurador-Chefe ou ao Procurador-Seccional da unidade descentralizada.

Capítulo 5
QUESTÃO DA COMPETÊNCIA DO TRIBUNAL DE CONTAS DA UNIÃO PARA DESCONSIDERAR PERSONALIDADE JURÍDICA

A CF/88 não contém norma expressa sobre a competência do TCU para proceder à desconsideração da personalidade jurídica, nem mesmo há qualquer norma infraconstitucional que lhe dê tal atribuição.

Perguntamos: o TCU poderia desconsiderar personalidade e estender os efeitos da inidoneidade a sócios e gestores da pessoa jurídica? Para impedir que sócios e administradores escapem dos efeitos da inidoneidade se vierem a constituir nova pessoa jurídica com o mesmo objeto o TCU poderia impedir a sua participação na nova empresa e a de seus parentes até 3º grau, ante o art. 160, da Lei das Licitações (Lei n. 14.133, de 2021)?

Como pondera Juliana Bonacorsi de Palma, qualquer interpretação ampliativa da ocorrência impeditiva indireta, como para empresa de parente até o terceiro grau de sócios ou administradores inidôneos por irradiação, não careceria de fundamento jurídico?

Teria o Tribunal de Contas da União (TCU) competência para adotar medidas que não lhe foram atribuídas pela CF (art. 71) ou pela legislação orgânica do TCU? Como a desconsideração da pessoa jurídica não se encontra entre os poderes conferidos, pela norma jurídica, ao TCU, poderia ele, com base no art. 50 do Código Civil, deter tal atribuição?

Já se decidiu que: "O TCU não tem competência para desconsiderar a personalidade jurídica e estender os efeitos da inidoneidade a terceiros. Além de não ser destinatário da lei, o TCU não é expressamente indicado como titular dessa competência. Competências, ainda mais de poder não se presumem. O Estado de Direito não admite poderes implícitos para restringir, limitar ou condicionar direitos (...)"[1].

---

[1] PALMA, Juliana B. de. TCU pode desconsiderar personalidade jurídica e estender efeitos da inidoneidade? *Jota*, Coluna Controle Jurídico. Disponível em: https://www.jota.info/opi-

Todavia, a doutrina tem entendido que o TCU, baseado no art. 50 do CC, é competente para desconsiderar personalidade jurídica. Nessa mesma linha, o STF o considerou apto para o exercício dessa atribuição ao decidir que: "(...) É legal e constitucionalmente fundada a desconsideração da pessoa jurídica pelo TCU, de modo a alcançar o patrimônio de pessoas físicas ou jurídicas envolvidas na prática de atos lesivos ao erário público, observados o contraditório e a ampla defesa" (STF, MS n. 35920 ED, rel. Min. Gilmar Mendes, Tribunal Pleno, j. 30-10-2023).

Já havia entendido em 2022 ao julgar o MS n. 35.506/DF que o TCU tem competência para determinar, cautelarmente, a indisponibilidade de bens e declarar a desconsideração da personalidade jurídica, para responsabilizar sócios e administradores, com o objetivo de punir abuso de direito e fraudes e garantir a recuperação do erário.

Diante disso, urge repensar sobre as limitações dessa atribuição do TCU para que possa exercer seu papel fiscalizador, garantindo os direitos das pessoas jurídicas que são partes nos processos conduzidos por esse órgão. A teoria maior requer prova da fraude ou do abuso de sócio (requisitos subjetivos) para que haja desconsideração da personalidade jurídica e a teoria menor tem por fundamento o prejuízo do credor (requisito objetivo), bastando comprovar o desvio de finalidade e confusão patrimonial. Para que haja uma aprimoração, diante da omissão legal, da aplicação da despersonalização pelo TCU, além da garantia de requisitos processuais mínimos, não seria necessária uma aferição atinente à real existência dos requisitos legais (subjetivos ou objetivos), apesar de haver prevalência de teoria maior subjetivista, sem inversão do ônus da prova como tem feito o TCU, no julgamento das contas? Não seria conveniente que o TCU se afastasse da ideia geral de que simples indícios de irregularidade são suficientes para comprovação daqueles requisitos legais?

Para que a desconsideração da personalidade jurídica seja bem aplicada pelo TCU não seria, como bem pondera Dimas Ramalho, conveniente prova inequívoca do desvio da finalidade ou abuso de direito da pessoa jurídica, observância do contraditório e da ampla defesa, ainda que em momento

---

niao-e-analise/colunas/controle-publico/tcu-pode-desconsiderar-personalidade-juridica-e--estender-efeitos-da-inidoneidade-29092021?non-beta=1. Acesso em: 2-4-2024. *Vide*, também: https://portal.solicita.com.br/noticia/18219.

diferido e acatamento do princípio da intranscendência para que a responsabilização recaia apenas sobre os sócios e gestores faltosos?

Fácil é perceber que a falta de atribuição legal dessa competência ao TCU e de limites à medida poderá levar ao uso desmesurado do instituto e, consequentemente, à desproteção dos direitos dos demandantes[2].

O STF teve por suporte a Teoria dos Poderes Implícitos, que admite que órgão estatal disponha de atribuições instrumentais para assegurar as finalidades da Carta Magna, mesmo que não haja qualquer previsão legal no ordenamento jurídico. Logo, mesmo sem norma específica, o TCU pode responsabilizar patrimonialmente sócios se utilizarem a pessoa jurídica para prejudicar o erário, mediante desvio de finalidade ou abuso de direito.

---

[2] GIAMUNDO NETO, Giuseppe; LEONI, Fernanda. Aspectos controversos sobre a desconsideração da personalidade jurídica pelo TCU. *Consultor Jurídico*, 3-4-2024; RAMALHO, Dimas. A desconsideração da personalidade jurídica pelos Tribunais de Contas. *Tribunal de Contas do Estado de São Paulo (TCESP)*. Disponível em: https://www.tce.sp.gov.br/6524-artigo-desconsideracao-personalidade-juridica-pelos-tribunais-contas. Acesso em: 17-6-2024.

Consulte: "56. No respeitante à desconsideração da personalidade jurídica da sociedade empresária Delta Engenharia Indústria e Comércio Ltda. para atingir seus sócios-gerentes, Srs. Cícero de Noronha Barros e Daltro Noronha Barros, compreendo, em linha de concordância com o Ministro Augusto Nardes, então Relator do processo, o Secretário da Serur e o MPTCU, que não há qualquer indício para crer que os administradores dessa empresa tenham se utilizado da referida pessoa jurídica com abuso de direito concorrendo para o cometimento de eventual dano ao erário e que tenham dado ensejo à confusão patrimonial.

57. Acerca do assunto, predomina, na doutrina e na jurisprudência, a Teoria Maior da desconsideração da personalidade jurídica, em suas vertentes subjetiva e objetiva. Nesse sentido, colaciono a seguinte ementa do repositório jurisprudencial do STJ (REsp 1325663/SP, *DJe* de 24-6-2013).

(...)

3. A regra geral adotada no ordenamento jurídico brasileiro, prevista no art. 50 do CC/02, consagra a Teoria Maior da Desconsideração, tanto na sua vertente subjetiva quanto na objetiva.

4. Salvo em situações excepcionais previstas em leis especiais, somente é possível a desconsideração da personalidade jurídica quando verificado o desvio de finalidade (Teoria Maior Subjetiva da Desconsideração), caracterizado pelo ato intencional dos sócios de fraudar terceiros com o uso abusivo da personalidade jurídica, ou quando evidenciada a confusão patrimonial (Teoria Maior Objetiva da Desconsideração), demonstrada pela inexistência, no campo dos fatos, de separação entre o patrimônio da pessoa jurídica e os de seus sócios" (TCU, Acórdão n. 2677/2013 – Plenário, rel. Benjamin Zymler, sessão em 2-10-2013. Disponível em: https://pesquisa.apps.tcu.gov.br/documento/acordao-completo/*/NUMACOR-DAO%253A2677%2520ANOACORDAO%253A2013%2520COLEGIA-DO%253A%2522Plen%25C3%25A1rio%2522/DTRELEVANCIA%2520desc%252C%2520NUMACORDAOINT%2520desc/0).

CONCLUSÃO

A Lei de Liberdade Econômica alterou o art. 50, do Código Civil, acerca da desconsideração da personalidade jurídica. Contudo, a novel legislação apenas atualizou o referido artigo com o que a doutrina e a jurisprudência majoritárias já entendiam sobre o assunto, ou seja, a desconsideração é medida de extrema exceção. Considerando-se, ainda, as alterações procedimentais realizadas no tema pelo Código de Processo Civil, a Lei n. 13.874/2019 não traz reais inovações.

A personalidade jurídica, por essa doutrina, será, então, considerada como um direito relativo, permitindo ao órgão judicante derrubar, episodicamente, a radical separação entre a sociedade e seus membros, para decidir mais adequadamente, coibindo o abuso de direito e condenando as fraudes, ordenando, para tanto, a penhora de bens particulares dos sócios (*RT*, *713*:138, *711*:117, *673*:160, *511*:199; *JB*, *164*:294). Portanto, o magistrado, segundo a *disregard doctrine*, poderá desconsiderar a autonomia jurídica da pessoa jurídica, quando utilizada abusivamente, para fins contrários à lei. Não tem por finalidade retirar a personalidade jurídica, mas tão somente desconsiderá-la, levantando o véu protetor, em determinadas situações, no que atina aos efeitos de garantir a desvinculação da responsabilidade dos sócios da sociedade.

Com isso o sócio passará a ser responsável, não mais respondendo subsidiariamente pelas obrigações sociais com o seu patrimônio particular. O direito do sócio de ver intangíveis os seus bens em face das obrigações da sociedade não é mais absoluto. Havendo fraude ou abuso de direito cometido por meio de personalidade jurídica que a sociedade representa, os sócios não ficarão imunes a sanções, pois permitida estará a desconsideração dessa personalidade, para que seus integrantes sejam responsabilizados pela prática daquele abuso. Essa doutrina tem por escopo responsabilizar os sócios pela prática de atos abusivos sob o manto de uma pessoa jurídica, coibindo manobras fraudulentas e abuso de direito, mediante a equiparação do sócio e da sociedade, desprezando-se a personalidade jurídica para alcançar as pessoas e os bens que nela estão contidos.

Todas essas considerações sobre a possibilidade e procedimento para desconsideração da personalidade jurídica, ressalve-se, serão aplicadas igualmente para a sociedade unipessoal, assim como para as sociedades limitadas em geral, inclusive na hipótese de desconsideração inversa.

Do ponto de vista processual, nota-se que o legislador privilegiou a segurança jurídica no procedimento para desconsideração da personalidade jurídica, estabelecendo a necessidade de contraditório e ampla defesa, inclusive pela necessidade de instauração de incidente processual se a matéria for alegada no curso do processo. A natureza jurídica é claramente a de figura de intervenção de terceiros.

A matéria da desconsideração também foi introduzida na Lei de Recuperação Judicial, Extrajudicial e Falência pela Lei n. 14.112/2020. É possível a desconsideração da personalidade jurídica no juízo da falência, dentro dos limites estabelecidos pelo art. 82-A, da Lei n. 11.101/2005, desde que configurados os requisitos do art. 50 do Código Civil. Trata-se de avanço para a efetiva recuperação do crédito com segurança jurídica.

Por sua vez, a teoria adotada pelo Código de Defesa do Consumidor quanto à desconsideração da personalidade jurídica, diferentemente do que ocorre no Código Civil, é a teoria menor, pela qual basta a prova da insolvência da pessoa jurídica para o pagamento de suas obrigações pelos sócios, independentemente da existência do desvio de finalidade ou confusão patrimonial, imputando-se o risco normal da atividade ao próprio empresário. Quanto ao procedimento, caso a ação judicial se processe nos juizados especiais, deverá se compatibilizar com a legislação específica, que prevalece em face do Código de Processo Civil.

Na seara ambiental, pelo direito pátrio, inclusive com previsão expressa na Lei de Crimes Ambientais, as sanções pecuniárias referentes aos danos ambientais aplicáveis às pessoas jurídicas podem alcançar os bens dos sócios e administradores, uma vez decretada judicialmente a desconsideração da personalidade jurídica, em face da natureza de direitos difusos, que envolvem a proteção das gerações futuras.

A desconsideração da personalidade jurídica não tem por finalidade a eliminação do princípio da separação do patrimônio da sociedade e dos seus sócios, mas sim, como pondera Didier Jr., "servir como mola propulsora da funcionalização da pessoa jurídica, garantindo, suas atividades, e coibindo a prática de fraudes e abusos através dela. Ela atua episódica e

• Conclusão

casuisticamente"[1]. Realmente não poderia ser diferente diante do disposto no art. 985 do CC, de que depois de registrado o ato constitutivo a sociedade tem autonomia, por adquirir personalidade jurídica.

É uma técnica que, sem dissolver a pessoa jurídica, tem por escopo inibir o uso indevido da autonomia patrimonial da pessoa jurídica para satisfazer interesse do credor que, diante dos atos abusivos ou fraudulentos, praticados pelo devedor, requer o adimplemento de seu crédito. Para tanto, implica na declaração da inefetividade do ato fraudulento ou abusivo praticado contra o credor.

É preciso ressaltar que a decretação da desconsideração da personalidade jurídica deve sujeitar-se, na subsunção do caso concreto, a uma das hipóteses legais, para que a decisão não seja uma "declaração de morte" da sociedade.

---

[1] DIDIER JR., Fredie. *Curso de direito processual civil*: introdução ao direito processual civil, parte geral e processo de conhecimento. Salvador: Juspodivm, 2017; SABINO, Eduardo. A teoria da desconsideração (inversa) da personalidade jurídica à luz do CPC. *Conjur*. Disponível em: https://www.conjur.coom.br. Acesso em: 30-7-2019.

Bibliografia

ALVES, Francisco de Assis. *Associações, sociedades e fundações no Código Civil de 2002.* São Paulo: Juarez de Oliveira, 2005.

ALVES, Francisco de Assis. *Sociedades cooperativas:* regime jurídico e procedimentos legais para sua constituição e funcionamento. São Paulo: Juarez de Oliveira, 2003.

AMERICANO, Jorge. *Da ação pauliana.* São Paulo: Saraiva, 1932.

ASCENSÃO, José de Oliveira. *Direito civil.* São Paulo: Saraiva, v. 1, 2010.

AZAMBUJA, Mariana M. B. Os limites de desconsideração de personalidade jurídica. *Revista Síntese − Direito Empresarial, 24:* 41-49.

AZEVEDO, Antonio Junqueira de. Princípios do novo direito contratual e desregulamentação do mercado: direito de exclusividade nas relações contratuais de fornecimento: função social do contrato e responsabilidade aquiliana do terceiro que contribui para inadimplemento contratual. *Revista dos Tribunais,* São Paulo, a. 87, v. 750, p. 113-120, abr. 1998.

BARROSO, Carlos Eduardo Ferraz de Mattos. *Processo civil:* teoria geral do processo e processo de conhecimento. 17. ed. São Paulo: Saraiva, 2019.

BECHO, Renato Lopes. *Problemas atuais do direito cooperativo.* São Paulo: Dialética, 2003.

BEDAQUE, José Roberto dos Santos. Cognição e decisões do juiz no processo executivo. In: *Processo e Constituição:* estudos em homenagem ao professor José Carlos Barbosa Moreira. Luiz Fux, Nelson Nery Jr. e Teresa Arruda Alvim Wambier (coords.). São Paulo: RT, 2006.

BETTI, Emilio. *Teoria geral do negócio jurídico.* Campinas/SP: Servanda Editora, 2008.

BEZERRA FILHO, Manoel Justino. *Nova Lei de Recuperação e Falências comentada.* São Paulo: Revista dos Tribunais, 2005.

BITELI, Marcos. Da função social para a responsabilidade da empresa. In: VIANA, Rui Geraldo Camargo; NERY, Rosa Maria de Andrade (orgs.).

Temas atuais de direito civil na Constituição Federal. São Paulo: Revista dos Tribunais, 2000. p. 229-276.

BITTENCOURT, Mário D. Correa. Fraude através da pessoa jurídica. *JB*, *160*:50-55.

BONAVIDES, Paulo. *Do Estado liberal ao Estado social*. 3. ed. Rio de Janeiro: FGV, 1972.

BRIZ, Jaime Santos. *La contratación privada:* sus problemas en el tráfico moderno. Madri: Montecorvo, 1966.

BUCCI, Maria Paula D. Cooperativas de habitação no direito brasileiro. São Paulo: Saraiva, 2004.

BUENO, Cássio S. *Novo Código de Processo Civil anotado*. São Paulo: Saraiva, 2015. p. 132-134.

CAHALI, Yussef Said. *Fraude contra credores*, 1999.

CARNEIRO, Claudio. *Curso de direito tributário e financeiro*. 4. ed. São Paulo: Saraiva, 2012.

CARVALHOSA, Modesto. *Comentários ao Código Civil*. São Paulo: Saraiva, v. 13, 2003.

CASTRO Y BRAVO, Federico. *La persona jurídica*, 1981.

CATALANO, Pierangelo. As raízes do problema da pessoa jurídica. *RDC*, *73*:38.

CENEVIVA, Walter. *Lei dos Registros Públicos comentada*. São Paulo: Saraiva, 1979.

CLEMENS, Rene. *Personnalité morale et personnalité* juridique, 1935.

COELHO, Fábio Ulhoa. *Curso de direito comercial*. 5. ed. São Paulo: Saraiva, v. 2, 2002.

COELHO, Fábio Ulhoa. *Princípios do direito comercial*. São Paulo: Saraiva, 2012.

COÊLHO, Sacha Calmon Navarro. Introdução à teoria geral do direito tributário. In: *Tributação brasileira em evolução*. PRETO, Raquel Elita Alves (coord.). São Paulo: IASP, 2015. p. 399-418.

CORREIA, Luís Alberto R. A desconsideração da personalidade jurídica: da origem ao sentido atual no Brasil. *Revista Síntese — Direito Civil e Processual Civil*, *106*:98-114.

Bibliografia   215

COSTA, Regina Helena. *Curso de direito tributário*: Constituição e Código Tributário Nacional. 3. ed. São Paulo: Saraiva, 2013.

CRETELLA Jr. *Comentários à Constituição de 1988*. 3. ed. rev. Rio de Janeiro: Forense, v. I, 1992.

DE PLÁCIDO E SILVA. *Vocabulário jurídico:* J-P. 12. ed. Rio de Janeiro: Forense, v. III, 1996. p. 230.

DELEITO, Hilda Baião Ramirez. *A desconsideração da personalidade jurídica na Justiça do Trabalho*. Curitiba: Appris, 2017.

DIDIER, Fredie et al. *Curso de direito processual civil*. 7. ed. Salvador: Juspodivm, v. IV, 2017.

DINAMARCO, Cândido Rangel. Fraude contra credores alegada nos embargos de terceiros. *RJTJSP*, 97:8-31.

DINIZ, Gustavo Saad. *Direito das fundações privadas*. Rio de Janeiro: Síntese, 2000.

DINIZ, Maria Helena. A oportuna processualização da desconsideração da personalidade jurídica. *Revista Thesis Juris*, v. 5, p. 193-217.

DINIZ, Maria Helena. *As lacunas do direito*. 7. ed. atual. São Paulo: Saraiva, 2002.

DINIZ, Maria Helena. *Código Civil anotado*. São Paulo: Saraiva, 2006.

DINIZ, Maria Helena. *Conflito de normas*. 5. ed., ampl. e atual. São Paulo: Saraiva, 2003.

DINIZ, Maria Helena. *Curso de direito civil brasileiro*. 41. ed. São Paulo: Saraiva, v. 1, 2024.

DINIZ, Maria Helena. *Curso de direito civil brasileiro*. 16. ed. rev. e atual. São Paulo: Saraiva, v. 8, 2024.

DINIZ, Maria Helena. *Dicionário jurídico*. 2. ed. rev., atual. e aum. São Paulo: Saraiva, v. 3, 2005.

DINIZ, Maria Helena. *Direito fundacional*. São Paulo: Juarez de Oliveira, 2008.

DINIZ, Maria Helena. Sociedade e associação. In: *Contratos nominados*. CAHALI, Yussef S. (coord.). São Paulo: Saraiva, 1995.

DINIZ, Maria Helena. *Tratado Teórico e Prático dos Contratos*. São Paulo: Saraiva, v. 4, 2006.

DINIZ, Maria Helena; SANTIAGO, Mariana Ribeiro. A Lei n. 14.112/2020 e o seu papel na função social da empresa. *Revista de Direito Privado*. São Paulo, Revista dos Tribunais, v. 116, p. 181-198, 2023.

DINIZ, Maria Helena; SANTIAGO, Mariana Ribeiro. Poluição: um problema da macrobioética. In: Mônica Aguiar (org.). *Bioética no Século XXI*. Salvador: Mente Aberta, 2021, v. 1. p. 9-34.

DINIZ, Maria Helena; SANTIAGO, Mariana Ribeiro. Reflexões sobre algumas peculiaridades legais e jurisprudenciais da desconsideração da personalidade jurídica. In: *Desconsideração da personalidade jurídica*: aspectos materiais e processuais. RODRIGUES, Marcelo Abelha et al. (coord.). Indaiatuba, SP: Foco, 2023. p. 717-740.

DOBARRO, Sérgio L. C.; VILLAVERDE, André. Reflexões em torno da teoria da desconsideração da personalidade jurídica no Código de Defesa do Consumidor, a controversa configuração de seu § 5º do art. 28 e sua relação com a função social da empresa. *Revista Jurídica Luso-Brasileira*, n. 2, ano 3, p. 957-994, 2017.

DOTTI, Rogéria Fagundes. Tutela provisória na desconsideração da personalidade jurídica: a soma de presunções e os indícios. In: *Desconsideração da personalidade jurídica*: aspectos materiais e processuais. RODRIGUES, Marcelo Abelha et al. (coord.). Indaiatuba, SP: Foco, 2023. p. 337-353.

DUGUIT, León. *Las transformaciones del derecho*. Buenos Aires: Heliasta, 1975.

ENGISCH, Karl. *Introdução ao pensamento jurídico*. Trad. J. Baptista Machado. 8. ed. Lisboa: Fundação Calouste Gulbenkian, 2001.

FAZZIO JÚNIOR, Waldo. *Nova Lei de Falência e Recuperação de Empresas*. São Paulo: Atlas, 2005.

FELICIANO, Guilherme Guimarães. *Curso crítico de direito do trabalho*: teoria geral do direito do trabalho. São Paulo: Saraiva, 2013.

FELLOUS, Beyla Esther. *Proteção do consumidor no Mercosul e na União Europeia*. São Paulo: Revista dos Tribunais, 2003. p. 161-162.

FERNANDES, Iara de Toledo. Fraude contra credores. *RPGESP*, 29:213.

FERRARA, Francesco. *Della simulazione dei negozi giuridici*. 5. ed. Roma: Athenaeum.

FERRARA, Francesco. *Le persone giuridiche*, 1958.

Bibliografia

FERREIRA FILHO, Manoel Gonçalves. *Curso de direito constitucional*. 32. ed. rev. e atual. São Paulo: Saraiva, 2006.

FERREIRA, Helio R. O incidente de desconsideração inversa da personalidade jurídica. *Revista Síntese – Direito Empresarial*, 54: 22-38.

FILOMENO, José Geraldo Brito. *Manual de direitos do consumidor*. 3. ed. São Paulo: Atlas, 1999.

GAGLIANO, Pablo S.; PAMPLONA FILHO, Rodolfo. *Novo curso de direito civil*: parte geral. 23. ed. São Paulo: Saraiva, v. 1, 2021.

GANACIN, João Cânovas Bottazzo. "Teoria maior e "Teoria menor": faces da mesma moeda? In: *Desconsideração da personalidade jurídica*: aspectos materiais e processuais. RODRIGUES, Marcelo Abelha et al. (coord.). Indaiatuba, SP: Foco, 2023. p. 699-716.

GANGI, Calogero. *Persone fisiche e persone giuridiche*, 1948.

GHERSI, Carlos Alberto. *Contratos civiles y comerciales*: partes general y especial. 3. ed., atual. e ampl. Buenos Aires: Astrea, 1994.

GIAMUNDO NETO, Giuseppe; LEONI, Fernanda. Aspectos controvertidos sobre a desconsideração da personalidade jurídica pelo TCU. *Consultor Jurídico*, 3-4-2024.

GOMES, Orlando. *Introdução ao direito civil*. 13. ed. Rio de Janeiro: Forense, 1998.

GOMES, Orlando. *Transformações gerais do direito das obrigações*. São Paulo: Revista dos Tribunais, 1967.

GONÇALVES, Carlos Roberto. *Direito civil brasileiro*: parte geral. 20. ed. São Paulo: Saraiva, v. 1, 2022.

GORLA, Gino. *El contrato (Il contratto)*. Trad. José Ferrandis Vilella. Barcelona: Bosch, 1959.

GRAZZIOLI, Airton; RAFAEL, Edson José. *Fundações privadas*. São Paulo: Atlas, 2009.

GRECO, Leonardo. *Comentários ao Código de Processo Civil*. São Paulo: Saraiva, v. XVI, 2020.

GRINBERG, Mauro. Fraude contra credores. *Justitia*, 81:173.

HAURIOU. *Précis de droit constitutionnel*. 2. ed. S/l: s/e, 1929.

HEDEMMAN, J. W. *Tratado de derecho civil:* derecho de obrigaciones. Trad. José Luis Diez Pastor e Manuel Gonzalez Enriquez. Madri: Revista de Derecho Privado, v. III, 1958.

HEDEMMAN, J. W. *Tratado de derecho civil:* parte general. Trad. José Luis Diez Pastor e Manuel Gonzalez Enriquez. Madri: Revista de Derecho Privado, v. I, 1956.

IRANO, Ligia. A necessidade de citação do sócio no pedido de desconsideração da personalidade jurídica. *Boletim AASP* n. 3113, p. 10-16.

JUSTEN FILHO, Marçal. *Desconsideração da personalidade societária no direito brasileiro.* São Paulo: Revista dos Tribunais, 1987.

KFOURI JR., Anis. *Curso de direito tributário.* 2. ed. São Paulo: Saraiva, 2012.

KOURY, Suzy Elizabeth Cavalcante. *A desconsideração da personalidade jurídica ("disregard doctrine") e os grupos de empresas.* 2. ed. Rio de Janeiro: Forense, 1997.

LARENZ, Karl. *Allgemeiner Teil des deutschen bürgerlichen Rechts.* München: Beck, 1967, II.

LEITE, Clarisse Frechiani Lara; OLIVEIRA, Igor Campos. Teoria da desconsideração atributiva e os limites da defesa. In: *Desconsideração da personalidade jurídica:* aspectos materiais e processuais. RODRIGUES, Marcelo Abelha et al. (coord.). Indaiatuba, SP: Foco, 2023. p. 375-401.

LINTZ, Sebastião. Da fraude contra credores. *Revista do Curso de Direito da Universidade Federal de Uberlândia,* 14:45-8.

LÔBO, Paulo Luiz Netto. Princípios contratuais. In: LÔBO, Paulo Luiz Netto; LYRA JÚNIOR, Eduardo Messias Gonçalves de (coords.). *A teoria do contrato e o novo Código Civil.* Recife: Nossa Livraria, 2003. p. 9-23.

LOPES, Serpa. *Curso de direito civil.* Rio de Janeiro: Freitas Bastos, v. 1, 1962.

LORENZETTI, Ricardo Luis; LORENZETTI, Pablo. *Derecho ambiental.* Santa Fe: Rubinzal-Culzoni, 2018.

LOTUFO, Renan. *Código Civil comentado.* São Paulo: Saraiva, v. 1, 2003.

LUCON, Paulo Henrique dos Santos. Desconsideração da personalidade jurídica nos processos administrativos: princípios regentes da

Bibliografia

desconsideração no Código de Processo Civil de 2015 e sua aplicação aos regimes especiais. In: *Desconsideração da personalidade jurídica*: aspectos materiais e processuais. RODRIGUES, Marcelo Abelha et al. (coord.). Indaiatuba, SP: Foco, 2023. p. 927-945.

MACHADO, Hugo de Brito. *Curso de direito tributário*. 13. ed. São Paulo: Malheiros, 1998.

MACIEL, Lucas Pires. *Controle de constitucionalidade nas matérias tributárias*: repercussões da modulação dos efeitos. Curitiba: Juruá, 2019.

MARINONI, Luiz Guilherme; LIMA JR., Marcos Aurélio de. Fraude – configuração, prova – desconsideração da personalidade jurídica. *RT*, *783*:137.

MARQUES, Cláudia Lima. *Contratos no Código de Defesa do Consumidor*: o novo regime das relações contratuais. 4. ed. rev., atual. e ampl. São Paulo: Revista dos Tribunais, 2002.

MARTINS, Sérgio P. Desconsideração da personalidade jurídica da empresa. *Revista Síntese – Direito Empresarial*, *54*:39-55.

MASNATTA, Héctor. *El abuso del derecho a través de la persona colectiva*. Rosario: Orbir, 1967.

MAZZEI, Rodrigo. Aspectos processuais da desconsideração da personalidade jurídica no Código de Defesa do Consumidor e no Projeto do Novo Código de Processo Civil. *Revista Síntese – Direito Empresarial*, *24*:9-40.

MAZZEI, Rodrigo; GONÇALVES, Tiago Figueiredo. Ensaio sobre a tutela provisória no incidente de desconsideração da personalidade jurídica. In: *Desconsideração da personalidade jurídica*: aspectos materiais e processuais. RODRIGUES, Marcelo Abelha et al. (coord.). Indaiatuba, SP: Foco, 2023. p. 323-335.

MEIRA, Silvio. *Instituições de direito romano*. São Paulo: IASP, 2017.

MELLO, Sônia Maria Vieira de. *O direito do consumidor na era da globalização*: a descoberta da cidadania. Rio de Janeiro: Renovar, 1998.

MILARÉ, Édis. *Direito do ambiente*. 9. ed. rev., atual. e ampl., São Paulo: Revista dos Tribunais, 2014.

MIRANDA, Custódio P. Ubaldino. Autonomia e natureza jurídica do acordo simulatório na simulação nos negócios jurídicos. *Revista do IASP*, *23*:65-72.

MONTEIRO, Ralpho Waldo de Barros. *Comentários ao novo Código Civil*. Rio de Janeiro: Forense, v. 1, 2012.

MONTEIRO, Washington de Barros. *Curso de direito civil*: parte geral. 39. ed. rev. e atual. São Paulo; Saraiva, v. 1, 2003.

NAÇÕES UNIDAS BRASIL. *A ONU e o meio ambiente*. Disponível em: https://nacoesunidas.org/acao/meio-ambiente/. Acesso em: 9-8-2023.

NAÇÕES UNIDAS BRASIL. *Conheça os novos 17 Objetivos de Desenvolvimento Sustentável da ONU*. Disponível em: https://nacoesunidas.org/conheca-os-novos-17-objetivos-de-desenvolvimento-sustentavel-da-onu/. Acesso em: 9-8-2023.

NADAIS, Carlos da Fonseca. Desconsideração da personalidade jurídica: um estudo doutrinário, normativo e jurisprudencial atualizado (incluindo o novo CPC). *Revista Síntese – Direito Civil e Processual Civil*, 97:415-444.

NADER, Paulo. *Curso de direito civil*: parte geral. Rio de Janeiro: Forense, 2003.

NEGRÃO, Ricardo José. *Curso de direito comercial e de empresa*: recuperação de empresas, falência e procedimentos concursais administrativos. 13. ed. São Paulo: Saraiva, v. 3, 2019.

NERY JR., Nelson. Fraude contra credores e os embargos de terceiro. *Revista Brasileira de Direito Processual*. Forense, 1981.

NERY JR., Nelson. *Princípios do processo na Constituição Federal*. 9. ed. rev., ampl. e atual. São Paulo: RT, 2009.

NERY JR., Nelson; NERY, Rosa Maria de Andrade. *Código Civil comentado*. 3. ed. rev. e ampl. São Paulo: RT, 2005.

NERY JR., Nelson; Nery, Rosa Maria de Andrade. *Código de Processo Civil comentado*. 19. ed. rev., atual. e ampl. São Paulo: Revista dos Tribunais, 2020.

NUNES, Luiz Antonio Rizzatto. *Curso de direito do consumidor*. 8. ed. rev. e atual. São Paulo: Saraiva, 2013.

OLIVEIRA, J. Lamartine Corrêa de. *A dupla crise da pessoa jurídica*. São Paulo: Saraiva, 1979.

OLIVEIRA, Lauro Laertes de. *Da ação pauliana*, 1989.

Bibliografia

221

PACHECO, José da Silva. *Tratado de direito empresarial – empresário*: pessoa e patrimônio. São Paulo: Saraiva, v. 1, 1979.

PAES, José Eduardo Sabo. *Fundações e entidades de interesse social*. Brasília: Brasília Jurídica, 2004.

PAES, Paulo Roberto Tavares. *Fraude contra credores*. São Paulo: Revista dos Tribunais, 1993.

PALHARES, Felipe. A aplicação da teoria da desconsideração inversa da personalidade jurídica à luz do ordenamento jurídico brasileiro. *Revista de Direito Civil Contemporâneo*, v. 2, p. 55-80.

PALMA, Juliana B. de. TCU pode desconsiderar personalidade jurídica e estender efeitos da inidoneidade? *Jota*, Coluna Controle Jurídico. Disponível em: https://www.jota.info/opiniao-e-analise/colunas/controle-publico/tcu-pode-desconsiderar-personalidade-juridica-e-estender-efeitos-da-inidoneidade-29092021?non-beta=1. Acesso em: 2-4-2024.

PALU, Oswaldo Luiz. A fraude contra credores e as ações pauliana e revocatória. *Justitia, 155*:96.

PAZINI, Ronaldo Z. A desconsideração da personalidade jurídica como um golpe letal ao direito empresarial. *Revista Síntese – Direito Empresarial, 51*:41-45.

PEREIRA, Caio Mário da Silva. *Instituições de direito civil*: introdução ao direito civil. 20. ed. Rio de Janeiro: Forense, v. I, 2004.

PEREIRA, Carlos Frederico Bastos. Aspectos probatórios do incidente de desconsideração da personalidade jurídica. In: *Desconsideração da personalidade jurídica*: aspectos materiais e processuais. RODRIGUES, Marcelo Abelha et al. (coord.). Indaiatuba, SP: Foco, 2023. p. 355-374.

PEREIRA, Lucas Lobo. *Responsabilidade tributária e desconsideração da personalidade jurídica no novo CPC*. São Paulo: Almedina, 2019.

PEREIRA, Ricardo Nunes; PEREIRA, Maykon D. Nunes. Os 10 principais pontos de atualização da lei de recuperação judicial e falência. *Migalhas*. Disponível em: https://www.migalhas.com.br/despesa/340356/ os10principais-pontos-de-atualização-da-lei-de-recuperação-judicial-è-fatencia. Acesso em: 22-2-2023.

PIERRI, Deborah. Desconsideração da personalidade jurídica no novo Código Civil e o papel do Ministério Público. In: *Questões de direito civil e o novo Código*. Selma N. P. dos Reis (coord.). São Paulo: Imprensa Oficial, 2004. p. 124-170.

POITEVIN. *La cooperation agricole*. Paris: Dalloz, 1971.

POLONIO, Wilson A. *Manual das sociedades cooperativas*. São Paulo: Atlas, 2001.

PONTES DE MIRANDA. Associação civil. *RT, 445*:44.

PRATA, Ana. *A tutela constitucional da autonomia privada*. Coimbra: Almedina, 1982. p. 59.

PRIA, Rodrigo Dalla; CASTRO, Danilo Monteiro de. Tutelas provisórias no âmbito do incidente de desconsideração da personalidade jurídica: dos requisitos necessários à concessão de arresto (art. 301, CPC). In: *Desconsideração da personalidade jurídica*: aspectos materiais e processuais. RODRIGUES, Marcelo Abelha et al. (coord.). Indaiatuba, SP: Foco, 2023. p. 307-321.

RAFAEL, Edson José. *Fundações e direito*. São Paulo: Melhoramentos, 1997.

RAMALHO, Dimas. A desconsideração da personalidade jurídica pelos Tribunais de Contas. *Tribunal de Contas do Estado de São Paulo (TCESP)*. Disponível em: https://www.tce.sp.gov.br/6524-artigo-desconsideracao-personalidade-juridica-pelos-tribunais-contas. Acesso em: 17-6-2024.

REALE, Miguel. *Lições preliminares de direito*. 27. ed. atual. 7. tir. São Paulo: Saraiva, 2002.

REALE, Miguel. *O projeto de Código Civil*: situação atual e seus problemas fundamentais. São Paulo: Saraiva, 1986.

REALE, Miguel. *Questões de direito*. São Paulo: Sugestões Literárias, 1981.

REQUIÃO, Rubens. A co-gestão: a função social da empresa e o Estado de direito. *Revista Forense,* São Paulo, a. 74, v. 262, p. 31-39, abr.-jun./1978.

REQUIÃO, Rubens. Abuso de direito e fraude através da personalidade jurídica (*"disregard doctrine"*). *Enciclopédia Saraiva do Direito*, v. 2, p. 58-76.

REQUIÃO, Rubens. Abuso de direito e fraude através da personalidade jurídica. *Revista dos Tribunais*, São Paulo, ano 2002, v. 803, p. 751-764, set. 2002.

RIZZARDO, Arnaldo. *Direito de empresa*. Rio de Janeiro: Forense, 2002.

Bibliografia

ROCHA, Felippe Borring. O incidente de desconsideração da personalidade jurídica e sua controvertida aplicação nos juizados especiais cíveis. In: *Desconsideração da personalidade jurídica*: aspectos materiais e processuais. RODRIGUES, Marcelo Abelha et al. (coord.). Indaiatuba, SP: Foco, 2023. p. 243-252.

ROCHA, Silvio Luís Ferreira da. Contratos. In: CAMBLER, Everaldo (coord.). *Curso avançado de direito civil*. São Paulo: Revista dos Tribunais, v. 3, 2002.

RODRIGUES, Marcelo Abelha. *Proteção jurídica da flora*. Salvador: Juspodivm, 2019.

RODRIGUES, Marcelo Abelha. *Responsabilidade patrimonial pelo adimplemento das obrigações*: introdução ao estudo sistemático da responsabilização patrimonial. Indaiatuba, SP: Foco, 2023.

RODRIGUES, Marcelo Abelha. Utilizar o instituto da desconsideração da personalidade jurídica para atingir alguém que já é responsável patrimonialmente? In: *Desconsideração da personalidade jurídica*: aspectos materiais e processuais. RODRIGUES, Marcelo Abelha et al. (coord.). Indaiatuba, SP: Foco, 2023. p. 265-293.

RODRIGUES, Silvio. *Direito Civil*: parte geral. 32. ed. atual. São Paulo: Saraiva, v. 1, 2002.

RODRIGUES FILHO, Otávio Joaquim. *Desconsideração da personalidade jurídica e processo*. 2. ed. São Paulo: Revista dos Tribunais, 2023.

ROGÉRIO, Thais Fernanda Silva; COUTINI, Israel Matheus Cardozo Silva Coutini; SÁ, Pedro Teófilo de. Juizados Especiais cíveis: abordagem histórica e principiológica. *Colloquium Socialis*, Presidente Prudente, v. 01, n. Especial 2, jul./dez., 2017, p. 298-304.

ROQUE, Sebastião José. *Curso de direito empresarial*. São Paulo: Icone, 2006.

ROSS, Alf. *Direito e justiça*. Trad. Edson Bini. Bauru, SP: EDIPRO, 2000.

RUGGIERO, Roberto de. *Instituições de direito civil*. Campinas/SP: Bookseller, v. 1, 1999.

SABBAG, Eduardo. *Manual de direito tributário*. 5. ed. São Paulo: Saraiva, 2013.

SACHS, Ignacy. *Caminhos para o desenvolvimento sustentável*. Paula Yone Stroh (org.). Rio de Janeiro: Garamond, 2009. p. 48-52.

SALEILES, Raymond. *De la personnalité juridique*. S/l: La Mémoire du droit, 1910.

SALOMÃO FILHO, Calixto. *O novo direito societário*. 4. ed. São Paulo: Malheiros, 2015.

SANTIAGO, Mariana Ribeiro. A AIDS e o direito fundamental ao trabalho. *Revista de Direito do Trabalho*, Revista dos Tribunais, v. 111, ano 29, p. 146-153, jul.-set./2003.

SANTIAGO, Mariana Ribeiro. *O princípio da função social do contrato*. 2. ed. Curitiba: Juruá, 2008.

SANTIAGO, Mariana Ribeiro; CAMPELLO, Livia Gaigher Bósio. Função social e solidária da empresa na dinâmica da sociedade de consumo. *Scientia Iuris*, Londrina, v. 20, n.1, p.119-143, abr.2016.

SANTOS, Antonio Jeová Santos. *Função social, lesão e onerosidade excessiva nos contratos*. São Paulo: Método, 2002.

SAVIGNY, Friedrich Carl Von. *Metodologia jurídica*. Trad. Hebe A. M. Caletti Marenco. Campinas, SP: Edicamp, 2001.

SAVIGNY, Friedrich Carl Von. *Traité de droit romain*, § 85.

SIDOU, J. M. Othon. *A revisão judicial dos contratos e outras figuras jurídicas*. 2. ed. Rio de Janeiro: Forense, 1984.

SILVA, Alexandre Couto. *Desconsideração da personalidade jurídica*: limites para sua aplicação. *RT, 780*:47.

SILVA, Daniel Magalhães Albuquerque. *A desconsideração da personalidade jurídica na relação consumerista*: eficácia, efetividade e a jurisprudência do Superior Tribunal de Justiça. Orientadora: Mariana Ribeiro Santiago. 2016. 168f. Dissertação (Mestrado), Faculdade de Direito, Universidade de Marília, Marília/SP, 2016.

SILVA, Fabiano Fernando da. *Do proletariado ao cibertariado*: a concepção de um Estado Democrático de Direito de dimensão dromológica para o enfrentamento do desemprego tecnológico no Brasil. São Paulo: Dialética, 2022.

SILVA, José Afonso da. *Comentário contextual à Constituição*. 6. ed. atual. São Paulo: Malheiros, 2009.

SILVEIRA, Vladimir Oliveira da; NASPOLINI, Samyra Haydée Dal Farra. Direito ao desenvolvimento no Brasil do Século XXI: uma análise da normatização internacional e da Constituição brasileira In: *Direito e*

Bibliografia 225

desenvolvimento no Brasil no Século XXI. Vladmir Oliveira da Silveira et al. (org.). Brasília: Ipea/CONPEDI, 2013. p. 127-128.

SIMÃO FILHO, Adalberto. A superação da personalidade jurídica no processo falimentar. In: *Direito empresarial contemporâneo*. Adalberto Simão Filho e Newton De Lucca (coords.). São Paulo: Juarez de Oliveira, 2000. p. 12, 26-27.

SIQUEIRA, Thiago Ferreira. A defesa do réu no incidente de desconsideração da personalidade jurídica. In: *Desconsideração da personalidade jurídica*: aspectos materiais e processuais. RODRIGUES, Marcelo Abelha et al. (coord.). Indaiatuba, SP: Foco, 2023. p. 403-425.

SOARES, Nildomar da Silveira. *Juizado especial cível*: a justiça na era moderna. 3. ed. São Paulo: LTr, 1996.

SPINELLI, Andréa M. R. Falência — disposições gerais — inovações e procedimentos. In: *Comentários à nova Lei de Falência e Recuperação de Empresas*. Rubens Approbato Machado (coord.). São Paulo: Quartier Latin, 2005.

SZTAJN, Rachel. Sobre a desconsideração da personalidade jurídica. *RT*, *762*:81.

TARTUCE, Flavio. *O novo CPC e o direito civil*. São Paulo: Método, 2015. p. 65-84.

TEJERA, Norberto J. García. *Persona jurídica*: tratamiento en los tipos civil y comercial, 1998.

TERRA, Marcelo. Patologia nos negócios imobiliários: uma proposta de releitura das fraudes contra credores e de execução. *Revista do Advogado*, *145*:128-140.

THEODORO JÚNIOR, Humberto. Lesão e fraude contra credores no Projeto do novo Código Civil brasileiro. *RT*, *771*:11.

THEODORO JÚNIOR, Humberto. *O contrato e sua função social*. Rio de Janeiro: Forense, 2003.

TOMASEVICIUS FILHO, Eduardo. A função social da empresa. *Revista dos Tribunais*. São Paulo, a. 92, v. 810, p. 33-50, abr. 2003.

TOMASEVICIUS FILHO, Eduardo. A tal "lei da liberdade econômica". *Revista da Faculdade de Direito*, Universidade de São Paulo, *[S. l.]*, v. 114, p. 101-123, 2019. DOI: 10.11606/issn.2318-8235.v114p101-123.

Disponível em: https://www.revistas.usp.br/rfdusp/article/view/176578. Acesso em: 2-11-2022.

TRABUCCHI, Alberto. *Instituciones de derecho civil*. Parte general. Negocio jurídico. Familia. Empresas y Sociedades. Derechos reales. Madrid: Editorial Revista de Derecho Privado, 1967.

UNITED NATIONS. *Agenda 21*, 1992. Disponível em: https://sustainabledevelopment.un.org/content/documents/Agenda21.pdf. Acesso em: 9-11-2020.

UNITED NATIONS. *Declaration on the Right to Development* (december, 4, 1986). Disponível em: http://legal.un.org/avl/ha/drd/drd.html. Acesso em: 9-8-2023.

UNITED NATIONS. Johannesburg Declaration on Sustainable Development, 2002. Disponível em: https://www.un.org/esa/sustdev/documents/WSSD_POI_PD/English/POI_PD.htm. Acesso em: 9-8-2023.

UNITED NATIONS. *Report of the World Commission on Environment and Development:* Our Common Future, 1987. Disponível em: https://sustainabledevelopment.un.org/content/documents/5987our-common-future.pdf. Acesso em: 9-8-2023.

VAREILLES-SOMMIÈRES. *Les personnes morales*. Paris, 1902.

VENOSA, Sílvio de S. *Manual dos contratos e obrigações unilaterais da vontade*. São Paulo: Atlas, 1997.

VIEGAS, Claudia M. de A. R.; PALHARES, Franchesco Leopoldino. Incidente de desconsideração da personalidade jurídica à luz do novo Código de Processo Civil. *Revista Síntese – Direito de Família*, *98*:45-56.

VITORELLI, Edilson; SILVA, Giovanna Miguel Covre da. Os limites da responsabilidade do sócio minoritário na aplicação do incidente de desconsideração da personalidade jurídica: uma análise empírica das decisões do Tribunal de Justiça de São Paulo. In: *Desconsideração da personalidade jurídica*: aspectos materiais e processuais. RODRIGUES, Marcelo Abelha et al. (coord.). Indaiatuba, SP: Foco, 2023. p. 655-678.

WALD, Arnoldo. *Direito civil*: introdução e parte geral. 9. ed. rev., ampl. e atual. São Paulo: Saraiva, 2002.

Bibliografia

WALD, Arnoldo. O empresário, a empresa e o Código Civil. In: FRAN-
CIULLI NETTO, Domingos et al. (coord.). *O novo Código Civil:* estudos em homenagem ao Prof. Miguel Reale. São Paulo: LTR, 2003.
p. 838-855.

XAVIER, José Tadeu. Primeiras reflexões sobre o incidente de desconsideração da personalidade jurídica. *Revista Síntese — Direito Empresarial,*
48:59 e s.